Sonntagsschüsse II

Das Bierdeckel-Dilemma

Von Jonas Philipps

jonas-philipps@gmx.de
www.jonas-philipps.de

1. Auflage

Umschlaggestaltung, Illustration:
Tanja Müller (http://tanjarrrh.com)

Herstellung und Verlag: BoD – Books on Demand, Norderstedt.

ISBN Paperback: 9 783753 453187

Bibliografische Information der Deutschen Nationalbibliothek:
Die Deutsche Nationalbibliothek verzeichnet diese Publikation in der Deutschen Nationalbibliografie; detaillierte bibliografische Daten sind im Internet über http://dnb.d-nb.de abrufbar.

Über den ersten Teil

Sonntagsschüsse - Fußballfieber in der Kreisklasse

Juli 2017, Autor: Jonas Philipps, Verlag: Books on Demand
ISBN: 978-3-7448-1944-2 / E-Book-ISBN: 978-3-7448-6042-0

Der junge Amateurfußballer Marco Tanner zieht mit seinen Eltern von Hamburg nach Oberfranken. In seinem neuen Heimatort Weiherfelden macht er sich nicht nur wegen des fußballerischen Talents einen Namen. Während Marco in der schrulligen Kreisklasse Nord die zünftigen Untiefen des fränkischen Wesens erkundet, stolpert er mit sympathischer Naivität von einem Fettnäpfchen ins nächste.

Doch plötzlich wird es ernst! Die hoch gehandelte Mannschaft steckt mitten im Abstiegskampf. Marco muss sich entscheiden, was er nach dem Zivildienst mit seinem Leben anfangen möchte. Und die komplizierte Hassliebe zur süßen Annika bringt Marco beinahe um den Verstand. Der Auftakt zu einem turbulenten Saisonfinale!

Fränkisches Wörterbuch auf meiner Homepage

Einige Dialoge im Buch verwenden fränkischen Dialekt. Ein zugehöriges Wörterbuch findet ihr auf meiner Homepage unter www.jonas-philipps.de > Sonntagsschüsse > Glossar.

Über den Autor

Jonas Philipps wurde im Jahr 1981 in Forchheim geboren. Er lebt mit seiner Frau und seinen beiden Söhnen im Landkreis Bamberg.

Nach ersten Gehversuchen im Genre Fantasy fokussierte sich Philipps auf witzige, unterhaltsame Romane rund um Sport und Musik. „Sonntagsschüsse - Das Bierdeckel-Dilemma“ ist Jonas Philipps zweites Buch über den TSV Weiherfelden.

Inhaltsverzeichnis

Trainingsauftakt

Ächzend tastete ich nach dem Handy, das nervtötend auf dem Nachttisch vor sich hin vibrierte. Mein verschlafener Blick streifte den Radiowecker. *03.40? Was zum Teufel ...*

„Ja?", grummelte ich heiser in das Telefon.

Niklas ... Na toll. Auch das noch!

„Alter, hast du schon mal auf die Uhr geschaut?"

Beinahe fielen mir die Augen zu. Aber Max' Grölen im Hintergrund weckte mich wieder auf.

„Ihr Deppen seid doch nicht ganz dicht!"

Gähnend wälzte ich mich aus dem Bett und schlüpfte mit halbgeöffneten Augen in meine Jeans. *Was mach' ich hier eigentlich?*

„Marco? Ist was passiert?", flüsterte Annika mit einem nervösen Seitenblick zu unserem zwischen uns schlummernden Sohn Timo.

„Wie man's nimmt."

„Was bedeutet das?"

„Niklas und Max stehen in Grunzenbach vor der verschlossenen Disco und kommen nicht heim."

Ihr süßes, schlaftrunkenes Gesicht starrte mich ungläubig an. „Und was machst du jetzt bitte?"

„Na was wohl? Ich hol die beiden Chaoten ab!"

Seufzend drehte sie sich auf die andere Seite. „Fußballer!"

Mit einem wissenden Augenrollen streifte ich mir ein T-Shirt über und schlich Richtung Tür.

„Richte Niklas aus, dass ich ihn wie in der sechsten Klasse verhaue, wenn er uns nochmal mitten in der Nacht aus dem Bett klingelt!"

Ungläubig hielt ich inne. „Du hast Niklas verhauen?"

„Er hatte es verdient."

Daran hegte ich keinen Zweifel.

In dem Augenblick, als ich die Türklinke erreicht hatte, zerriss ein herzzerreißendes Schluchzen die Stille.

Fluchend drückte Annika Timo an sich. „Ich korrigiere: Richte Niklas bitte aus, dass ich ihn eigenhändig umbringe!“

Als ich eine halbe Stunde später auf dem Parkplatz in Grunzenbach vorfuhr, waren die beiden vereinsamten Gestalten nicht schwer zu finden. Niklas saß mit knallroten Augen wie ein Häuflein Elend auf einer Treppe. Max lag zusammengekauert auf seinem Schoß und schnarchte mit zwei Straßenpfosten im Arm vor sich hin.

„Na endlich. Warum hast du so lange gebraucht?“, raunte Niklas schläfrig. *Was für eine freundliche Begrüßung ...*

„Du weißt schon, dass ein Kind neben mir im Bett schläft, wenn du mich mitten in der Nacht anrufst, oder?“, fauchte ich meinen Kumpel an.

Niklas druckste unschuldig herum, nickte aber schließlich mit dem Kopf.

„Und warum rufst du dann ausgerechnet einen Familienvater an?“

„Alle anderen haben nicht gehört.“

Na prima! Ich war also wieder mal der Depp vom Dienst.

„Also, auf geht’s: Einsteigen!“

Erschöpft rappelte sich Niklas auf und schleifte Max unsanft hinter sich her.

„Ich soll dir übrigens von Annika ausrichten, dass sie dich entweder wie in alten Schulzeiten verhaut oder umbringt.“

Bildete ich mir das nur ein, oder sah Niklas plötzlich noch ein wenig blasser aus?

Nachdem wir Max mitsamt den beiden Straßenpfosten, an denen er sich vehement festklammerte, auf dem Rücksitz angeschnallt hatten, konnte ich endlich losfahren. Ich stellte mich auf eine langweilige Fahrt durch die sternenklare Nacht ein. Aber Niklas erwies sich selbst im Vollrausch noch gesprächiger als mein Radio.

„Euch ist schon klar, dass wir morgen um 10 Trainingsauftakt haben, oder?“, erkundigte ich mich vorwurfsvoll.

„Na und?“

„Naja, ich mein ja nur. Neuer Trainer, erster Eindruck und so …“

„Der Karl wird schon noch lernen, dass es in der Kreisklasse anders zugeht als in der Landesliga“, fand Niklas leichthin.

„Kennst du ihn denn näher?“

„Wer kennt den Karl nicht. Eine echte Legende in Weiherfelden!“

Ich selbst hatte unseren neuen Coach Karl Adler noch nie getroffen. Aber ich hatte viel von ihm gehört und war zum Zerreißen gespannt. Er war erst 33 und vergangene Saison noch als Kapitän in der Landesliga aufgelaufen. Keine Frage, der neue Spielertrainer war mit Sicherheit eine große Verstärkung für unsere Mannschaft.

„Und die anderen Neuzugänge?“

„Der Schorsch ist auch eine Granate. Und ein oder zwei der Jugendspieler haben schon auch was drauf.“

Konnten wir diesmal also endlich um den Aufstieg mitspielen? Die erfahrenen Verstärkungen machten definitiv Hoffnung! Unser eingespieltes Team musste in den vergangenen Jahren kaum Abgänge verkraften. Natürlich hatte sich der eine oder andere Spieler aus Altersgründen in den wohlverdienten Ruhestand in die Altherrenmannschaft verabschiedet. Allen voran der altgediente Libero Klaus Meier. Aber ansonsten war es der Vereinsführung gelungen, den Kern unserer Elf zusammenzuhalten.

Ich ließ meine Gedanken schweifen und blendete Niklas’ immer sinnloser werdendes Geplapper aus. Ich freute mich auf die nächste Saison beim TSV Weiherfelden. Trotzdem wäre ich in der Sommerpause beinahe in Versuchung geraten. Neben attraktiven Angeboten aus der Bezirksliga war Annikas Vater mir unablässig in den Ohren gelegen.

Unser Start war besser gewesen, als ich es erwartet hatte. Beim ersten Treffen hatte ich geschlottert vor Angst. Ein Weiherfeldener Fußballer, der bei einem One-Night-Stand die Tochter eines eingefleischten Obsthofeners geschwängert hatte, war so ziemlich der größtmögliche Affront, den man sich in Franken leisten konnte. Aber vermutlich hatte es ihm doch imponiert, dass ich mich um das gemeinsame Kind kümmerte, dass ich seine Tochter nicht im Stich ließ. Nach anfänglicher Skepsis hatte er mich als Schwiegersohn in spe akzeptiert. Und es funktionierte gar nicht schlecht. Zumindest solange kein Fußballspiel zwischen Weiherfelden und Obsthofen auf dem Programm stand.

Doch das hatte sich nun erstmal erledigt. Während wir im sicheren Mittelfeld gelandet waren, war der SV Obsthofen in der Vorsaison ruhmreich in die Kreisliga aufgestiegen. Eine passende Gelegenheit für Annikas Vater, mir wieder mit seinem Anliegen auf die Nerven zu gehen, doch endlich nach Obsthofen zu wechseln. Kreisliga … Das hörte sich schon attraktiv an. Raus aus dieser rustikalen Kreisklasse Nord. Einen sauberen, gepflegten Fußball spielen. Sie hatten mir sogar ein monatliches Handgeld geboten, das ich während meinem Studium gewiss gebrauchen konnte. Ein kleines Kind war teuer. Annika und ich waren stets knapp bei Kasse.

Aber es war faszinierend, was drei schöne Jahre im Herzen Oberfrankens aus einem Menschen machten. Ich fühlte mich wie ein waschechter Weiherfeldener, ein Hamburger Jung, der in seinem Herzen schon immer Oberfranke gewesen war. Ein Wechsel zum SV Obsthofen käme einem Hochverrat gleich. Ich wollte meine Mannschaft nicht im Stich lassen. Und gute Freunde wie Stefan, Niklas und Max nicht vor den Kopf stoßen, indem ich zum Erzfeind überlief.

Hundemüde half ich Niklas, den völlig weggetretenen Max Hölzelein in seine kleine Wohnung zu schleppen. Wir legten ihn fürsorglich auf dem Schuhschränkchen in der Garderobe ab, wo er sich schmatzend an die beiden Straßenpfosten klammerte und selig weiterschlief.

Endlich war ich auch Niklas und seine nimmermüde Klappe los und konnte mich wieder neben Annika und Timo ins warme Bett kuscheln. Ein harter Tag erwartete mich. Der Wetterbericht hatte für den Trainingsauftakt einen glühend heißen Sonntagvormittag vorhergesagt. Ich brauchte dringend Schlaf! Und den sollte ich bekommen. Zumindest eine halbe Stunde lang. Dann hüpfte plötzlich ein quietschfideler kleiner Mann auf mir herum und rief: „Papi! Aufstehen! Timo wach."

Und in Annikas schadenfroher Miene erkannte ich alles, nur kein Mitleid.

Wenige Stunden später stand ich verschlafen vor dem Weiherfeldener Sportgelände, betrachte lächelnd den stolzen Schriftzug über der Eingangstür des Sportheims, in dem wir so viele lustige Momente erlebt hatten. Ja, hier war ich zu Hause. Hier wollte ich spielen. Mit dieser Truppe musste ich den Aufstieg in die Kreisliga schaffen.

Ich öffnete die Tür. Ein kleingewachsener Mann Mitte 30 mit einem mächtigen Brustkorb wie ein Bär trat gerade aus dem Wirtschaftsraum und schlenderte die Treppe hinab. Mit einem schelmischen Schmunzeln musterte er mich. Plötzlich stürzte er. Mir stockte der Atem. Kopfüber fiel er die Treppe herunter. Zwei Stufen, drei Stufen, vier Stufen. Er überschlug sich. *Oh mein Gott!*

Als er mit mehreren Purzelbäumen die komplette Treppe hinabgestürzt war, blieb er regungslos am Boden liegen. Kreidebleich starrte ich ihn an. War er tot? Oder schwer verletzt? Voller Panik rannte ich zu ihm. Niklas und Harald lugten mit fragenden Blicken aus der Toilette, wo sie ihren „Angstwiss" vor dem Trainingsauftakt hinter sich gebracht hatten. Stirnrunzelnd schüttelten sie den Kopf und machten keinerlei Anstalten, dem Mann zu helfen. Was war nur los mit ihnen? Sie konnten ihn doch nicht einfach so liegen lassen! Ich wusste nicht, was ich tun sollte. Mein

Erste-Hilfe-Kurs aus dem Zivildienst war vor Schreck vergessen. Aufgeregt sprach ich den Mann an: „Hallo? Ist alles in Ordnung? Können Sie mich hören?“

Das Herz hämmerte in meiner Brust. Da, er bewegte sich! Verwegen grinsend blickte er mich an: „Na klar. Alles in Ordnung.“

Lachend stand er auf, schnappte sich seine Sporttasche und eilte prustend in die Umkleidekabine, um sich dort für das Training fertigzumachen.

Wie vom Blitz getroffen blieb ich zurück. *Was war das denn jetzt gewesen?* Ich kannte den Mann nicht, hatte aber von einem zweiten renommierten Neuzugang gehört: Georg Weiler. Auch er war ein Eigengewächs aus der Weiherfeldener Jugend, der es bis in die Zweite Bundesliga geschafft hatte. Zuletzt hatte er mit unserem neuen Trainer Karl Adler in der Landesliga gespielt und war seinem Ruf gefolgt, gemeinsam zum Heimatverein zurückzukehren. Endlich löste ich mich aus meiner Schreckensstarre, griff kopfschüttelnd nach meiner Sporttasche und folgte unserem durchgeknallten Neuzugang in die Kabine.

Dort herrschte wie immer reges Treiben. Die Spieler, allen voran Niklas Dinger, plapperten wie die Wasserfälle. Ein großgewachsener, schlaksiger dunkelhaariger Mann mit einem auffälligen Schnurrbart stand in angespannter Erwartung in kurzer Hose und Trikot an der Eingangstür. Das musste unser neuer Trainer sein.

Hastig zog ich mich um. Ich konnte den Trainingsauftakt kaum erwarten. War der Jugendspieler Kevin Mai wirklich so gut, wie es seine 50 Saisontore in der A-Jugend vermuten ließen? Konnte ich mit den beiden neuen Landesligaspielern mithalten? Würde es der ebenfalls aus der eigenen Jugend zu uns gestoßene Torwart Alfred Escher schaffen, dem etablierten Stammtorwart „Rumpelstilzchen“ Andreas die Hölle heiß zu machen? Bei so vielen hoffnungsvollen Neuzugängen musste sich jeder von uns neu beweisen, vor allem bei einem neuen Trainer, bei dem jeder wieder bei Null begann.

Ich schnürte meine Fußballschuhe zu, griff nach einem Ball und eilte die Treppe hinauf. Die Sonne brannte erbarmungslos vom Himmel. Der Platz war in einem guten Zustand. Zufrieden sog ich die warme, sanft nach Gras duftende Luft in meine Nase. Alles war angerichtet für einen großartigen Trainingsauftakt.

Alle Spieler waren bis in die Haarspitzen motiviert. Nach dem obligatorischen lockeren Fünf-gegen-Zwei Aufwärmspiel, in Franken „Eckla" genannt, drehten wir ein paar Runden um den Platz und dehnten uns. Dann ging es los.

Im Trainingsspiel war gehörig Feuer! Ein neuer Trainer. Eine neue Saison. Das beflügelte. Jeder wollte sich zeigen. Insbesondere die jüngeren Spieler und die nicht in Weiherfelden geborenen wie Stefan Schmidt oder ich, die der neue Coach heute zum ersten Mal spielen sah. Der erste Eindruck zählte. Und wir alle wollten Karl Adler zeigen, was wir drauf hatten.

Es spielte die etablierte erste Mannschaft aus der Vorsaison gegen die zweite Mannschaft, in der sich alle Neuzugänge wiederfanden. Und das machte es zu einem ausgeglichenen Duell.

Auch Perspektivspieler Max Hölzelein war im Training für gewöhnlich auf dem Niveau eines gestandenen Erstmannschaftsspielers. Sein Problem war, wie bereits vor drei Jahren, sein ausschweifender Lebenswandel am Wochenende. An Sonntagen war er generell nicht zu gebrauchen. In diesem Spiel aber machte er uns im defensiven Mittelfeld das Leben schwer. Georg Weiler entpuppte sich als bissige Kampfmaschine auf dem Flügel. Er gewann nahezu jeden Zweikampf. Mein Freund Niklas hatte einen harten Vormittag gegen diesen erfahrenen Gegenspieler. Mit unbändiger Kraft, einer beeindruckenden Schnelligkeit für einen Mann Mitte 30 und einem feinen Fuß für Flanken und Freistöße, war Georg ein ständiger Unruheherd. Sein martialischer Sturz an der Sportheimtreppe schien ihn in keiner Weise zu beeinträchtigen.

Und Karl Adler war die erwartete Granate. Er zog hinter den Spitzen die Fäden, zeigte sich als spielstarker und torgefährlicher

Anführer. Ein Spielertrainer, wie ihn sich jede Kreisklassen-Mannschaft wünschte. Doch am meisten zu schaffen machte uns der junge Kevin Mai auf dem linken Flügel. Der ging dort ab wie eine Rakete. Sein Antritt war der Wahnsinn. Und mit seinem starken linken Fuß feuerte er aus allen Rohren.

Aber wir steckten nicht auf. Harald Gepard rannte sich die Pferdelunge aus dem Leib. Niemand von uns wollte sich die Blöße geben, gegen die zweite Mannschaft den Kürzeren zu ziehen. Ich selbst warf mich wie ein Berserker in jeden Zweikampf und stand dem neuen Coach giftig auf den Füßen. Unsere Bahnen auf dem Feld kreuzten sich nicht selten. Ich wollte ihn höchstpersönlich spüren lassen, dass es kein Vergnügen war, gegen mich spielen zu müssen. Dominik Prien warf sich todesmutig in Kevins Schüsse. Michael Meister setzte sich gewohnt kantig gegen die überforderte Abwehr unserer zweiten Mannschaft durch. Es war ein offener Schlagabtausch. Und die beiden Torhüter nahmen sich nichts. Nachdem Alfred Escher einen fulminanten Schuss von Stefan Schmidt entschärft hatte, konnte Andreas Stieler diese Herausforderung nicht auf sich sitzen lassen. Zum ersten Mal seit Jahren schien er einen gleichwertigen Konkurrenten zu haben. Rumpelstilzchen war in Weiherfelden eine Legende. Doch er wusste um seine gelegentlichen Aussetzer. Ein ebenso reaktionsstarker Torwart, der sich nicht so viele Leichtsinnsfehler leistete, konnte eine ernste Bedrohung für ihn darstellen. Andreas hechtete sich nach jedem noch so aussichtslosen Ball. Und nach jeder Wahnsinnsparade blickte er mit gefletschten Zähnen zu seinem Kontrahenten Alfred.

Das Spiel endete 4-4. Karl Adler war zufrieden. „Starke Leistung, Männer. Ich habe mich nicht in euch getäuscht. Ihr bringt alles mit, um diese Saison endlich oben mitzuspielen. Wir werden die nächsten Wochen hart trainieren. Wenn ihr alle mitzieht, sind wir am Ende der Vorbereitung topfit. Und dann muss uns in dieser Klasse erstmal jemand schlagen!“

Das Ziel war klar. Die Ambitionen hoch. Ich dachte an mein allererstes Training in Weiherfelden zurück, vor exakt drei Jahren. Damals hatte ich auch damit gerechnet, dass wir mit etwas Glück um den Aufstieg mitspielten. Am Ende schrammten wir nur ein Haar am Abstieg vorbei. Die Kreisklasse Nord hatte ihre eigenen Gesetze. Das hatte ich inzwischen schmerzlich gelernt. Aber mit diesen Neuzugängen war mehr drin als nur ein Platz im gesicherten Mittelfeld. Ich war euphorisch. Und an den leuchtenden Augen meiner Mitspieler erkannte ich, dass es ihnen genauso ging.

„Ich hatte wirklich gedacht, dass ich einen Notarzt rufen muss", sagte ich in der Dusche zu Georg Weiler.

„Jaja, bei neuen Leuten funktioniert das immer wieder."

Ich verstand nicht recht, was er meinte. Offensichtlich hatte er die vielen Fragezeichen in meinem Gesicht gesehen.

„Ich arbeite als Stuntman. Und Treppen runterpurzeln, um Leute zu erschrecken, die mich noch nicht kennen, ist sozusagen ein Hobby von mir."

Am liebsten hätte ich ihn in der Dusche umgegrätscht. Ich hatte mir ernsthaft Sorgen um ihn gemacht! Meine Kollegen grinsten schadenfroh. *Die spinnen, die Franken!*

Nach dem Training gab es ein Mittagessen für die Mannschaft. Anschließend setzten wir uns zusammen und tranken noch ein oder zwei Bier. Bis auf Max Hölzelein schüttete keiner einen halben Kasten in sich hinein. Schließlich wollte man beim neuen Trainer nicht gleich zu Beginn der Saison einen schlechten Eindruck hinterlassen. Max waren solche Überlegungen wie immer fremd. Er lallte fröhlich durch die Gegend und stellte von Beginn an klar, dass er keine Ambitionen auf einen Stammplatz in der ersten Mannschaft hegte.

Ich selbst seilte mich relativ früh ab. Es war Sonntag, und ich wollte noch etwas Zeit mit meiner Familie verbringen. Annika und ich wohnten nun seit gut zwei Jahren zusammen. Und wir waren sehr glücklich miteinander. Unser Sohn Timo war beinahe zwei Jahre alt. Wie lebten übergangsweise in einer kleinen Kellerwohnung im Haus meiner Eltern. Es war gar nicht so einfach gewesen, Annika von einem Umzug nach Weiherfelden zu überzeugen. Doch es war die beste und vor allen Dingen kostengünstigste Variante. Und ein erster Meilenstein in meinem Geheimplan, dass Timo in jedem Falle ein Weiherfeldener Fußballtrikot tragen und kein abtrünniger Obsthofener werden sollte.

Ich war fertig vom anstrengenden Training, dessen Intensität ich nach der Sommerpause nicht mehr gewohnt war. Aber Kinder kennen keine Gnade. Zwei volle Stunden musste ich noch auf dem Fußboden herumkriechen und Eisenbahn spielen. Aber die Freude in Timos Augen war es allemal wert. Nachdem wir zu Abend gegessen hatten, brachte ich den kleinen Mann ins Bett. Ich las ihm eine Geschichte vor, kuschelte mich an ihn, bis er eingeschlafen war, und verließ anschließend mit dem Babyfon bewaffnet das Zimmer.

Annika war im Badezimmer. Sie hatte sich ein heißes Entspannungsbad eingelassen. Erwartungsvoll spitzte ich ins Bad. Und ich wurde nicht enttäuscht. Annika lag nackt im Badewasser und las ein Buch. Sie hatte mir vom ersten Tag an den Kopf verdreht. Wie sonst sollte man es sich erklären, dass ich mit einer Frau zusammen war, die mich bei unserem ersten Treffen halbnackt ans Bett gefesselt hatte und dann fluchtartig abgehauen war. Bei ihrem Anblick wurde mir ganz heiß. Ich stellte mich neben die Badewanne, zog mein T-Shirt über den Kopf und blickte sie gierig an. Annika lächelte kopfschüttelnd und rückte ein wenig zur Seite, um mir zu signalisieren, dass noch Platz für mich war. Das ließ ich mir nicht zweimal sagen. Ich streifte die Hose ab und sprang zu meiner Süßen in die Badewanne. Dort gab ich Annika einen langen, innigen Kuss. Gerade als ich beginnen wollte, mit meiner Hand ihre Brüste zu streicheln, zischte ein knackendes Rauschen durch die elektrisierte Luft.

„Paaaaapiiiii!“, rief eine dünne Stimme, die so süß war, dass man ihr selbst in diesem ungünstigen Moment nicht böse sein konnte. „Nochmal kommen! Wieder wach!“

DJK Dreientor – TSV Weiherfelden (Pokalspiel)

Wir hatten es uns in der kleinen Kellerwohnung gemütlich gemacht. Sie war schön eingerichtet. Viel Geld hatten wir nicht. Aber das wollten wir ändern. Annika arbeitete wieder einen Tag pro Woche bei der Bank. Wir planten, dass sie auf drei Tage aufstocken sollte, sobald Timo in den Kindergarten kommen würde. Und ich war Student. Doch nach den Sommerferien stand mein erstes Referendariat an. Das würde ein wenig Geld in die Kasse spülen. Und bald - nach Abschluss meines Studiums - wäre unsere Zukunft gesichert.

Das war auch bitter nötig. Denn mit jedem Tag entwickelte sich Timo weiter und entdeckte mehr von der Welt. Die winzige Wohnung im Keller meiner Eltern wurde uns zu klein. Es war offensichtlich, dass wir etwas unternehmen mussten. Da kam uns der Bausparer, von dem ich bis vor wenigen Wochen noch nichts gewusst hatte, gerade recht.

Meine Eltern hatten den Vertrag zu meiner Geburt abgeschlossen und gemeinsam mit den Großeltern stetig etwas einbezahlt. Der Bausparer eröffnete uns plötzlich neue Möglichkeiten. Annika hatte dank ihrer Tätigkeit in der Bank gute Beziehungen. Wir rechneten also mit einem günstigen Kredit. Mit der Aussicht auf mein künftiges Gehalt als Lehrer konnten wir etwas gegen die beengte Wohnsituation unternehmen.

Die ersten Kostenvoranschläge für einen Hausbau mit dem Kauf eines Bauplatzes holten meinen anfänglichen Enthusiasmus schnell auf den Boden der Tatsachen zurück. Deshalb hatten wir einen Termin mit einem Bauzeichner vereinbart, um alternative Optionen zu besprechen.

„Ein Anbau ist immer etwas kompliziert. Aber der Platz ist da. Möglich wäre es."

„Wie genau würde man sowas denn angehen?"

„Man kann den Anbau lange Zeit autark hochziehen. In einem gewissen Rahmen. Irgendwann muss man dann einen Durchbruch machen. Das gibt etwas Dreck und Staub, aber das geht vorbei."

Wehmütig ließ mein Vater seinen Blick über den Hof und seinen geliebten Garten streifen:„Puh, wie viel Platz braucht denn so ein Anbau?"

„Das kommt ganz darauf an, wie man ihn gestaltet. Entweder wir bauen in den Hof raus, dann büßt ihr aber einiges an nutzbarer Hoffläche ein. Wenn ihr hingegen hinten Richtung Garten ausbaut, werdet ihr die Hälfte des Rasens verlieren. Mindestens. Was genau habt ihr euch denn vorgestellt?"

„Naja, das hängt davon ab, was alles machbar ist."

„Machbar ist immer alles. Es ist nur eine Frage des Geldes."

„Also ein unbegrenztes Budget haben wir schon mal nicht. Wir würden gern die Kellerwohnung miteinbeziehen. Die drei Zimmer, in denen wir aktuell wohnen, könnten zum Beispiel die künftigen Schlafzimmer sein."

Die Diskussion wurde immer detaillierter. Wir ließen uns zu den Vor- und Nachteilen eines Holzrahmenanbaus gegenüber einem klassischen Steinanbau beraten.

„Wenn ihr nicht eure Hoffläche oder euren Garten verlieren wollt, könnten wir die Hanglage etwas ausnutzen und den Anbau auf Stahlträgern im Garten aufsetzen. Dann habt ihr bei Regen ein Dach über dem Kopf und im Sommer Schatten."

„Meinst du, das geht?"

„Klar. Wir können die aktuelle Wohnung zwei Meter nach außen erweitern, dann verliert ihr nur ein bisschen von der Rasenfläche. Und über ein Treppenhaus könnt ihr von den Schlafräumen in die Wohnräume gehen." Der Bauzeichner war sichtlich begeistert von seiner kreativen Idee. „Genau, und damit die Statik nicht ganz so teuer wird, lasten wir auf den Garagen ab. Das müsste funktionieren. Es trifft sich wirklich gut, dass ihr hinten im Garten noch die beiden Garagen habt."

So ganz konnte ich mir das Konzept noch nicht vorstellen. Aber er sagte uns zu, dass er ein paar Zeichnungen anfertigen würde. Das hörte sich schon mal gut an. Es fiel mir leider sehr schwer, mich in diese Bauplanung hineinzuversetzen. Schließlich konnte ich gerade mal einen Hammer oder einen Schraubenzieher halten. Ein junger Mann, der nach zehn Minuten Straßenfegen Blasen an den Fingern bekam, war nicht für große Eigenleistungen beim Hausbau geschaffen.

„Lasst mich mal ein oder zwei Vorschläge zu Papier bringen. Dann setzen wir uns nochmal zusammen. Aber ich glaube, die Idee wird gut. Und definitiv günstiger als ein kompletter Neubau inklusive Bauplatz."

Günstiger klang mit Blick auf unser klammes Konto sehr gut.

„Das hat sich doch vielversprechend angehört. Meinst du nicht?", sagte ich nach dem Termin zu Annika.

„Ja, es ist eine interessante Option."

Ihre Stimme klang alles andere als begeistert. Aber ich glaubte zu wissen, woran das lag. Es war das alte Thema …

„Ich kann doch nicht nach Weiherfelden ziehen! Was sollen meine Freundinnen von mir denken?"

„Du wohnst doch schon seit anderthalb Jahren in Weiherfelden."

„Genau! Und damit habe ich mein Exil abgesessen. Nun steht die Rückkehr in das gelobte Land an."

„Das gelobte Land", prustete ich. „Ein Volk von hinterlistigen Banditen seid ihr, die arme, unschuldige Fußballspieler nackt durch ihre Flure treiben."

„Besser als ein Volk von naiven Tröpfen, die das mit sich machen lassen."

Ich liebte ihren Humor, auch wenn sie mir das Leben mal wieder schwer machte. „Aber Weiherfelden ist nicht Sibirien. Was sollen denn meine Mannschaftskollegen sagen, wenn ich nach Obsthofen ziehe?“

„Aber du bist ein Preuße. Dir wird man das verzeihen."

„Im Herzen bin ich schon Franke! Und das ist, was zählt!", wehrte ich mich.

„Solange du den Senf noch ohne t schreibst, bist du kein Franke. Und einem heimatlosen Preußen kann es doch egal sein, ob er in Weiherfelden oder Obsthofen wohnt."

„Dann treffen wir uns eben auf neutralem Boden."

„Wir könnten nach Möhrich ziehen. Da hast du sicher viele Freunde, seit du vor sechs Wochen mit deinem Siegtor ihren Abstieg besiegelt hast", grinste sie bissig.

Warum zum Teufel ist dieses Teufelsweib nur so schlagfertig?

„Aber mal ehrlich … Ist es nicht einfacher, wenn wir Oma und Opa mit im Haus haben?"

„Wir können ja auch in Obsthofen anbauen."

„Wo sollen wir denn bei deinen Eltern anbauen? Auf dem Gehsteig?"

„Dann müssen wir eben ein eigenes Haus bauen."

„Und von was bezahlen wir den Bauplatz, Fräulein Bankkauffrau?"

Zum Glück kam Timo in dem Augenblick von seiner Oma zurück. „Hunger", piepste er.

Annika seufzte. „Die Verhandlungen sind damit noch nicht beendet, mein kleiner preußischer Freund", rief sie mir augenzwinkernd zu und kümmerte sich um Timos Abendessen.

Ich war verzweifelt. Das war wirklich eine harte Nuss. *Nach Obsthofen ziehen? Ins Feindesland?* Ich war froh, dass der SV Obsthofen endlich aufgestiegen war. Dann musste ich mir in den Derbys zumindest keine Anfeindungen wie „Frauendieb", „Hamburger Stricher" oder „Nackedei" mehr anhören. Irgendwie hatte das Obsthofener Publikum es mir übel genommen, eines ihrer schönsten Mädels weggeschnappt zu haben. Am Obsthofener Sportplatz war ich der Staatsfeind Nummer 1. Nein, nach

Obsthofen würden mich keine zehn Pferde bringen. Aber was waren schon zehn Pferde gegen Annikas schlagfertiges Mundwerk?

Zumindest auf dem Fußballplatz standen alle Vorzeichen auf Erfolg. Die Vorbereitung verlief glänzend. Die Trainingseinheiten waren feurig, intensiv und abwechslungsreich. Und in den ersten beiden Vorbereitungsspielen hatten wir unsere Gegner nach allen Regeln der Kunst zerlegt. Karl Adler hatte dabei fünf, Jugendspieler Kevin Mai vier Tore geschossen. Die erste Pokalrunde war angesichts dieser fulminanten Schützenfeste reine Formsache. Schließlich spielten wir gegen die DJK Dreientor. Unser Gegner lief zwar noch immer mit seinem bärenstarken, nimmermüden Spielertrainer auf, der wie ein Duracell-Hase über den Platz wetzte und Sturm, Mittelfeld und Liberoposten gleichzeitig beackerte. Aber an der tristen Situation um diesen funkelnden Stern herum hatte sich in den letzten drei Jahren nichts geändert. Dreientor spielte nach wie vor einen erbärmlichen Fußball.

Mein persönlicher Höhepunkt gleich zu Beginn der ersten Spielhälfte war ein kurz ausgeführter Freistoß. So etwas hatte ich mein Lebtag noch nicht gesehen. Nach einem Foulspiel am Dreientorer Spielertrainer kurz vor der Mittellinie stand ein unbeholfener Rumpelfußballer mit wallendem blonden Haar in der Nähe des Balls. Wie man es in den höheren Spielklassen lernt, schaltete der Spielertrainer sehr schnell. Kaum wieder auf den Beinen, sauste er wieselflink auf seinen Mitspieler zu, um sich anzubieten.

„Spiel mich kurz an“, rief er ihm zu. Der blonde Spieler wusste, was von ihm erwartet wurde. Angestrengt nahm er seinen Trainer ins Visier, der nur noch fünf Meter von ihm entfernt war. Es hätte ausgereicht, den Ball leicht anzutippen, und schon hätte ihn der Spielertrainer mitnehmen können.

Dann trat der Kerl gegen den Ball. Die Kugel donnerte gut fünfzehn Meter entfernt gegen die Bande im Seitenaus. Einige Zuschauer prusteten vor Lachen. Uns Spielern hatte es die Sprache verschlagen.

Wie angewurzelt stand der frustrierte Spielertrainer an seinem Platz, fünf winzige Meter neben seinem filigranen Mannschaftskollegen. Seufzend setzte er sich wieder in Bewegung und kehrte auf den Liberoposten zurück. Er hatte wohl schon lange genug mit den Talenten des DJK Dreientor trainiert, um durch nichts und niemanden mehr aus der Bahn geworfen zu werden.

Ich bewunderte den Spielertrainer für seine stoische Ruhe. Geduldig nahm er Fehlpass um Fehlpass hin, wirbelte unermüdlich weiter und kämpfte, als glaubte er tatsächlich daran, dass er ganz allein das aussichtslose Spiel aus dem Feuer reißen konnte.

Karl Adler hatte siegessicher eine junge erste Elf aufgeboten und mit Georg Weiler und sich selbst zwei absolute Leistungsträger geschont. Natürlich hätten wir selbst mit unserer kompletten zweiten Mannschaft gegen Dreientor gewinnen müssen. Aber manchmal gibt es Tage im Fußball, da geht einfach gar nichts zusammen.

In einer kläglichen Partie legten wir eine erbärmliche Chancenverwertung an den Tag. Drei Pfostenschüsse, einmal Latte, fünfmal aus aussichtsreicher Position den Torwart angeschossen, ohne dass dieser Blinde auch nur im Entferntesten etwas dafür konnte. Unser altes Unvermögen war zurück!

Erinnerungen wurden wach, an die frustrierende Saison von vor drei Jahren, als der Klassenerhalt bis zum letzten Spieltag am seidenen Faden hing. Was war nur los mit uns? Durch einen unnötigen Elfmeter verloren wir gegen diese aus zehn Totalausfällen bestehende Mannschaft mit 0-1.

Karl Adler schäumte vor Wut. Der gute alte Spielleiter Willi, noch immer Herz und Seele unseres ruhmreichen Vereins, beschimpfte uns Spieler mit zornesrotem Kopf in einer Art und Weise, die er sich sonst für die gegnerischen Fans vorbehielt: „Ihr daaben, unfähigen, faulen Säcke! Seid ihr eserten Vollpfosten noch bei Trost? Gegen Dreientor aus dem Pokal auszuscheiden! Euch sollte man an euren Schnürsenkeln aufknüpfen!" Ich vermute, das waren noch die nettesten Worte, die Willi an jenem Tage für uns übrig hatte. Der Rest war mir noch zu fränkisch. Die unerschöpfliche Vielfalt der Flüche aus Willis Mund brachten mich noch immer zum Verzweifeln.

Zurück in der Umkleidekabine herrschte Grabesstille, ehe der neue Trainer das Wort an Martin „Lupo“ Kruse richtete. „Was ist nur los mit dir? Du kannst doch den Stürmer nicht umholzen, wenn der Ball schon zehn Meter weg ist!"

„Ich hab gedacht, ich erwisch den Ball noch", wollte sich dieser rechtfertigen. Und erntete nur ungläubige Blicke von unserem neuen Coach.

„Aber der Ball war schon seit Sekunden mehrere Meter weg … Wie wolltest du den noch erwischen?"

Niklas, Harald und ich blickten uns an. Es kostete uns große Mühe, ein unangebrachtes Grinsen zu vermeiden. Jeder Ausdruck von Freude war an diesem Tag absolut unpassend. Karl Adler würde sicher noch viel Spaß mit dem ungelenken Verteidiger Martin haben. Wir blinzelten uns stumm zu und machten eine geistige Notiz, Karl beim nächsten Training über Martins fragwürdiges Reaktionsvermögen aufzuklären.

„Dann sind wir also aus dem Pokal ausgeschieden", stellte Karl trocken fest. „Morgen Training!“, knurrte er. „Ohne Ball!"

Und damit verließ er die Kabine. Es war alles gesagt.

Auch die Zuschauer grummelten und machten keinen Hehl aus ihrer Unzufriedenheit. Allen voran der Regisseur: „Ich hab’s doch gleich gesagt. Ein guter Spieler ist nicht automatisch auch ein guter Trainer!", polterte er. „Selbst ein genialer Fußballer wie Alfredo Di Stéfano hat sich als Trainer hartgetan. Findet ihr es nicht auch anmaßend von Karl, dass er glaubt, nur weil er aus der Landesliga kommt, kann er diese Mannschaft trainieren?"

Ganz so pessimistisch sahen es die anderen Zuschauer nicht. Bislang waren die Ergebnisse doch gar nicht so schlecht gewesen. Doch der Regisseur war nicht zu bremsen: „Merkt euch meine Worte: Der kann froh sein, wenn er den ersten Spieltag noch erlebt. Vom Hof gejagt hätte man solche Leute früher, wenn man gegen so einen Gegner aus dem Pokal fliegt. Da muss der Trainer einfach die Verantwortung übernehmen! Und da hilft es uns gar nichts, dass er ein guter Fußballer ist. Ein Trainer ist das nicht. Da muss man die Mannschaft schon weiterentwickeln, und motivieren, und ein gutes Training zusammenstellen. Das wird heuer wieder nichts. Wir können froh sein, wenn wir nicht absteigen!"

Der auf die bittere Niederlage folgende Tag war hart. Sehr hart sogar. Der enttäuschte Karl scheuchte uns zwei Stunden lang erbarmungslos über den Platz.

Doch am Samstag war der Zorn bereits verraucht. Im nächsten Testspiel hatten wir unseren chancenlosen Gegner mit 7-1 deklassiert. Und am Abend folgte der traditionelle Einstand der Neuzugänge, die gemeinsam ein Spanferkel und fünf Kästen Bier für ihre Mannschaftskollegen spendierten.

Wir stopften das zarte Fleisch mit den fränkischen Klößen in unsere hungrigen Mägen. Dann floss das Bier in Strömen. Es war ein typischer Abend im Weiherfeldener Sportheim: Feuchtfröhlich, ausschweifend und ganz schön einfallsreich, wenn es darum ging, die Bierquelle nie versiegen zu lassen.

„Verdammt, wir haben kein Freibier mehr." Es überraschte niemanden, dass Max Hölzelein derjenige war, dem der Mangel als Erster auffiel.

„Dann ist es an der Zeit, die Spielführer zu bestimmen."

Skeptisch blickten wir unseren Trainer an. Was hatte das damit zu tun? Und war jetzt wirklich der richtige Zeitpunkt, mit einem Durchschnittswert von zwei Promille den Kapitän zu wählen?

„Ich habe mir schon meine Gedanken gemacht nach den ersten Wochen", kündigte Karl an.

Unsere Blicke durchbohrten den Coach. Normalerweise wurden die Spielführer in Weiherfelden von den Spielern gewählt. Offenbar war Demokratie in den höheren Ligen nicht üblich.

„Ich weiß, ein guter Trainer hätte das vorher mit euch abgestimmt. Aber ich bin kein guter Trainer." Was wollte er uns mit dieser Rede nur sagen? War er schon so voll, dass er sich vor versammelter Mannschaft um Kopf und Kragen redete?

„Ich bin ein sehr guter Trainer!", ergänzte Karl lachend. *Aha. Na dann ist ja alles gut.*

„Kapitän bleibt Harald. Zweiter Kapitän: Georg Weiler. Dritter Kapitän: Marco Tanner."

Dritter Kapitän? In meinem jungen Alter? Was für eine Ehre!

„Irgendwelche Einwände?"

Die Mannschaft war still.

„Dann ist es beschlossen. Erster Kapitän: drei Kästen Bier Einstand. Zweiter Kapitän: zwei Kästen. Dritter Kapitän: ein Kasten. Zahlbar sofort und ohne Abzug!"

Wir hatten also wieder Bier. Verdammt, und mein Geldbeutel war doch so schon klamm genug!

Aber wir waren keine gewöhnliche Mannschaft. Wir waren der TSV Weiherfelden! Und sechs Kästen Bier reichten uns nicht lange. Nicht an jenem Abend. Als die nächste Biernot ausgebrochen war und Max schon am Rande des Zusammenbruchs wegen fortgeschrittener Unterhopfung war, hatte Willi die zündende Idee.

„Achtung bitte. Ich habe etwas zu verkünden. Aufgrund seiner hervorragenden Verdienste im Sportheim des TSV, schlage ich den Regisseur für das Amt des Ehrenspielführers vor!"

Entgeistert starrten wir Willi an. War unser Spielleiter denn von allen guten Geistern verlassen? Ehrenspielführer? Der Regisseur? Seine einzigen bekannten Verdienste waren, dass er sein ganzes verdientes Geld vollumfänglich in die Kasse des TSV-Wirtschaftsbetriebs weitergab. Willi war doch nicht ganz dicht!

Wie vom Donner gerührt erhob der Regisseur den Blick von seinem Bierglas. Er hatte Tränen in den Augen. Ehrenspielführer! Er würde der Uwe Seeler, Franz Beckenbauer und Lothar Matthäus des TSV Weiherfelden in einem sein! Gerührt erhob er sich von seinem Platz und sagte mit bebender Stimme: „Ich nehme diese ehrenvolle Wahl an!"

Feierlich schritt Willi zu ihm, schüttelte ihm die Hand und verkündete mit einem diabolischen Grinsen: „Ehrenspielführer Regisseur: Vier Kästen Bier Einstand!"

Da wussten wir, dass unser Spielleiter ein Genie war.

FSV Eggenheim – TSV Weiherfelden (1. Spieltag)

Der Rest der Vorbereitung verlief glänzend. Bis auf den Ausrutscher in Dreientor hatte unsere Mannschaft mit klaren Siegen gegen stark eingeschätzte Gegner von sich reden gemacht. Bei einer Umfrage unter den Spielleitern aller fünfzehn Mannschaften der Kreisklasse Nord in der regionalen Tageszeitung waren wir somit eine von fünf Mannschaften, die als Favoriten gehandelt wurden.

Der erste Spieltag beim FSV Eggenheim war die Stunde der Wahrheit. Wir kannten den Gegner. Es war ein alter Bekannter in der Kreisklasse Nord. Sie hatten den Rennelefanten in ihren Reihen. Doch ansonsten war die Mannschaft nur Durchschnitt. Jeder erwartete drei Punkte von uns.

Dennoch schwebte die peinliche Torflaute gegen die DJK Dreientor wie ein Damoklesschwert über unseren Köpfen. Der neue Trainer wollte vorbeugen, um zu vermeiden, dass wir auch am 1. Spieltag erfolglos gegen ein Abwehrbollwerk anrannten. Seine Nervosität führte zu ungewöhnlichen Trainingsmaßnahmen.

„Was uns vor dem Tor fehlt, ist Selbstvertrauen! Es ist keiner von euch dabei, der es fußballerisch nicht fertig bringt, den Ball aus fünf Metern Entfernung im leeren Tor unterzubringen. Aber trotzdem ist uns das gegen Dreientor nicht gelungen! Wir dürfen beste Chancen nicht achtlos liegen lassen! Das ist fahrlässig, und so verschenken wir unnötig Punkte. Das müssen wir verbessern!"

Karl hatte sich deshalb für das Abschlusstraining vor dem Saisonauftakt eine Maßnahme überlegt, unser Selbstvertrauen vor dem Tor zu steigern und die Erfahrung im Umgang mit klaren

Torchancen zu erhöhen. Wir Feldspieler fanden diese Übung cool. Es machte so richtig Spaß.

Nur unsere armen Torhüter waren alles andere als begeistert. Andreas Stieler schimpfte wie ein Rohrspatz. Sein junger Herausforderer Alfred Escher traute sich nichts zu sagen, schüttelte aber skeptisch und resigniert den Kopf. Denn diesmal wurden die Reflexe unserer Torwarte auf eine ungewöhnliche Art getestet. Es kam nicht mehr so sehr darauf an, die Bälle zu halten. Vielmehr wurden die Reflexe dazu benötigt, den Kopf rechtzeitig aus der Schusslinie zu bekommen.

Der Trainer hatte Volleyschießen aus fünf Metern Entfernung angeordnet. Das spielte sich in etwa so ab: Torwart Andreas stand mit schlotternden Knien in seinem Kasten. Trainer Karl positionierte sich mit einem Haufen Fußbällen neben dem Pfosten. Und wir Spieler stellten uns in Reih und Glied am Fünfmeterraum auf, der, wie der Name schon sagt, nur fünf Meter von der Torlinie entfernt ist. Dann warf der Coach uns die Bälle halbhoch zu, und wir hatten die lustige Aufgabe, die Kugel aus der Luft abzufassen und mit aller Gewalt in Richtung Tor zu hämmern.

Andreas und Alfred versuchten erst gar nicht, diese Schüsse zu parieren. Die Armen hatten viel mehr damit zu tun, nicht von den Schüssen zwischen die Beine, ins Gesicht oder in den Bauch getroffen zu werden. In den folgenden fünfzehn Minuten hauten wir Andreas und Alfred die Bälle regelrecht um die Ohren. Bei jedem Schuss, der unser Rumpelstilzchen auch nur streifte, stapfte Andreas wild schnaubend, schimpfend und unseren Coach verfluchend auf seiner Torlinie herum. Aber es half alles nichts. Trainer Karl war gnadenlos. Ob wir uns dadurch wirklich Selbstvertrauen holten, kann ich bis heute nicht sagen, aber allen bis auf die bemitleidenswerten Torhüter hatte es zumindest höllischen Spaß gemacht.

„Heute zählt es, Jungs“, begann Karl am folgenden Sonntag seine erste Punktspielansprache in der Kabine. „Wir haben gut gearbeitet. Jetzt müssen wir die Früchte unserer Arbeit ernten. Ich kenne diesen Gegner nicht, habe lediglich von Willi gehört, dass sie einen schnellen, robusten Angreifer haben. Dominik, um dem kümmerst du dich bitte. Martin, du hältst dich von ihm fern! Vor allem im Strafraum. Keine unnötigen Fouls."

Wir grinsten hinter vorgehaltenen Händen. Mit Martin würde Karl sicher noch seinen Spaß haben.

„Das ist unsere Startelf: Andi, du stehst im Tor. Wie spielen wie in der Vorbereitung mit Viererkette: Harald als rechter Außenverteidiger, Niklas als linker Außenverteidiger. Dominik und Martin in der Innenverteidigung. Auf der Sechs: Marco. Rechter Flügel: Georg. Linker Flügel: Kevin. Macht ihnen über die Außen die Hölle heiß!"

Karl schritt zur Taktiktafel an der Wand und schob einige Magneten hin und her. „Wenn die Außenverteidiger nach vorne ziehen, lasst euch in die Viererkette fallen. Wir wollen kein Risiko eingehen, früh in Rückstand zu geraten. Ganz vorn in der Mittelfeldraute werde ich spielen. Stefan und Michael sind die beiden Stürmer. Ich erwarte, dass wir das Spiel kontrollieren. Keine leichtfertigen Ballverluste! Disziplin, die Positionen halten, viel Laufarbeit und Bewegung. Wenn wir unser volles Potenzial ausschöpfen, haben wir hier nichts zu befürchten. Auf geht's. Macht euch warm und konzentriert euch!"

Wir machten ein gutes Spiel. Schnell führten wir 2-0. Durch einen leichtsinnigen Fehlpass in der Abwehr kam Eggenheim zwar kurzzeitig auf 1-2 heran, aber wir ließen uns davon nicht aus der Ruhe bringen. Die Erfahrung von Georg und Karl tat uns sichtlich gut. Doch es war der Jüngste im Kader, der das Schicksal der Gastgeber besiegelte. Kevin Mai erzielte kurz nach dem Anschlusstreffer das 3-1. Es war sein dritter Treffer an jenem Tag. Nach dem Spiel tranken wir genüsslich zwei Bier im Eggenheimer Sportheim auf unseren Sieg. Ein 3-1 zum Auftakt war ein gutes Ergebnis. Vor allem auswärts. Es gab uns Sicherheit. Und der dreifache Torschütze Kevin Mai strotzte nur so vor Selbstbewusstsein.

„Ronaldo!“, rief Niklas überschwänglich und streckte Kevin feierlich sein Glas entgegen. Tatsächlich hatte uns Kevin an diesem Tag an den jungen Cristiano Ronaldo erinnert: pfeilschnell, trickreich und mit einem bärenstarken Torabschluss. „Ronaldo“, prosteten wir ihm immer wieder zu. Nach dem zweiten Bier stimmte Kevin endlich in die Rufe mit ein.

Im Sportheim in Weiherfelden sollte die Feier weitergehen. Es herrschte eine riesige Euphorie. Viele Zuschauer saßen bereits im Sportheim, als wir wie die Könige in den Wirtschaftsraum einzogen. „Ronaldo!“, brüllten wir immer wieder aus Leibeskräften. Das Bier floss in Strömen. Und nach einigen weiteren Gläsern war Kevin, der auf dem Platz nur so vor Kraft und Energie strotzte, nur noch ein Häuflein Elend.

„Raldo!“, lallte er immer wieder. Denn Ronaldo konnte er nicht mehr aussprechen. Und so sollte ihm der Spitzname Raldo von jenem Tag an Zeit seines Lebens bleiben.

Die Feierlichkeiten zu unserem ersten Saisonsieg wurden immer ausschweifender. Ein alter Mannschaftskollege saß mit am Tisch: Bernd Hagen. Er hatte seine Karriere im Alter von 27 Jahren beendet. Für die Altherrenmannschaft war er zu jung, für die erste Mannschaft in unserer neuen Besetzung zu langsam. Dabei war er so ein genialer Fußballer. Was für eine Verschwendung! Aber er hatte sich schon an seine neue Rolle gewöhnt: der nächste Klugscheißer am Spielfeldrand.

„In eurer neuen Mannschaft ist schon ganz schön Tempo drin, das muss ich sagen. Aber die Technik ist euch aweng abhandengekommen. Nur Rennen bringt halt auch nichts! Man muss auch was mit dem Ball anzufangen wissen. So wie ich früher! Bei so vielen guten Chancen hättet ihr doch mindestens fünf oder sechs Tore machen müssen. Leichtfertig umgegangen seid ihr damit. Die Technik macht’s, das sag ich euch!“

Wir blickten uns an und rollten mit den Augen. Er war schon beinahe so schlimm wie die alteingesessenen Legenden am Biertisch nach den samstäglichen Bundesligaspielen. Man musste sich fragen, ob er wirklich seine Fußballschuhe oder nicht vielmehr seinen Realismus an den Nagel gehängt hatte. Aber auf einen hanebüchenen Experten mehr oder weniger kam es in Weiherfelden nicht an. Die hatten wir zur Genüge.

Man hörte unseren frischgebackenen Ehrenspielführer Regisseur lautstark am Nachbartisch plärren: „Ich hab's euch gleich gesagt: Man darf wegen eines verlorenen Pokalspiels nicht in Panik verfallen. Man muss einem neuen Trainer erst die Zeit geben, die er verdient. Und heute hat es der Karl bestätigt. Totgesagte leben länger! Ich hab's schon immer gesagt. Aber keiner hört ja auf mich!" So der Regisseur, der Karl Adler vor drei Wochen noch vor dem ersten Punktspiel mit Schimpf und Schande vom Hof jagen wollte. *Nicht zu fassen!*

Aber nach einem Auftaktsieg interessierte uns der Wahnsinn der Zuschauer nicht weiter. Wir sorgten dafür, dass der Don am Zapfhahn keine ruhige Minute hatte. Ein Bier folgte dem anderen, heisere Raldo-Rufe hallten durch das Sportheim. Und ehe wir uns versahen, war es bereits Mitternacht. Sorgenvoll blickte ich auf die Sportheimuhr. Annika würde mich erschlagen!

Und für den Fall, dass ich diese Nacht überlebte, wartete, wie immer wenn man spät ins Bett ging, schon früh um 6 Uhr ein kleiner Zwerg neben unserem Bett und wollte bespaßt werden. Seufzend trank ich mein Bier in einem großen Zug leer. Die anderen Mitglieder des harten Kerns musterten mich ungläubig: „Entweder du hast einen fulminanten Durst, oder du willst dich abseilen, Marco." Die vorwurfsvollen Blicke brachten mich völlig aus dem Konzept.

In Weiherfelden wehrte man sich nicht lange, wenn es darum ging, sich noch ein Bier zu holen. „Ach komm, Don. Eins wird schon noch gehen."

Während der Don mir das nächste Bier einschenkte, schalteten meine Kollegen den Fernseher an. Es kam gerade Werbung: für Telefonsexnummern.

„Da wollte ich schon immer mal anrufen“, murmelte Niklas mehr zu sich selbst.

Der Rest der volltrunkenen Bande betrachtete ihn mit einem amüsierten Seitenblick: „Kennst du denn keine anderen Möglichkeiten, dich aufzugeilen?“

„Schon, aber es würde mich einfach mal interessieren. Was die so erzählen, wie lange sie einen hinhalten, wie dominant ihre Stimmen klingen ... Nur für die Forschung, du weißt schon ...“

Wir schüttelten einfach nur den Kopf und widmeten uns wieder den schäumenden Getränken.

„Scheiß drauf! Ich probier das jetzt mal aus.“ Niklas tippte die nächstbeste Nummer in sein Telefon ein und lauschte der lasziven Stimme.

„Naja, eigentlich ... Interessieren würde mich das auch mal. Ich ruf mal eine andere Nummer an. Dann können wir unseren Erfahrungsbericht vergleichen“, meinte Max kurzentschlossen. Niklas und ihn sollte man nie gemeinsam in einem Raum lassen. Selten kam etwas Gescheites dabei heraus.

Und wie so oft ließen sich die Mannschaftskollegen von diesem Schwachsinn mitreißen. Die groteske Szene entwickelte eine seltsame Eigendynamik. Einer nach dem anderen zückte sein Handy und machte einen Testanruf bei der nächsten Nummer in der Werbung. Als ich der einzig verbliebene Spieler ohne Telefon am Ohr war, wurde mir dann doch etwas mulmig zumute. Insbesondere unter dem Einfluss von Bier war Gruppenzwang eine sehr gefährliche Angelegenheit.

Grummelnd zückte auch ich mein Handy und machte bei der blödsinnigen Aktion mit. Die Frau am anderen Ende des Telefons war weder freundlich, noch versprühte ihre Stimme eine erotische Ausstrahlung. Sie versuchte kläglich, zwanzig Jahre jünger zu klingen als sie vermutlich in Wirklichkeit war, und irgendwann legte ich gelangweilt auf.

Da war mir meine Annika zuhause tausendmal lieber. Auch wenn sie mich heute Nacht noch zur Sau machen würde, wenn ich so spät und in diesem Zustand im Bett aufschlug.

TSV Weiherfelden – TSV Kranz (2. Spieltag)

Das Fußballtraining beschränkte sich nicht nur auf die erste Mannschaft des TSV. Mein Sohn Timo war schon genauso fußballverrückt wie sein Papa. Tagein tagaus wollte er Fußball mit mir spielen. Und die Sommerferien gaben mir die Gelegenheit, seinen hohen Ansprüchen gerecht zu werden. Zu meinem blanken Entsetzen hatte sein Obsthofener Opa, Annikas Vater, ihn schon soweit beeinflusst, dass er immer der 1. FC Nürnberg sein wollte. Mir selbst war die Rivalität zwischen den Bayern- und den Club-Fans egal. Ich hielt zu meinem FC St. Pauli. Aber der 1. FC Nürnberg? Es musste doch nicht sein, dass mein Sohn sein ganzes Leben deprimiert durch die Welt lief. Konnte er nicht die Gelegenheit beim Schopf packen und einfach ein Bayern-Erfolgsfan werden?

Im Hof meiner Eltern ereignete sich ein ums andere Mal ein harter Schlagabtausch zwischen St. Pauli und dem 1. FCN. Auf tapsigen Beinen legte sich Timo den Ball zurecht. Erwartungsvoll stand ich zwischen den beiden wackligen Plastikpfosten: „Los Timo, schieß aufs Tor!“

Timo nahm Anlauf und schoss mit aller Kraft aufs Tor. Der Ball kullerte auf mich zu. Ich schlug ein ungelenkiges Luftloch, um den Ball ins Tor rollen zu lassen.

„Papa, ich hab aufs Tor geschissen!“, jubelte mein Sohnemann.

Ich musste lachen und nahm ihn in den Arm. Das war einer der Augenblicke, in denen der Wunsch nach einem zweiten Kind immer größer wurde. Es war einfach das Schönste auf der Welt. Als ich Annika davon erzählte, waren wir einer Meinung: Ein

Anbau oder ein Haus musste her, und dann sollte ein zweites Kind folgen.

Auf dem Trainingsplatz des TSV war das Training ein wenig anspruchsvoller. Das Niveau im „Eckla“ war durch die Neuzugänge unglaublich hoch geworden. Wenn man das Unglück hatte, in der Mitte des Vierecks zu stehen, wo man die Bälle abfangen musste, die sich die anderen fünf Spieler an den Außenkanten des Ecks zuspielten, hatte man einen schweren Stand. Karl Adler, Georg Weiler, aber auch erfahrene Spieler wie Michael Meister oder Stefan Schmidt glänzten durch ihre hohe Ballsicherheit.

Aber Georg war nicht nur bei fingierten Treppenstürzen ein Schlitzohr. Beim „Eckla“ testete er mit spitzbübischem Grinsen die technischen Fähigkeiten seiner Mitspieler, indem er ihnen absichtlich schwere Bälle zuspielte. Wenn dann jemand einen Fehler machte und meckerte: „Schorsch, dafür gehst du gefälligst in die Mitte. Was soll ich denn mit so einem Ball anfangen?“, dann wusch der alte Haudegen stets seine Hände in Unschuld: „Ein Guter verarbeitet den!“, war Georgs Standardantwort.

Ich wusste nicht warum, aber immer wenn Georg seine Gegenspieler derart in Bredouille brachte, nannten ihn alle „den Knight Rider“. Natürlich kannte ich die Serie mit David Hasselhof und seinem Wunderauto Kitt. Aber was zum Teufel hatte das mit Georgs schwer zu verarbeitenden Zuspielen im „Eckla“ zu tun? Ich konnte mir keinen Reim darauf machen. Manchmal war Weiherfelden auch nach drei Jahren noch ein Buch mit sieben Siegeln für mich.

Ich war gerade aus der Mitte des „Ecklas“ herausgekommen, postierte mich neben einem Hütchen, als ich bemerkte, wie Georg mich aus dem Augenwinkel anvisierte.

„Bitte nicht, Knight Rider. Ich war doch gerade erst in der Mitte.“

„Knight Rider?“, wiederholte Georg lachend und blickte mich kopfschüttelnd an. Ich erntete einen unmöglichen Pass, den ich ungelenkig ins Aus stolperte. *Verdammt!* Ich war schon wieder in der Mitte.

Meine Mitspieler kicherten. „Knight Rider“, wiederholten sie lachend. Was war so lustig daran? Sie sagten das doch auch zu Georg. *Die spinnen, die Franken!*

Als ich an diesem Abend vom Training nachhause fuhr, freute ich mich auf Annika und Timo, der bestimmt schon süß und unschuldig schlief. Plötzlich formte sich ein Gedanke in meinem Kopf. Ich vergötterte Annika. Wir sprachen bereits über weiteren Nachwuchs. Trotzdem lebten wir noch immer in wilder Ehe. Ja, ich wollte Annika einen Heiratsantrag machen. Aber wann? Und wie?

Wenn, dann musste es etwas ganz Besonderes sein, und ausnahmsweise mal was Romantisches. Schließlich entbehrte unsere Kennenlerngeschichte jeglicher Romantik. Ich wollte unseren Kindern wenigstens vom Heiratsantrag etwas Jugendfreies erzählen können.

Erste Ideen formten sich in meinem Kopf. Ein Meer aus Rosen. Eine leise Ballade im tanzenden Schein der flackernden Duftkerzen. Ja, so sollte es sein. Und die Tatsache, dass Annika in zwei Wochen auf Teilzeitbasis in ihren alten Job bei der Bank zurückkehrte, gab mir die perfekte Gelegenheit, alles zuhause vorzubereiten. Ich war aufgeregt und begeistert, als ich mein Auto in der Einfahrt parkte und die Tür zu unserer Wohnung aufschloss. *Ich heirate Annika!*

Der Gedanke ließ mich nicht mehr los. Bis das Wochenende vor der Tür stand. In Weiherfelden herrschte Ausnahmezustand. Es war Kerwa. Der Appell unseres Trainers dröhnte noch in meinen Ohren: „Wenn ihr euch unbedingt die Birne wegknallen wollt, dann bitte gleich am Freitag, damit ihr am Sonntag wieder fit seid!“

Annika wusste, was ihr blühte. Sie hatte sich mit Timo nach Obsthofen zu ihren Eltern verkrümelt. „Das Trauerspiel, wenn du nicht mal mehr deine Schuhe ohne meine Hilfe ausziehen kannst, muss ich mir nicht schon wieder geben!“

Wir trafen uns in voller Mannschaftsstärke bei Harald Gepard. Als alteingesessene Familie wohnte unser Kapitän mitten im Ortskern. In seinem Hof türmten sich die Bierkästen.

„Kommt mal rüber, Jungs“, rief plötzlich Haralds Nachbar. Er war ein alter, gebeugter Mann mit runzeliger Haut. Doch die Schnapsflasche hielt er mit eisernem Griff fest. „Ich hab da was Gutes für euch!“

„Tut’s nicht!“, riet Harald augenrollend.

Aber ich war schon zu betrunken, um die Warnung ernstzunehmen. „Vermutlich willst du nur den ganzen guten Schnaps für dich selbst haben.“

„Wenn du meinst …“

Neugierig schnappte ich mir als Erster die Flasche. Ich reckte meine Nase über die Öffnung und schnupperte mit geschlossenen Augen. Bis mich plötzlich eine Gänsehaut kräftig durchschüttelte. Was war denn das für ein Teufelszeug? Dieser stechende Geruch war kein gutes Zeichen.

„Komm, Marco. Jetzt musst du’s auch durchziehen!“

„Habt ihr gedacht, ich kneife?“ Und schon setzte ich an. Und nahm einen kräftigen Schluck.

Der Fusel brannte wie Feuer! Zuerst jagte eine zweite Gänsehautwelle über meinen Körper. Ich schüttelte mich. Dann schossen mir die Tränen in die Augen. Der Hals kratzte, fühlte sich an wie zerfressen. Und der Nachgeschmack des Gesöffs krabbelte von meinem Magen zurück in den Rachen hinauf.

Verzweifelt wirbelte ich herum. Suchte krächzend nach einer Rettung. Da fiel mein Blick auf die Gießkanne. Der Weg war nicht weit. Ich konnte es schaffen.

Prustend hechtete ich zur Gießkanne. *Gott sei Dank! Sie ist mit Wasser gefüllt!* Hektisch riss ich das Gefäß in die Höhe. Wasser schwappte auf mein T-Shirt. Aber das war mir in dem Moment egal. Mit weit aufgerissenen Augen stemmte ich die Gießkanne höher und setzte an.

„Nicht!“, rief mir Harald noch zu. Er gestikulierte sogar wild mit den Armen. Doch mich konnte nichts und niemand mehr stoppen. Mit kräftigen Schlucken kippte ich die herrlich kühle Flüssigkeit in meinen Hals. „Da ist Dünger drin!“

Was machen die nur mit mir? Und so würgte ich schon wieder …

Der Rest des Abends fühlte sich an, wie hinter einem sanften Nebelschleier verborgen. Alles spielte sich in Zeitlupe ab. Die Stimmen hörte ich nur noch leise. Mit schweren Augen nippte ich an meinem Bier und murmelte die Kerwaslieder mit, die meine Mannschafskollegen neben mir grölten.

„Gehen wir mal zur Bar?“, fragte Niklas.

„Klar. Ich muss nur noch schnell bei der Bank vorbei“, antwortete Max.

„Ich komm auch mit“, lallte ich.

Also stiefelten wir zu sechst in Richtung Bar. Max brauchte eine gefühlte Ewigkeit, bis er die Bankkarte endlich in den Schlitz brachte, damit sich die automatische Schiebetür öffnete.

„Alter, bis wir drin sind, bin ich schon verdurstet!“

Wir traten in die Bank und sahen uns um. Ein junger Kerl namens Udo Ritter lehnte in Biersaufesel-T-Shirt und Sandalen am Geldautomaten, hatte den Kopf auf dem Tastenfeld abgelegt und schlief in dieser unbequemen Position. Max musste sein Gesicht mehrfach zur Seite schieben, um den PIN einzugeben. Zwei Mädels standen kichernd in der anderen Ecke und amüsierten sich prächtig.

Max brauchte schon wieder ewig. Ich betrachtete mein Spiegelbild in der Fensterscheibe. *Wow, siehst du mitgenommen aus!* Die dunklen Ringe um die glasigen Augen standen mir gar nicht gut. Und mit dem total zerzausten Haar sah ich aus wie ein gerupftes Huhn. „Ich glaub, ich muss mal wieder zum Friseur“, murmelte ich zu mir selbst.

„Warte, das haben wir gleich“, antwortete eines der Mädels, ohne dass ich sie gefragt hatte. Sie eilte aus der Bank, lief über die Straße und kehrte drei Minuten später zurück. Max war immer noch nicht fertig.

„Mach schon, wir wollen an die Bar!“

„Gleich! Hetzt mich nicht!“

„Setz dich mal“, sagte eine liebliche Stimme. Zierliche Finger drückten mich sanft in Richtung Heizkörper, wo ich mich seufzend setzte.

Ein plötzliches Brummen erfüllte den kleinen Raum. Ich wollte aufstehen. Aber ich war zu müde. Immer wieder begannen die Mädels zu kichern. Und Niklas stimmte selbstgedichtete Kerwaslieder an:

„Der Marco, der Tanner is a Hamburger Preuß,
hollerireidio, hollerireidio!
Aber beim Bier macht er wie a Franke weit auf seine Schleus!
hollerirei-dirirei-dio!“

Wer fuhrwerkte da eigentlich ständig an meinem Kopf herum?

„Dem Marco, dem Tanner, dem schneid mer die Hoor,
hollerireidio, hollerireidio!
Vielleicht trifft er dann a mol widder ins Tor!
hollerirei-dirirei-dio!“

Die Bedeutung des Gesangs wurde mir erst klar, als sie mir mit dem elektrischen Rasierer unsanft über die Augenbrauen schrubbten.

„Hey, ihr spinnt doch!“

„Marco, sieht echt heiß aus!“, lachten meine Minuskumpels.

„Wenn die Bankmitarbeiter am Montag das Überwachungsvideo anschauen, werden wir zu Legenden!“

Max war endlich fertig. Also trotteten wir zur Bar. Fünf haarige betrunkene Fußballer. Und ein noch betrunkeneres Anhängsel, das aussah wie ein frisch geschertes Schaf ohne Augenbrauen. Wir bestellten uns einen Whiskey Cola. Was sollte ich auch noch anderes machen, als meinen Frust runterzuspülen? Aber als ich an meinem Getränk nippte, kratzte mein Hals schon wieder. „Verflixt! Das ganze Glas ist ja voller Haare!"

„Komm mit", rief Niklas und zerrte mich hinter sich her. „Ich hab ne Idee!"

Wie ein treudoofes Hündchen an der Leine führten sie mich am Ärmel meines T-Shirts zur Tankstelle.

„Ihr Deppen! Was wollen wir denn hier?", stammelte ich verdattert.

Da warf Niklas eine Münze ein. Und das Getöse begann. Dieser Mistkerl rückte mir doch tatsächlich mit dem Staubsauger auf die Pelle, den sonst die Autofahrer verwendeten, um ihr Auto zu säubern.

„Du bist echt nicht ganz dicht, Niklas!"

„Etwas dankbarer könntest du schon sein, Marco. Immerhin hab ich grad meinen letzten Euro ausgegeben, um dich zu enthaaren."

Ich grunzte nur missbilligend. Meine Zunge wurde immer schwerer.

„Dann müssen wir nochmal zur Bank", grinste Niklas.

„Ich geh da nicht mehr rein", rief ich und versuchte, meine Augenbrauen hochzuziehen. Aber ich hatte ja keine mehr.

Hinter mir klimperte es. „Nachschub für den Weg zurück ins Dorf!", verkündete Max. Ich nahm einen tiefen Schluck. Dann wurde meine Welt schwarz.

Als ich am nächsten Morgen die verklebten Augen öffnete, versetzte mir das unerwartete Licht einen blitzartigen Stich hinter der Stirn. Stöhnend rappelte ich mich auf. Mein Mund schmeckte nach Gülle. Die Klamotten stanken nach abgestandenem Bier und

Schnaps. Der bloße Geruch brachte diese verdammte Gänsehaut zurück. Mein ganzer Körper prickelte.

Ich schüttelte mich und sah mich um. Ich lag auf einer Couch. In einem penibel aufgeräumten Wohnzimmer. Träge blickte ich zur anderen Seite. Und starrte in die neugierigen Augen eines riesigen Dobermanns. Die bloße Kraft des Muskelbergs war faszinierend. Und die gebleckten messerscharfen Zähne mehr als beeindruckend. Ich schluckte. Und legte mich in Zeitlupe zurück auf die Couch. *Mist, was mach ich jetzt? Wie soll ich hier raus kommen?*

In meiner Verzweiflung schüttelte ich den letzten Rest Stolz ab und tastete nach meinem Handy. „Wo bin ich und wem gehört dieser Hund?“, schickte ich an Niklas und Harald.

„???“, antwortete der eine.

„Im Himmel!“, der andere.

Auf wackligen Knien tapste ich am Dobermann vorbei, schlich durch den Flur und verließ das fremde Haus. Die Sonnenstrahlen blendeten meine schmerzenden Augen. Ich blinzelte durch die Gegend. Ich war in Weiherfelden. So viel war sicher. Aber wo ich genächtigt hatte, wusste ich nicht. Es war mir auch egal. Mein Mund fühlte sich trockener an als die Wüste Sahara. Der Schädel brummte. Ich machte, dass ich nachhause kam, legte mich dort ins Bett und ergab mich meinem grenzenlosen Elend.

Am Sonntag war ich ausgeschlafen und fühlte mich wieder topfit. Annika kehrte gerade mit Timo nach Weiherfelden zurück.

„Mami, wie sieht Papi denn aus?“

Annikas Blick wanderte von ihrem Sohn zu mir. Dann erstarrte sie. Ihr Mund stand drei Sekunden offen, ehe sie wieder sprechen konnte. „Ja, Marco, wie siehst du denn aus?“

„Ich hab einen ambitionierten Friseur getroffen.“

„Du und deine Kumpels, ihr seid die letzten Deppen! Euch kann man keine Sekunde aus den Augen lassen!“

Ich war heilfroh, als ich endlich zum Fußballplatz konnte. Es war der zweite Spieltag. Zum prestigeträchtigen Kerwaspiel hatten wir einen Aufsteiger aus der A-Klasse zu Gast: den TSV Kranz. Er hatte sein erstes Spiel Unentschieden gespielt. Ansonsten wussten wir nicht viel über diesen Gegner. Aber wir strotzten nur so vor Selbstbewusstsein.

Am Treffpunkt fielen uns zunächst beinahe die Augen aus dem Kopf. Der Youngster Kevin Mai tauchte mit einer rassigen Schönheit vor dem Sportheim auf, die gut und gerne fünf Jahre älter war als er. Eng umschlungen turtelten sie küssend, flüsternd und kichernd an der Seitenlinie.

Trainer Karl runzelte besorgt die Stirn. Die junge Frau hatte wallendes dunkles Haar, volle Lippen, faszinierende tiefschwarze Augen und eine Figur, mit der sie jeden Wet-T-Shirt-Contest für sich entscheiden konnte. Wie sollte man sich da noch auf sein Fußballspiel konzentrieren? Wir alle waren wie vom Blitz getroffen. Wie zum Teufel angelte sich ein junger Bursche wie Raldo eine solche Granate?

„Auf geht's, Jungs. Es ist Zeit. Umziehen und aufwärmen!", kommentierte Spielleiter Willi kopfschüttelnd.

Kevin gab seiner Geliebten noch einen langen, innigen Zungenkuss und verabschiedete sich mit einem letzten Klaps auf den knackigen Po gebührend von ihr.

„Hier hast du meine Nummer", hauchte sie und steckte ihm ein kleines Zettelchen zu.

Auf dem Weg in die Umkleidekabine warf Kevin den Zettel achtlos in den Mülleimer. Fassungslos starrten wir ihn an. Was war nur in ihn gefahren? Jeder Einzelne von uns hätte sich am liebsten kopfüber in den Mülleimer gehechtet, um die Telefonnummer aus dem Abfall zu ziehen. Allein die Tatsache, dass es so erbärmlich war, hielt uns von dieser schwanzgesteuerten Reaktion ab.

„Ist ja gut, Jungs. Jetzt reißt euch mal wieder am Riemen", schimpfte Karl, der unsere verträumten Blicke sah. „Der Aufstieg ist geiler als jeder Orgasmus!"

„Das glaub ich nicht“, flüsterte Kevin leise, so dass es nur die neben ihm sitzenden Mannschaftskollegen hören konnten. Und sie glaubten ihm.

„Unser heutiger Gegner ist eine Unbekannte. Sie sind letztes Jahr aufgestiegen. Wir alle wissen, dass Aufsteigen kein Selbstläufer ist. Wir wissen nicht viel über den Gegner, aber das macht nichts. Wir spielen zuhause, und wir wollen dem Gegner unser Spiel reindrücken. Die sollen sich nach uns richten! Gespielt wird mit der gleichen Aufstellung wie vergangene Woche. Ich möchte schnelle Kombinationen sehen. Setzt die Flügel ein. Dort sind wir bärenstark aufgestellt. Konzentriert euch beim Torabschluss. Und keine leichtfertigen Bälle in der Abwehr. Wenn ihr euch nicht sicher seid, dann spielt das Ding lang auf die Außen. Nicht unkontrolliert nach vorne klopfen, sondern schon versuchen, die schnellen Flügelspieler einzusetzen. Hier in Weiherfelden haben wir kein einfaches Publikum. Lasst sie uns begeistern und ihnen zeigen, aus welchem Holz wir geschnitzt sind!“

Und das taten wir. Von der ersten Minute an demontierten wir unseren überforderten Gegner. Raldo war seine leidenschaftliche Liebesnacht nicht anzumerken. Er wirbelte auf dem linken Flügel wie ein Irrwisch. Karl Adler war von der Defensive des TSV Kranz nicht zu halten. Er erzielte drei Treffer. Ich selbst räumte in gewohnt zuverlässiger Manier im Mittelfeld ab, so dass unsere Abwehrreihe nur wenig zu tun bekam. Am Ende bezwangen wir den Aufsteiger mit einem fulminanten 6-0. Was für ein Heimauftakt!

„Ich hab es euch immer gesagt, aber keiner hört ja auf mich“, erklärte der Regisseur, als er nach dem Abpfiff auf dem Weg in den Wirtschaftsraum des Sportheims war. „Der Karl Adler ist ein großartiger Trainer! Ein Glücksgriff für den ganzen Verein. Gute Spieler sind eben auch immer gute Trainer. Kein Wunder, bei seinem Sachverstand! Er wird diese Mannschaft noch weit bringen. Das hab ich euch von Anfang an gesagt!“

1. FC Hohentannen - TSV Weiherfelden (3. Spieltag)

Die Feierlichkeiten des Kantersieges machten die Kerwa noch schlimmer als sonst.

Karl hatte am darauf folgenden Dienstag kein Mitleid, als er die 26 verlotterten Gestalten zum Training zitierte. „Noch haben wir überhaupt nichts erreicht!“, lautete das stete Motto unseres neuen Trainers. Er war ehrgeizig. Er wollte in die Kreisliga. Mit einem klaren Sieg über einen Aufsteiger gab er sich noch lange nicht zufrieden.

Dementsprechend waren wir im Training hochkonzentriert. Vor allem, weil mit dem 1. FC Hohentannen der erste richtige Prüfstein auf dem Spielplan stand. Seit ich nach Oberfranken gezogen war, spielte Hohentannen jede Saison um den Titel mit. Den Aufstieg hatten sie nie geschafft, aber sie waren jedes Mal nahe dran gewesen. Es war ein ernstzunehmender Gegner, nicht zuletzt wegen ihrem Mittelfeldass Söldner, mit dem ich mir bei jedem Duell aufs Neue eine hart umkämpfte Schlacht lieferte.

Nach dem Training hatte ich aber erstmal andere Sorgen. Meine Gedanken kreisten um Annika. Der Entschluss, ihr einen Antrag zu machen, stand fest. Aber irgendwie zögerte ich die Vorbereitungen jeden Tag aufs Neue hinaus. Hatte ich etwa Angst vor der alles entscheidenden Frage? Was, wenn sie „Nein“ sagte? Aber warum sollte sie das tun? Wir hatten immerhin einen Sohn zusammen. Und wir verstanden uns gut und verbrachten noch viele heiße Nächte in unserem Schlafzimmer - zumindest wenn das Babyphon stumm blieb.

Trotzdem war es ein mulmiges Gefühl, eine Frau zu bitten, ob sie einen heiraten wollte. Dabei hatte ich doch so einen guten Plan. Das Zeitfenster ihres Teilzeitjobs hatte ich in Gedanken perfekt durchgetaktet: Rosen kaufen, Teelichter aufstellen, Musik und romantisches Ambiente vorbereiten, ... Ich hatte an alles gedacht. Nur mein eigenes Zaudern hatte ich völlig unterschätzt.

Dafür machten wir wenigstens bei der Wohnsituation Nägel mit Köpfen.

„Ich hab nochmal aweng rumgerechnet", murmelte Annika. Der kleinlaute Tonfall ihre Stimme war Musik in meinen Ohren. Denn das schlagfertige Teufelsweib war selten auf den Mund gefallen.

„Grins nicht so doof!", lachte sie und kniff mir in den Arm. „Du weißt sowieso genau, was jetzt kommt!"

„Da bin ich aber gespannt, Fräulein Bankkauffrau!"

Sie würde mich sicher bei der nächstbesten Gelegenheit für meine offen zur Schau gestellte hämische Freude leiden lassen, aber der Moment des Triumphes war zu süß, um auch nur einen einzigen Gedanken an später zu verschwenden.

„Lass uns die Optionen durchgehen: Bauplätze in Weiherfelden und Obsthofen sind schweineteuer. Wenn man überhaupt welche bekommt. Vielleicht können wir uns das langfristig mal leisten, aber mit unserem Eigenkapital so hohe Schulden aufzunehmen … Darauf hab ich eigentlich keine Lust."

„Ich auch nicht", stimmte ich ihr ernst zu.

„Und in irgendeinem Kaff, wo der Quadratmeter 30 Euro kostet, möcht ich fei auch ned wohnen. Dort gibt's bestimmt nedmal einen Bäcker."

„Und in den Tiefen Frankens gibt's sogar Orte, in denen es nicht mal Handyempfang und Internet gibt."

„Also haben wir nur drei Möglichkeiten: Wir können in der Wohnung deiner Eltern wohnen bleiben, und später entscheiden. Wir können uns eine Mietwohnung anschauen. Oder wir bauen hier bei deinen Eltern an."

„Aber Miete hatten wir doch eigentlich im Vorfeld schon ausgeschlossen."

„Das seh ich schon auch noch so", stimmte Annika zu. „Das Geld, das wir unserem Vermieter in den Rachen werfen, können wir auch jetzt gleich zum Tilgen verwenden. Dann haben wir wenigstens was Eigenes."

„Und die Wohnung hier hilft uns auch nur ein paar Jahre weiter. Ich weiß nicht, wie es dir geht, aber ich möchte schon noch ein zweites Kind. Und nicht erst wenn wir 35 sind."

Annika nickte.

„Dann bleibt ja nur eine Möglichkeit übrig, oder?", fragte ich zur Sicherheit nochmal nach.

„Ja", stöhnte Annika gequält. „Es sieht wohl so aus, als bleibt mir nichts anderes übrig, als eine dauerhafte Weiherfeldenerin zu werden."

„Dann ist es beschlossen? Wir gehen diesen Weg?"

„Lass es uns machen!"

Ich atmete innerlich auf, zwang mich aber, Annika nicht länger damit zu ärgern. Es war sicher keine einfache Entscheidung für sie gewesen.

„Jetzt, wo wir das entschieden haben, und wo Timo gerade hoch zu meinen Eltern ist ... Wollen wir uns nicht gleich um weiteren Nachwuchs kümmern?", regte ich mit einem schelmischen Grinsen auf den Lippen an und fiel über meine geliebte Neu-Weiherfeldenerin her.

Während unsere Babyproduktion auf Hochtouren lief, feierten meine Mannschaftskollegen bei unserem nächsten Gegner Kerwa. Ich war mir nicht sicher, ob es ein Vorteil oder Nachteil für uns war, an der Hohentanner Kerwa dort spielen zu müssen. Viele Mannschaften waren an ihrer heimischen Kirchweih umso motivierter. Schließlich wollten sie gemeinsam mit ihren Fans eine rauschende Siegesfeier zelebrieren, anstatt mit hängenden Köpfen über den Festplatz zu schlurfen.

Als ich am Sonntagmittag beim Treffpunkt eintraf, war ich überrascht, in so viele nüchterne Gesichter zu blicken. Der neue Trainer, der tolle Saisonstart und nicht zuletzt die schwere Aufgabe gegen den 1. FC Hohentannen hatten selbst auf unsere feierwütige Mannschaft guten Einfluss. Die Spieler schienen ausgeruht und gut vorbereitet zu sein. Welch eine Überraschung.

Meine Sonderaufgabe hingegen war keine große Überraschung. Es stand Unentschieden zwischen Mittelfeldspieler Söldner und mir. Viermal waren wir uns im direkten Duell gegenübergestanden. Zweimal hatte er keinen Stich gegen mich gemacht, aber zweimal hatte er mich vorgeführt. Ich liebte den Kampf gegen ihn. Denn der großgewachsene, technisch beschlagene und schussgewaltige Mittelfeldregisseur kitzelte das Beste aus mir heraus.

Als ich nach der Ansprache unseres Trainers angespornt den Rasen betrat, um mich aufzuwärmen, kam mir dann doch so einiges spanisch vor.

Ich blickte auf den Sportplatz des 1. FC Hohentannen und traute meinen Augen kaum. So einen Platz hatte ich noch nie gesehen. Das Grün selbst war nicht das Problem. Der sorgfältig gepflegte Rasen war einer der besten in der gesamten Kreisklasse Nord. Vielmehr sorgte die eigenartige Linienführung am Spielfeldrand für Irritation. Ich war es aus Hamburg nicht gewohnt, dass auf einem Fußballplatz so krumme Linien zugelassen waren, dass man glauben musste, der Platzwart habe vor dem Spiel nicht nur eine Flasche Bier, sondern drei Flaschen Schnaps geleert. In Kirchthein oder Hohenstein hätte mich das nicht gewundert, aber beim 1. FC Hohentannen? Die Kreisklasse Nord war eben auch gegen langjährige Spitzengegner stets für eine Überraschung gut.

Eins war sofort klar für mich: Der Linienrichter würde an diesem Tag kein leichtes Spiel haben. Denn ein auf dem Flügel geradeaus geschlagener Ball könnte je nach Interpretation mal drei Meter im Seitenaus oder mal drei Meter im Spielfeld sein. Der Strafraum ähnelte mehr einem Kreis als einem Viereck. Der Fünfmeterraum war viel zu groß. Und der Mittelkreis stellte eine solch eigenartige Ellipse dar, dass man sich fragen musste, ob der Platzwart eine Schleife in den Platz malen wollte. Es fehlte nur noch, dass die Linien bis in die Zuschauertribüne hineinragten.

Ich wollte nie Fußballschiedsrichter werden, und zum Glück ist dieser Kelch stets an mir vorübergegangen, aber wäre ich es an jenem Tage gewesen, ich hätte das Spiel nicht angepfiffen. Unser Schiedsrichter jedoch begutachtete die Linien mit einem kritischen Blick, kniff beide Augen zusammen und pfiff die Partie an, ohne jegliche Korrekturen von Seiten der Gastgeber zu fordern. Auch wenn es in meiner vierten Saison in der Kreisklasse Nord nicht mehr viel gab, was mich noch überraschte, so zählte diese Linienführung zweifellos dazu.

Nach dem Aufwärmen rief der Schiedsrichter die beiden Mannschaften zu sich. Wir stellten uns nebeneinander auf und trabten gemeinsam in den Mittelkreis. Von dort winkten wir den Zuschauern kurz zu. Der obligatorische Handshake zwischen den Kontrahenten begann. Kampfeslustig blickte ich jedem einzelnen Gegner in die Augen. Und was ich dort sah, machte mir Mut. Denn eins war klar: Der Platzwart, der die krummen Linien auf das Feld gestreut hatte, war an diesem Tag noch der nüchternste Mensch auf dem Sportplatz. Der 1. FC Hohentannen war in einem gotterbärmlichen Zustand.

Es entwickelte sich ein rasantes und risikofreudiges Spiel. Hohentannen überspielte seinen rekordverdächtigen Promillespiegel mit Kampfkraft und Laufbereitschaft. Ein prestigeträchtiges Derby gegen den Nachbarverein Weiherfelden verlieh nun mal Flügel.

In der 5. Spielminute grätschte ich Söldner einen Ball von den Füßen. Während er frustriert fluchte („Dieser verdammte bissige Zwerg schon wieder!“), kullerte der Ball zu unserem Unglück zu einem Gegenspieler. Der fasste sich ein Herz, zog aus einer unmöglichen Position ab, und hämmerte einen Sonntagsschuss in den Torwinkel. Hohentannen führte mit 1-0. Wir waren geschockt. Georg Weiler und Karl Adler versuchten verzweifelt, unsere Mannschaft anzutreiben. Aber wir waren zu enttäuscht, hatten uns gegen diesen volltrunkenen Gegner zu sicher gefühlt, um nun das Ruder herumzureißen. Die Abwehrspieler wirkten verunsichert. Mein Kumpel Niklas leistete sich einen kapitalen Fehler auf der

Außenbahn und ebnete bereits nach zehn Minuten dem 1. FC Hohentannen den Weg zum 2-0.

Ich konnte es nicht fassen. Gegen diesen Gegner. Natürlich war es eine gute Mannschaft, aber nicht heute. Je näher man dem Halbzeitpfiff kam, desto mehr bemerkte man, wie schwankend sie sich über den Platz bewegten. Eine Abstimmung unter den Spielern war unmöglich. Denn sie waren alle heiser und brachten keinen Ton heraus. Die gefürchteten langen Bälle aus der Abwehr flogen links und rechts ins Seitenaus. Und der feine Techniker Söldner hatte selbst mit den einfachsten Zuspielen Probleme, die er sonst im Schlaf verarbeitete. Trotzdem führten sie 2-0. Was für eine Schande!

Der Platzwart war anscheinend noch betrunkener gewesen als vermutet. Ich hatte vom Anpfiff an das Gefühl gehabt, dass irgendetwas fehlte. Etwas, das womöglich noch wichtig sein konnte. Nun wusste ich, was es war.

Martin „Lupo“ Kruse hatte wieder einmal einen Gegenspieler umgenietet, ohne jede Not, versteht sich. Der Schiedsrichter entschied auf Strafstoß. Ratlos stand der gegnerische Elfmeterschütze mit dem Ball in den Händen im Strafraum. Wo sollte er das Leder nun hinlegen? Der Platzwart hatte vergessen, den Elfmeterpunkt in den Sechzehnmeterraum zu streuen. Genervt eilte der Schiedsrichter zur Torlinie und machte sich bereit, die elf Schritte abzulaufen.

„Kein Elfmeterpunkt, kein Elfmeter. Lassen wir den doch einfach weg und spielen weiter“, versuchte Schwätzer Niklas mit einem mehr als sinnfreien Vorschlag sein Glück. Aber der Schiedsrichter ließ sich von dieser Schnapsidee natürlich nicht überzeugen.

Missmutig machte er elf große Schritte und bat den gegnerischen Spieler, den Ball an seiner Fußspitze abzulegen. Wir hatten Glück im Unglück. Der Schiedsrichter hatte große Schritte gemacht. Mit bloßem Augenmaß konnte man erkennen, dass er viel zu nah an der Linie des Sechzehnmeterraums war. Aber dreizehn Meter, neun Meter, elf Meter, was spielte das alles schon für eine Rolle? Der Elfmeterschuss war reine Nervensache. Auf einen Meter hin oder her kam es dabei im Grunde nicht an. Söldner lief an … und scheiterte am Außenpfosten. Wir waren wieder da!

Ich entschloss mich, ein weiteres Zeichen zu setzen. Bei seinem nächsten Ballkontakt fegte ich Söldner rüde von den Beinen. Es war im Kampf um den Ball passiert, so dass der Schiedsrichter mir für die überharte Attacke nur die gelbe Karte zeigte. „Los Jungs, jetzt reißt euch mal zusammen und haltet dagegen!“. brüllte ich meinen Kameraden zu. Und es wirkte.

Langsam aber sicher legte sich unsere Lethargie. Wir begannen Fußball zu spielen. Und wie. „Knight Rider“ Georg trieb den Ball mit viel Tempo nach vorn, passte zu Karl Adler, der direkt auf den freistehenden Michael Meister durchsteckte. Nur noch 2-1. Kurz vor der Pause brach Kevin Mai auf dem linken Flügel durch die Hohentanner Defensive. Der groß gewachsene Karl köpfte seine punktgenaue Flanke zum Ausgleichstreffer in die Maschen.

In der zweiten Hälfte wurde das Spiel für Hohentannen zum Debakel. Die Kräfte der kerwageschädigten Feierbiester schwanden. Und mit ihnen die Konzentration. Und so mussten wir selbst nicht mehr viel nachhelfen. Der 1. FC Hohentannen deklassierte sich selbst. Mit drei ungelenken Eigentoren besiegelten sie den 2-5 Endstand und schlichen wie elf geprügelte Hunde vom Platz.

Wir waren erleichtert und außer uns vor Freude. Es war ein harter Prüfstein gewesen, trotz des Ausnahmezustands. Aber wir hatten Moral bewiesen und drei wichtige Auswärtspunkte mitgenommen. Neun Punkte aus drei Spielen, und noch dazu 14-3 Tore. Das konnte sich sehen lassen.

Unseren Pflichtbesuch in Hohentannen machten wir nicht im Sportheim, sondern auf der Kerwa. Denn auch die heimischen Spieler kehrten sofort nach dem Duschen dorthin zurück. Wir bestellten uns Schnitzel und Bier und feierten den verdienten Sieg.

Ein kleiner brennender Aperitif an der Bar stimmte uns auf einen legendären Abend im heimischen Sportheim ein.

„Setz mich bitte in Obsthofen ab", bat ich Willi, der uns im Vereinsbus ins Weiherfeldener Sportheim kutschierte.

„Nicht dein Ernst jetzt, oder?", grinste Niklas hämisch.

„Schau dir den Pantoffelhelden an!", lachte Max.

„Ihr Affen! Was soll ich denn machen?"

„Ich dachte, Annika wohnt bei dir?"

„Tut sie ja auch."

„Und was willst du dann in Obsthofen?"

„Ihr Vater hat heute Geburtstag!"

„Und da willst du in dem Zustand noch hin?"

„Was heißt da, in dem Zustand? Ich hatte doch nur ein paar Bier."

„Und die Schnäpse an der Bar. Du lallst, Marco!"

„Kommt schon, Leute ..."

„Lasst den Mann tun, was er tun muss", griff Willi ein und hielt den Bus an. „Von hier aus kannst du die paar Meter laufen. Ich wage mich in Obsthofen nicht von der Hauptstraße runter."

Seufzend stieg ich aus dem Bus. Ich schwankte tatsächlich etwas, als ich mir die Sporttasche zu schwungvoll über die Schulter legte. *Verdammte Schnäpse auf nüchternen Magen direkt nach dem Spiel!*

Ich klingelte und gratulierte Annikas Vater Hans zum Geburtstag. Eigentlich war er ganz in Ordnung, aber das durfte ich in Weiherfelden niemandem sagen. Als ich das Wohnzimmer betrat, erwartete mich bereits die ganze Obsthofener Sippschaft und begaffte den Auswärtigen wie eine verbotene Attraktion.

„Oh, er hat sogar seinen blau-gelben Trainingsanzug angezogen, um uns zu zeigen, dass er auch nächstes Jahr nicht nach Obsthofen wechseln wird", raunte Annikas Onkel „Hardy".

„Naja, die einen haben's eben drauf, und die anderen versauern lieber in der Kreisklasse!", lachte mein Schwiegervater in spe, der alte Verräter.

Na klar, nur weil ihr jetzt vier Spiele in der Kreisliga gemacht habt.

„Der Stachel sitzt ganz schön tief, dass ich trotz eures Aufstiegs nicht zu euch gewechselt bin, was?", lallte ich grinsend.

Annika verdrehte genervt die Augen. Nun ahnte sie gleich zweimal, wie betrunken ich war. Zum einen konnte ich meine Zunge nicht mehr richtig bewegen, und zum anderen wusste sie, dass ich mich nüchtern nie so angriffslustig auf diese Gesprächsrichtung einließ.

„Nächstes Jahr kommst du von selbst angelaufen, wenn du siehst, welche Rolle wir in der Kreisliga spielen."

„Wer weiß, vielleicht spielen ja wir nächstes Jahr in der Kreisliga und ihr wieder Kreisklasse", antwortete ich leichthin. Mit neun Punkten aus drei Spielen im Rücken stichelte es sich ganz hervorragend.

Seufzend zog mich Annika von ihrer Verwandtschaft weg. „Jetzt reiß dich fei mal zusammen", zischte sie. „Die Stimmung ist eh schon etwas gedrückt, seit ich meinem Papa gesagt hab, dass ich wohl länger in Weiherfelden wohnen werde als geplant."

„Du hast es ihm heute gesagt?"

„Ja", gestand sie mit gesenktem Blick.

„Heute? An seinem Geburtstag?"

„Ja!", fauchte sie.

„Du hättest Diplomatin werden sollen", prustete ich.

„Nicht witzig! Jetzt hol dir mal was zu essen und verhalte dich einfach ruhig."

Auf dem Weg zum Essen kam ich an dem kleinen Stehtisch vorbei, der die Schnapsbar darstellte. Irgendwie hatte ich plötzlich keinen Hunger mehr. Ein kleiner Klarer hier, ein fruchtiges Likörchen dort. Meine Mannschaftskollegen ließen schließlich daheim im Sportheim auch gehörig die Korken knallen.

Langsam aber sicher verschwamm das Wohnzimmer von Annikas Eltern vor meinen Augen. Ich redete und lallte, aber ich wusste gar nicht mehr so recht, was ich sagte. Alles lag hinter einem Nebelschleier verborgen. Plötzlich waren Annikas Onkel wieder ganz nett zu mir. Hier holte mir einer ein Schnäpschen. Dort winkte der Nächste mit einem Bierchen. Es war wie im Paradies. Wenn da nur nicht dieser komische Bierdeckel gewesen wäre, mit dem sie ständig vor meinem Gesicht herum wedelten. *Ach, egal!*, dachte ich, ehe mir die müden Augen zu fielen und ich mit dem eigenartigen Gefühl einschlief, der größte Idiot unter der Sonne zu sein.

TSV Weiherfelden – TV Helmersdorf (4. Spieltag)

Am Montag nach dem Sieg in Hohentannen schlug ich den lokalen Sportteil der Zeitung auf. Meine Anspannung wuchs ins Unermessliche. Wir waren nicht die Einzigen, die bislang alle Punkte geholt hatten. Der TV Helmersdorf war ebenfalls bärenstark gestartet. Trotz unseres guten Torverhältnisses belegte Helmersdorf mit einem Tor Vorsprung Platz 1. Die Vorfreude auf das anstehende Spitzenspiel war grenzenlos. Wir empfingen den Tabellenführer zuhause. Und das war unsere Chance, sie vom Platz an der Sonne zu verdrängen.

Niemand wusste so recht, woher der TV Helmersdorf das plötzliche Geld hatte. Die ganze Geschichte hatte einen dubiosen Beigeschmack. Jahrelang war der Verein in der untersten Spielklasse auf den hinteren Plätzen herumgedümpelt. Bis er urplötzlich vergangene Saison mit vierzehn Neuzugängen aufgestiegen war. Es waren bekannte Namen dabei: Einige Spieler aus der Bezirksliga, junge Nachwuchstalente aus der Bayernliga-A-Jugend von Blau-Weiß Forchheim, und nicht zuletzt Aleno und Stark vom 1. FC Leimbach, der sich langsam auf dem absteigenden Ast befand. Es würde uns eine Freude sein, dieses geldgierige Starensemble in seine Schranken zu verweisen.

Denn es war in unseren Augen etwas völlig anderes, dass altgediente höherklassige Spieler wie Karl oder Georg ihre Karriere bei ihrem Heimatverein ausklingen ließen. Dabei schwang eine romantische Heimatverbundenheit mit. Aber wir verabscheuten Vereine, in denen man regionalen Möchtegernstars, die nichts mit dem eigenen Dorf zu tun hatten, das Geld nur so in den Rachen stopfte. Wir verachteten dieses Konzept. Und waren dementsprechend motiviert, es ihnen zu zeigen.

Am Samstagnachmittag vor dem großen Spiel besuchte uns der Bauzeichner. Er hatte die finalen Pläne und eine Kostenschätzung im Gepäck.

„Hier könnt ihr die Stahlträger sehen, auf denen der freistehende Teil eures Anbaus abgestützt wird. Wie ihr erkennen könnt, werden wir auf der Garage einen Großteil des Gewichts ablasten."

Obwohl ich nur Bahnhof verstand, nickte ich eifrig.

„Die Zimmeraufteilung ist so, wie ihr es euch gewünscht habt. Was haltet ihr davon?"

Annika grinste begeistert. Es war alles so, wie wir uns es vorgestellt hatten. Ich nahm die Pläne genau unter die Lupe, ohne sie im Detail zu verstehen. Meine handwerkliche Unfähigkeit war nicht nur auf meine beiden linken Hände beschränkt. Ich konnte mir nicht mal im Ansatz vorstellen, wie das später aussehen sollte. Mein Vater sah meinen Blick und musste lachen: „Du hast absolut keine Ahnung, was du da gerade siehst, oder?"

Ich wollte es leugnen, aber es hatte keinen Sinn. Sie kannten mich zu gut. „Aber es gefällt mir trotzdem", erwiderte ich dümmlich.

„Was würde das Ganze denn etwa kosten?"

„Ich hab mir schon mal aweng Gedanken gemacht. Wir haben etwa 250 Kubikmeter umbauten Raum. Wenn wir optimistisch mit sagen wir mal 500 Euro pro Kubikmeter rechnen, wenn ihr euch nicht zu viel Luxus leisten wollt, dann kommen wir also auf 125.000 Euro. Sollte ausreichen. Legt noch 20.000 für Renovierungsarbeiten am Altbau zurück, dann seid ihr auf der sicheren Seite."

Ich schluckte und suchte Annikas Blick. 145.000 Euro! Für jemanden, der immer knapp bei Kasse war, war das ein ganz schöner Haufen Geld. Natürlich würde ich später als Lehrer gut verdienen, einen sicheren Job haben. Aber trotzdem war es eine Entscheidung, die uns über viele Jahre begleiten und binden würde.

„Okay", seufzte sie gefasst. „Dann lass uns ein Bauunternehmen suchen und einen Kredit beantragen."

Ich liebte ihre Entschlossenheit. Sie gab mir Kraft.

Das brauchten wir auch für das Duell mit dem TV Helmersdorf. Es war kein Derby gegen Obsthofen, aber dennoch gut besucht. Die Zuschauer aus der Region wirkten zum Zerreißen gespannt, welches Modell sich durchsetzte: die heimatverbundenen Eigengewächse gegen die geldgierigen Söldner.

„Wir haben nichts zu verlieren. Aber heute werden wir sehen, wo wir in unserer Entwicklung stehen. Wir haben das gut gemacht in den vergangenen Wochen. Heute müssen wir denen von der ersten bis zur letzten Minute Paroli bieten. Das Flügelspiel ist eine gefährliche Waffe. Nutzen wir sie! Denn im Zentrum sind sie bärenstark aufgestellt. Konzentrieren wir uns auf ihre Außenspieler, setzen sie unentwegt unter Druck. Michael und ich sind kopfballstark. Flankt was das Zeug hält!"

Die Marschroute war klar. Doch vom Anpfiff weg dominierte Helmersdorf das Geschehen. Aleno wirbelte unsere Abwehrreihe kräftig durcheinander. Und Defensivspieler Stark lehrte unsere Offensivkräfte das Fürchten. Wir hatten keinen Zugriff, um die gegnerischen Angriffe in Schach zu halten. Und Helmersdorf ließ uns zu wenig Raum, um unser von Schnelligkeit lebendes Offensivspiel aufzuziehen.

„Rumpelstilzchen" Andreas Stieler hielt uns noch eine gute halbe Stunde lang mit tollen Paraden im Spiel. Aber dann war es gerade unser Torwart, der mit einem leichtfertigen Patzer die Niederlage einleitete. Fluchend trampelte er auf seiner Torlinie auf und ab. „Und wir wollen aufsteigen? Mit so einem Torwart? Mit so einem verdammten Torwart? Dem schlechtesten Torwart aller

Zeiten? Nicht mal gegen einen Aufsteiger können wir gewinnen. Absteigen sollten wir, damit wir endlich mal in einer Klasse landen, wo wir auf gleichwertige Gegner treffen!“

„Sag mal … Bist du nicht ganz dicht?“, fragte Karl ganz direkt in der Halbzeitpause.

„Ist doch wahr! Da wollen wir aufsteigen, und spielen so einen Käse zusammen! Und ich bin noch der Schlechteste von allen.“

„Und durch dein Gejammer wird es besser?“

„Das ist kein Gejammer, das sind Tatsachen!“

„Wir haben hier noch nichts verloren“, polterte Karl entschlossen. „Natürlich hab ich mir eine bessere erste Hälfte erhofft. Na und?“ Eindringlich blickte er von einer niedergeschlagenen Miene zur nächsten. „Jedes Fußballspiel hat zwei Halbzeiten. Aber mit Jammern kommen wir nicht weiter. Wenn wir das Spiel rumreißen wollen, dann müssen wir mit einer breiten Brust auftreten und uns nicht gegenseitig fertig machen.“

Schweigend funkelte Andreas den Trainer an. Aber es stand ihm ins Gesicht geschrieben, dass er weiter gewillt war, wie ein wildgewordenes Rumpelstilzchen auf seiner Linie hin und her zu springen. Jedem von uns war klar: Er würde auch die zweiten 45 Minuten mit Fluchen und Jammern verbringen.

„Andreas, du bleibst draußen“, raunte Karl kopfschüttelnd. „Alfred, geh raus und lass dich Warmschießen. Du stehst die zweite Halbzeit im Tor.“

Frustriert feuerte Andreas seine Torwarthandschuhe in die Ecke. Aber Karl hatte kein Mitleid. Er wollte dieses Spiel gewinnen. Niemand sagte ein Wort. Still tranken wir unsere Pausengetränke. Wir waren fassungslos. Andreas war seit knapp einem Jahrzehnt eine Institution beim TSV. Bis auf seine wenigen Aussetzer galt er als der stärkste Weiherfeldener Torwart der letzten zwanzig Jahre.

Karls Konsequenz wurde nicht belohnt. Alfred Escher traf dabei keine Schuld. Wenige Minuten nach dem Anstoß zur zweiten Halbzeit spazierte Aleno flink wie ein Wiesel durch unsere

Abwehrreihen und schob den Ball aus kurzer Distanz ins Netz. Wir hatten uns so viel vorgenommen. Der sofortige Gegentreffer brach uns das Genick. Am Ende hatte der TV Helmersdorf seine Aufstiegsambitionen untermauert. Ihr 4-0 Auswärtssieg hatte uns gehörig die Grenzen aufgezeigt. Mit neun Punkten lagen wir jetzt auf Rang vier. Helmersdorf thronte über allen.

Nach dieser brutalen Niederlage lechzte ich nach einem Erfolgserlebnis. Und was man auf dem Fußballplatz nicht bekommen konnte, das musste man sich zuhause holen. Als ich am Sonntagabend grübelnd in meinem Bett lag, immer wieder die einzelnen Spielsituationen durchging und mich darüber ärgerte, dass ich diesen und jenen Ball nicht bereits im Mittelfeld abgefangen hatte, fasste ich einen beherzten Entschluss. Morgen, wenn Annika vormittags in der Bank arbeitete, würde ich meinen Plan in die Tat umsetzen. Es war an der Zeit, ihr endlich einen Heiratsantrag zu machen.

Als ich am frühen Morgen erwachte, war ich schon total aufgeregt. Ich konnte es nicht erwarten, dass Annika das Haus verließ. Doch das Frühstück zog sich wie Kaugummi. Dann endlich schnappte sie sich ihre Tasche, gab mir einen Kuss und machte sich auf den Weg zur Bank. Erleichtert atmete ich auf.

Ich machte Timo fertig und brachte ihn zu meiner Mutter: „Ich muss noch schnell etwas erledigen. Kannst du ein bisschen auf ihn aufpassen?“ Was für eine Frage. Welche Oma nutzte nicht gerne jede Gelegenheit mit ihrem Enkelkind.

Ich hatte alles genau geplant. Die Musik lag bereit und wartete nur noch darauf, in den CD-Player eingelegt zu werden. Beim Blumenladen holte ich eine Tüte voll Rosenblüten. Und abschließend kaufte ich im Drogeriemarkt Duftkerzen. Alles musste perfekt sein.

Zufrieden schleppte ich meine Einkäufe in unsere kleine Wohnung. Ich wusste gar nicht, wo ich anfangen sollte. *Beginne mit dem Einfachen*, sprach ich mir selbst Mut zu. Mit zittrigen Händen ging ich zum CD-Player und legte die CD ein. *Bed of Roses* von

Bon Jovi tönte sanft aus den Boxen. *Prima, die Musik funktioniert ja schon mal.*

Als Nächstes ging ich zu meinem Nachttisch, wo ich versteckt unter alten Sportzeitschriften die Schatulle mit den silbernen Verlobungsringen aufbewahrte, die ich vor zwei Wochen besorgt hatte. Ich öffnete den Deckel, um mich zu vergewissern, dass die Ringe auch noch an Ort und Stelle waren. An diesem Tag durfte ich nichts dem Zufall überlassen.

„Ähm, schöne Musik. Ich wusste gar nicht, dass du auf *Bed of Roses* stehst …"

Annikas Stimme aus dem Flur ließ mir das Blut in den Adern gefrieren. *Was macht sie denn schon daheim?* Ich hatte sie frühestens in eineinhalb Stunden hier erwartet. Mein Herz raste. Hastig klappte ich die Schatulle zu und steckte sie in die Gesäßtasche meiner Jeans. Panisch blickte ich mich um. Bis auf die Tüte mit den Einkäufen und die duftenden Rosenblüten zeugte noch nichts vor meinem kläglichen Versuch, ihr einen Antrag zu machen.

„Was machst du denn schon hier?", versuchte ich möglichst beiläufig zu fragen. Doch für mich klang meine Stimme dünn und zittrig.

„Ach, irgendwie fühl ich mich nicht so gut. Ein bisschen Kopfschmerzen. Da sowieso nicht viel los war, haben mich die Kollegen heimgeschickt."

„Schön", kommentierte ich trocken, und Annika überhörte zum Glück den bitteren Sarkasmus.

„Wo ist denn Timo?"

„Oben bei meiner Mutter."

„Warst du einkaufen?", wunderte sich Annika.

Meine Gedanken überschlugen sich. *Schau nur nicht in die Tüte mit den Kerzen!*, betete ich verzweifelt. *Und erst recht nicht in die Rosenblüten!* Händeringend suchte ich nach einer Möglichkeit, meine Zukünftige abzulenken.

„Soll ich dir den Nacken massieren? Vielleicht hilft das gegen deine Kopfschmerzen."

Lächelnd reckte Annika mir ihren Kopf entgegen. „Ach, da sag ich nicht nein.“

Sanft massierte ich ihren Nacken und ihre Schultern. Annika schnurrte wie ein Kätzchen. Gerade, als meine Hände unauffällig weiter nach unten wandern wollten, zog Annika einen zerknitterten Umschlag aus ihrer Handtasche.

„Hier. Soll ich dir von Onkel Hardy geben.“

„Von Onkel Hardy?“, wiederholte ich skeptisch. *Was will der denn von mir?*

„Ja, keine Ahnung …“

Mit einem mulmigen Gefühl öffnete ich den Umschlag und spitzte vorsichtig hinein. Dann setzte mein Herz einen Schlag aus.

„Marco? Alles in Ordnung?“

Aber ich konnte Annika nicht antworten. Fassungslos starrte ich auf den Umschlag in meinen Händen. Der einzig klare Gedanke, zu dem ich noch fähig war, war eine vernichtende Feststellung: *Ich bin wirklich der größte Volltrottel unter der Sonne!*

SV Ebensreus - TSV Weiherfelden (5. Spieltag)

Es war zum Schreien. Als ich am nächsten Tag aufwachte, starrte ich erneut auf den Bierdeckel in meinen zitternden Händen. Er hatte sich nicht in Luft aufgelöst. Es war kein böser Traum gewesen. *Dieses verdammte Ding!* Der Frust über den versemmelten Heiratsantrag trat völlig in den Hintergrund.

„Diese elenden Mistkerle!“, fluchte ich ungehalten.

Mitfühlend legte mir Annika eine Hand auf die Schulter. „Du solltest bei Familienfeiern nicht so viel trinken, Marco. Meine Familie ist mit allen Wassern gewaschen!“

„Hinterlistig sind sie!“

„Ja, das auch“, lachte sie. „Jetzt müsst ihr eben Gas geben!“

„Du weißt schon, dass wir gerade 4-0 abgeschlachtet wurden?“

„Die Saison ist noch lang.“

Da hatte sie Recht. Trotzdem wirkte die ganze Situation so aussichtslos, dass ich am liebsten aus dem Fenster gesprungen wäre. Ich musste unbedingt mit Niklas darüber sprechen. Er wusste sicher, wie man solche Dinge auf dem fränkischen Dorf handhabte.

Aber als ich gedacht hatte, dass es nicht mehr schlimmer werden konnte, schnappte ich ein Telefonat von Annika mit einer alten Schulfreundin auf, die nicht mehr in der Gegend wohnte.

Gerade als ich ihr „Wenn du noch lange weiter telefonierst, kommst du zu spät zur Arbeit“ durch die geschlossene Badtür zurufen wollte, hielt ich inne und lauschte interessiert.

„Ach ja, du kennst Marco ja noch gar nicht.“

…

„Du kannst dir ja mal das Mannschaftsfoto im Internet anschauen.“

…

„Ihn beschreiben, damit du ihn erkennst …“, murmelte meine Zukünftige nachdenklich. *Jetzt wird es interessant!*

…

„Naja, gla is er hald“, antwortete sie in ihrem besten Fränkisch.

Ich konnte es nicht fassen! Da hatte sie einmal die Gelegenheit, etwas Nettes über mich zu sagen. *Männlich und gutaussehend. Ein Adonis! Der fleischgewordene Sexgott! Und was sagt sie? „Gla is er hald!“, was auf Hochdeutsch so viel bedeutet wie „Er ist eben klein“. Was Besseres fällt ihr nicht ein, um mich zu beschreiben? So eine Unverschämtheit!*

Ich lauschte entrüstet weiter.

„Der Marco ist so abwesend und verträumt in letzter Zeit. Ich glaub, der plant irgendwas“, hauchte sie ins Telefon.

…

„Meinst du? Ja, das hab ich auch schon überlegt.“

…

„Ja, natürlich wäre das toll.“

Wovon zum Teufel reden die?

„Echt? Sowas erwartest du? Ich brauch ehrlich gesagt nicht sowas Romantisches. Ich hab es lieber kreativ und ungewöhnlich."

Verdammt, dachte ich. *Nicht romantisch? Kreativ und ungewöhnlich? Reden die wirklich über einen möglichen Heiratsantrag?*

...

„Ja, es sollte schon was sein, das etwas mit uns zu tun hat. Etwas Kreatives, persönlich eben. Und nicht so ein 08/15 Antrag mit Rosen im Kerzenschein und so nem Zeug."

Das Herz schlug mir bis zum Hals. Dieses Wissen war pures Gold wert! Hatte ich etwa doch Glück gehabt, dass mein erster Versuch so kläglich in die Hose gegangen war?

...

„Oder was Lustiges! Es muss ja nicht alles so steckensteif sein."

Etwas Lustiges ... Eine wahnwitzige Idee nahm in meinem kranken Hirn Gestalt an. Wenn Annika wirklich einen lustigen, kreativen Antrag haben wollte, der obendrein noch etwas mit uns zu tun hatte, dann sollte sie ihren Wunsch bekommen!

Ich stahl mich von der Badtür davon, damit sie nicht mitbekam, dass ich das Gespräch mit angehört hatte. Ich konnte es kaum erwarten, meine Idee in die Tat umzusetzen. Annika würde den halben Tag auf Arbeit sein. *Wenn ich Timo schnell in Osthofen bei ihren Eltern abgebe* ... Sobald Annika aus dem Haus war, entsorgte ich zunächst die lieblich duftenden Rosenblüten. Die Kerzen brachte ich unauffällig in den Keller.

Der Ärger über den Osthofener Bierdeckel war erstmal vergessen. Voller Tatendrang wollte ich Nägel mit Köpfen machen. Immer wieder musste ich dümmlich grinsen, als ich an mein Vorhaben dachte. Ich stellte mir ihr überraschtes Gesicht vor. Annika würde staunen. Und lachen. Und „Ja" sagen.

Ich spielte noch einen Augenblick mit Timo. Es war noch Zeit, und ich wollte die Vorbereitungen nicht zu früh beginnen. Denn das konnte unbequem werden. Als ich Timo schließlich in Obsthofen bei Oma und Opa abgeliefert hatte, ging ich ins Schlafzimmer und atmete ein letztes Mal tief durch.

Ich zog mir das T-Shirt über den Kopf und schlüpfte aus meiner Hose. In Unterwäsche kramte ich Annikas Plüsch-Handschellen aus ihrem Nachttisch hervor. Dann nahm ich den wasserfesten Stift und kritzelte den Heiratsantrag auf meinen nackten Bauch. Mit doppelseitigem Klebeband befestigte ich die Ringe unter dem Bauchnabel. Einen kurzen Augenblick lang dachte ich an die Schmerzen, wenn ich das Klebeband wieder abreißen musste. Doch dieser spezielle Antrag war es mir wert!

Es erforderte viel Geschick, sich selbst mit den Plüschhandschellen ans Bett zu fesseln. Aber letzten Endes war ich erfolgreich. Und so lag ich da. Wie vor gut drei Jahren, als ich Annika kennengelernt hatte. Und ich wartete auf ihre Rückkehr aus der Bank.

Endlich hörte ich, wie sich langsam die Tür zu unserer Wohnung öffnete. Aufgeregt fühlte ich, wie das Herz in meiner Brust hämmerte. Der Augenblick der Wahrheit war gekommen. Für den Bruchteil einer Sekunde wunderte ich mich noch, warum Annika schon wieder so früh nachhause kam. Aber um ehrlich zu sein freute ich mich darüber, da diese ungemütliche Position langsam zu schmerzen begann. Das Herz klopfte mir bis zum Hals. Ich legte mein breitestes Grinsen auf und starrte in die Augen … meiner Mutter!

Ihr Mund war weit aufgerissen. Sie war kreidebleich und brachte kein Wort heraus. Was musste das für ein Anblick sein, den eigenen Sohn ans Bett gefesselt vorzufinden. Angekettet mit rosafarbenen Plüschhandschellen. Ihre Augen wanderten über meinen nackten Körper. Und blieben auf den quer über Brust und Bauch gekritzelten Buchstaben hängen: „Lass mich auf ewig dein Stricher sein!“

Ich wäre am liebsten im Boden versunken. Die Tatsache, dass mein Sohn Timo mit unschuldigem aber interessiertem Blick die

Hand meiner Mutter hielt, machte die groteske Situation nicht besser. Warum war er denn bei meinen Eltern? Und warum zum Teufel hatte ich nicht daran gedacht, die Tür abzuschließen? Ich hoffte inständig, dass Timo noch zu klein war, um das, was er mitansehen musste, zu begreifen. Nicht, dass er noch einen bleibenden Schaden davontrug.

„Marco, bist du noch ganz dicht?“, platzte meine Mutter raus, sobald sie ihre Sprache wiedergefunden hatte.

Was sollte man dazu noch sagen? Am liebsten hätte ich mich in die nächste Klapsmühle einweisen lassen.

„Könnt ihr denn nicht klingeln oder klopfen?“, fuhr ich sie auch noch an. Etwas Besseres fiel mir in dem Moment nicht ein.

„Timo wollte wieder heim. Sie haben ihn gerade vorbeigefahren. Und woher soll ich denn wissen, was du hier treibst, wenn keiner daheim ist?“

„Bitte geht jetzt! Aber bind mich schnell los“, flehte ich. Die Situation war auch ohne ihr Gerede schon erniedrigend genug. „Der Schlüssel klebt hier bei meinem Bauchnabel unter den Ringen“, fügte ich kleinlaut hinzu.

„Ringe?“ Ich konnte ihr nicht verdenken, dass die Ringe das Letzte gewesen waren, auf dass sie sich konzentriert hatte. „Du wolltest doch nicht … Bist du denn von allen guten Geistern verlassen?“

„Das hat schon so seine Bewandtnis“, versuchte ich unüberlegt zu erklären. Ein großer Fehler, der nur noch mehr Staub aufwirbelte.

„Seine Bewandtnis? Gibt es da etwas, das ich wissen sollte?“

Ich beschloss, meine Mutter einfach zu ignorieren. Egal was ich sagte, ich machte es nur noch schlimmer.

Als Annika schließlich zwanzig Minuten später von der Arbeit nachhause kam, ahnte sie nichts von diesem denkwürdigen Vorfall. Meine Mutter saß vermutlich grübelnd in ihrer Küche und brütete, was sie bei meiner Erziehung falsch gemacht hatte. Und ich saß mit meinem verdatterten Sohnemann im Wohnzimmer auf der Couch und hatte ihm eine „Bob der Baumeister"-Folge eingeschaltet, damit er wieder kindgerechtere Bilder in seinen Kopf bekam.

Am frühen Abend verdrückte ich mich unauffällig ins Badezimmer. Annika sollte nachts die Aufschrift auf meinem Körper natürlich nicht sehen. Nach zwei misslungenen Versuchen hatte ich von Heiratsanträgen zwar gehörig die Nase voll, aber trotzdem sollte mein dritter Versuch eine Überraschung werden.

Außerdem hatte ich an dem Abend Fußballtraining. Und so sollte ich schmerzlich die Lücken meiner wenig durchdachten Planungen erfahren. Denn der wasserfeste Stift erwies sich als ein besonders hartnäckiger Einfall. Ich schrubbte und rieb, seifte und kratzte. Aber diese verdammte Aufschrift „Lass mich auf ewig dein Stricher sein!" wollte einfach nicht vollständig verschwinden.

Verzweifelt starrte ich auf die Uhr. Das Training begann bald. Ich wollte nicht zu spät kommen. Es stand ein wichtiges Spiel gegen Ebensreus auf dem Programm. Und der Trainer hatte an Andreas Stieler ein Exempel statuiert, dass er kein undiszipliniertes Verhalten duldete. Die Schrift war noch nicht ganz entfernt, lediglich ein wenig ausgebleicht.

„Scheiß drauf", murmelte ich frustriert, schnappte mir ein Handtuch, packte es in die Sporttasche und verabschiedete mich von meinen Lieben.

Natürlich blieb der seltsame Schriftzug auf Brust und Bauch meinen Mannschaftskollegen nicht lange verborgen. In der Dusche behandelten sie mich nach dem Training wie ein perverses Kunstwerk.

„Marco, du weißt aber schon, dass du da was auf deinem Körper stehen hast. So von wegen auf ewig Stricher und so …", wunderte sich mein Freund Niklas.

Ich hätte einfach „Ja" sagen können, aber stattdessen funkelte ich ihn nur mürrisch an.

„Steht Annika denn auf Stricher?", provozierte Michael mit breitem Grinsen.

„Oder hast du noch einen Nebenjob, von dem wir nichts wissen?“, schaltete sich plötzlich auch Kevin Mai ein. *Muss ich mich denn jetzt schon von den Jugendspielern veräppeln lassen?*

„Vielleicht war seine Aktion in der Obsthofener Dusche damals eine Art Werbeaktion“, stimmte nun auch Spielleiter Willi in das heitere Marco-Tanner-Bashing ein. Dass man in seinem Alter noch so gehässig sein konnte …

Und so kam ich also zu meinem neuen Spitznamen: Marco „Stricher“ Tanner. *Die spinnen, die Franken!*

Da sich ohnehin Gott und die Welt gegen mich verschworen hatten, beschloss ich, den ominösen Bierdeckel an diesem Abend nicht mit Niklas zu diskutieren. Er freute sich so kindisch über meinen neuen Spitznamen „Stricher“, dass er sowieso nicht aufnahmefähig war. Außerdem stand ein Auswärtsspiel beim SV Ebensreus an. Und Ebensreus bedeutete, dass Niklas’ volle Konzentration der traditionellen „Howard-Wette“ galt.

Inzwischen hatte ich gelernt, den durchgeknallten rothaarigen amerikanischen Mittelfeldspieler etwas besser einzuschätzen. Howards Platzverweise dauerten selten länger als 60 Minuten, meistens riss er sich aufgrund der flehenden Anweisungen seiner verzweifelten Trainer wenigstens die erste halbe Stunde zusammen. Ich tippte auf die 40. Spielminute. Kurz vor dem Halbzeitpfiff war er stets am verrücktesten.

Ich hatte ein gutes Gefühl bei meinem Tipp. Und es wäre definitiv ein großer Vorteil für uns gewesen, Howard noch in der ersten Halbzeit vom Platz zu bekommen. Denn der dynamische Mittelfeldspieler war der mit Abstand stärkste Mann der Ebensreuser Mannschaft, die sich berechtigte Hoffnungen auf einen guten Platz im oberen Mittelfeld machte. Kapitän Harald gewann die Platzwahl. Ebensreus hatte Anstoß.

„Reiß dich bitte mal aweng zam und tu langsam, damit ich dich nicht gleich wieder vom Platz stellen muss“, redete auch der Schiedsrichter mit Engelszungen auf Howard ein. Offensichtlich pfiff er Ebensreus nicht zum ersten Mal.

Howard, der gerade zum Anstoß bereitstand, blickte den Unparteiischen finster an. „Fuck you!“, fluchte er und wartete auf den Anpfiff. Aber der sollte sich noch etwas hinauszögern. Der Schiedsrichter griff in seine Brusttasche und zückte die rote Karte.

„Hat jemand noch vor dem Anpfiff getippt?“, fragte Harald perplex in die Runde. Er bekam keine Antwort. „Gut, dann bin ich mit meiner siebten Spielminute bestimmt gut dabei.“

Die Ebensreuser Elf konnte den Ausfall ihres besten Mannes nur schwer verkraften. Wir waren ihnen in allen Belangen überlegen. Unsere Flügelzange zerlegte die Abwehr. Karl Adler und Michael Meister präsentierten sich in treffsicherer Verfassung. So bezwangen wir den soliden Gegner mit 4-0 und waren nach der bitteren Niederlage gegen Helmersdorf wieder zurück in der Spur.

Abends im Sportheim herrschte Feierstimmung. Nicht so sehr wegen unseres Sieges. Das war an diesem Tage zweitrangig. Denn im Sportheim feierten sie die Rückkehr des Heilands.

Der Mann war einst eine Koryphäe im Sportheim gewesen. Man hatte mir des Öfteren von der Legende Heiland erzählt, die selbst in den Reihen der Dons und Regisseure seinesgleichen suchte. Obwohl sich niemand so recht erklären konnte, wie das passieren konnte, hatte Sportheiminventar Norbert Heiland eines Tages eine Frau gefunden. Er musste sie auf dem kurzen Weg zwischen Sportheim und seinem Haus aufgelesen haben. Von dem Tag an hatte man ihn fünf ganze Jahre lang nicht mehr im Weiherfeldener Sportheim gesehen.

Nun aber saß er wieder auf seinem verwaisten Stammplatz, den die Sportheimbesucher fünf Jahre in der Hoffnung auf eine wundersame Rückkehr freigehalten hatten. Als wäre er nie weg gewesen, thronte er inmitten der alten Biertisch-Kollegen, verehrt von Wirtschaftsführer Don, in dessen Augen Dollarzeichen leuchteten.

Wie seine Jünger umringten ihn die Stammtisch-Brüder. Es hätte mich nicht gewundert, wenn sie vor ihm auf die Knie gefallen wären, um ihm zu huldigen. „Deinem Heiland, deinem

Lehrer!“, sangen die erzkatholischen Franken feierlich in Anlehnung an ein Kirchenlied in ihre Biergläser. Norbert Heiland saß auf seinem Stuhl wie auf einem Thron. Er zwinkerte nicht mit den Augen. Er ging nicht pinkeln, was angesichts der großen Mengen Flüssigkeit eine noch beeindruckendere Leistung war, als nicht zu blinzeln. Er stürzte einfach nur unentwegt ein Bier nach dem anderen in sich hinein.

Nur mich steckte die euphorische Stimmung im Sportheim nicht an. Natürlich freute ich mich über den klaren Sieg. Aber die „Stricher-Aktion“ zog noch immer nervige Kreise. Und ich wartete aufgeregt auf den passenden Moment, Niklas beiseitezunehmen, um den verhängnisvollen Bierdeckel mit ihm zu besprechen.

Mein Handy vibrierte. Ich zog es aus der Tasche und starrte auf die SMS von Annika. „Heimkommen! Sofort!“

Das Herz klopfte mir bis zum Hals. *Was zum Teufel ... Es wird doch nichts mit Timo passiert sein!*

„Sorry Jungs, ich muss los ...“

„Jetzt schon?“

„Die Nacht ist noch jung!“

„Ja, ich muss wirklich los“, stammelte ich verstört.

„Pantoffelheld“, murmelte Niklas.

Kopfschüttelnd verließ ich den Wirtschaftsraum. Zahlreiche Kehlen schmetterten mir ein „Muss i denn, muss i denn zum Städtele hinaus“ hinterher.

Ich war nervös, als ich nachhause hastete und die Wohnungstür aufsperrte. Doch die Aufregung schlug schlagartig in Angst um, als ich Annikas zähnefletschendes Gesicht erblickte.

„Marco, ich hab gerade unsere Rechnungen geprüft, als du beim Fußball warst.“

Das war an sich nichts Ungewöhnliches. Annika war bei uns zuhause die Finanzministerin. Als Bankkauffrau vermochte sie weit besser mit dem knappen Budget zu haushalten als ich. Warum zum Teufel war sie so aufgebracht und aggressiv?

„Hast du wirklich eine 0190er-Nummer angerufen?“, polterte sie und reckte mir anklagend meine letzte Handyrechnung entgegen.

Ich war verwirrt. *Eine 0190er-Nummer?* Annika reichte mir vollkommen. Sie war alles, was ich mir je erträumt hatte. *Moment ... Da war doch was, tief in meinem Unterbewusstsein, hinter einem deftigen Filmriss verborgen. Verdammt! Dieser blöde, stumpfsinnige Abend im Sportheim.*

„Hab ich?“, spielte ich den Unschuldsengel. Aber ich war kein guter Schauspieler. Ganz im Gegenteil. Annika erkannte sofort an meinem Gesichtsausdruck und Tonfall, dass ich versuchte, mich herauszuwinden.

„Erzähl mir doch nichts!“, schleuderte sie mir entgegen. „Ich kenn doch dein Gesicht, wenn dir was peinlich ist!“

„Na gut, wir haben uns vor ein paar Wochen im Sportheim mit einigen Mannschaftskollegen einen Scherz erlaubt.“

„Einen Scherz erlaubt? Seid ihr alle nicht ganz dicht? Und wenn man einen Scherz macht, dann legt man nicht gleich auf, sondern unterhält sich noch schnell fünf Minuten lang mit so einer Telefonhure?“

„Jetzt reg dich doch mal wieder ab. Es ist ja nichts passiert. Du weißt doch, der Gruppenzwang ...“

„Jetzt schieb nicht wieder deine Dummheiten auf deine Freunde!“

„Ach komm, es tut mir leid, aber jetzt übertreib mal nicht.“

Wieder falsche Antwort!

„Ich übertreib nicht, sondern du bist ein Idiot! Mir ist das jetzt zu blöd. Ich schlaf heute bei meinen Eltern!“

Ohne ein weiteres Wort polterte Annika ins Schlafzimmer, packte energisch eine Tasche mit ihren Schlafsachen zusammen und verließ die Wohnung. Als sie davongefahren war, zog ich eine ernüchternde Bilanz: Ich hatte zum zweiten Mal den geplanten Heiratsantrag verpatzt, meine Mutter beinahe zu Tode erschreckt, seit kurzem haftete mir der Spitzname „Stricher“ an. Dann hatte ich einen Bierdeckel in der Hosentasche, der mich noch Kopf und Kragen kosten würde. Und Annika schlief bei ihren Eltern, weil ich Trottel eine Telefonsexnummer angerufen hatte. *Was für eine beschissene Woche!*

TSV Weiherfelden – FC Streitenburg (6. Spieltag)

Bereits am nächsten Abend versöhnten Annika und ich uns wieder. Und wie wir uns versöhnten! Annika war in der Versöhnung genauso impulsiv wie im Streit, wie ein Orkan.

„Versprichst du mir hoch und heilig, dass du so etwas nie wieder machst?“, fauchte sie, als sie sich keuchend an meine Brust kuschelte.

„Naja, wenn es am Ende zu so einer Versöhnung führt, dann muss ich mir das mal überlegen“, grinste ich verwegen.

„Da kann ich dich beruhigen. Beim zweiten Mal wird es keine Versöhnung geben.“

„Wenn das so ist, verspreche ich dir hoch und heilig, dass es nicht wieder vorkommt.“

Damit war alles gesagt. Und das war auch gut so. Denn am nächsten Tag startete eine neue Episode in meinem Leben. Und ich war mir sicher, dass ich hierfür Annikas Unterstützung brauchte. Denn mein erster Schultag als Referendar stand mir bevor.

Zwei Jahre lang hatte man mich an der Universität für diesen Tag vorbereitet. Jetzt war der Augenblick der Wahrheit gekommen. Ich freute mich sehr darüber, dass ich die Möglichkeit bekommen hatte, an dem neuen Pilotprogramm für ein vorgezogenes Referendariat teilzunehmen. Seit ich während des Zivildienstes in die freudestrahlenden, begeisterten Kinderaugen geblickt hatte, war Lehrer mein absoluter Traumberuf. Ich konnte es kaum erwarten, endlich vor einer wissbegierigen Klasse zu stehen. Und so lag es nicht nur an Annika und ihrer unersättlichen Gier, dass ich in dieser Nacht kein Auge zumachte. Am nächsten

Morgen war ich müde, aber dennoch gut gelaunt und hochmotiviert. Wie ein Irrwisch fegte ich beim Frühstück durch die Küche, konnte nicht stillsitzen, brannte auf meinen ersten großen Tag.

Ich hatte riesiges Glück gehabt. Denn Lehrer hatten, was den Standort anging, einen schweren Stand. Man hatte beinahe das Gefühl, dass sich das Kultusministerium einen Spaß daraus machte, junge Lehrer vom Norden Bayerns in den Süden zu versetzen, und wiederum die Lücken im Norden mit Lehrern aus dem Süden aufzufüllen. Hier hatte mir mein Sohn Timo einen großen Dienst erwiesen. Man hatte mich für ein Gymnasium in Forchheim eingeteilt, das nur eine Viertelstunde von Weiherfelden entfernt war.

Aufgeregt quälte ich mich durch den zähen Verkehr. Dann betrat ich die Schule. Es war ein großes, altes Gebäude aus tristem rauen Stein. Aufmerksam blickte ich mich um, saugte alle Eindrücke in mich auf. Ich hatte mich auf eine laute Geräuschkulisse eingestellt. Doch ich war zu früh dran, um auf die ersten Schüler zu treffen. Zögerlich lief ich durch die menschenleere Aula, stieg eine breite Treppe hinauf und befand mich schließlich auf dem Gang, der zum Lehrerzimmer führte. Ich schluckte. Es war ein kleiner Schritt für die Menschheit, aber ein großer Schritt für Marco Tanner.

In den folgenden Stunden schüttelte ich unzähligen Kollegen die Hände, deren Namen ich mir nicht merken konnte. Das fing ja gut an. Wie sollte mir das dann bei meinen Schülern gelingen? Der Direktor richtete noch einmal kurz das Wort an das Kollegium: „So Kollegen, ich denke, es gibt nicht mehr viel zu sagen. Wir haben bei unserer Schuljahresbeginn-Konferenz bereits alles besprochen. Jeder kennt seinen Stundenplan. Und Sie wissen, welche Klasse Sie leiten. Ich wünsche Ihnen einen angenehmen Tag und einen guten Start ins neue Schuljahr.“

Während beim Rest der Kollegen Aufbruchstimmung herrschte, steuerte der Direktor zielstrebig auf mich zu. „Herr Tanner, folgen Sie mir bitte.“

Ich folgte dem Direktor in sein Büro. Er war ein kleiner, rundlicher Mann mit einer auffälligen Halbglatze. Seine intelligenten Augen wirkten müde und erschöpft.

Es war seltsam, dass das Büro des Schuldirektors noch immer eine angsteinflößende, autoritäre Wirkung auf mich hatte. Manche Dinge änderten sich wohl nie. „Setzen Sie sich bitte. Wollen Sie etwas trinken?"

Er stellte mir ein Glas auf den Tisch und holte eine Flasche Wasser aus einem Schrank. Dann ließ er sich schwer in seinen Stuhl fallen. „So, Herr Tanner", seufzte er. „Das ist Ihr erstes Referendariat, richtig?"

Ich nickte.

„Heute sind die Schüler im Grunde mit ihren Klassenlehrern beschäftigt. Da gibt es für Sie noch nicht viel zu tun. Für mich auch nicht. Ich habe den Vormittag Zeit. Erst um halb 11 muss ich in der Aula meine Ansprache zum neuen Schuljahr halten. Da erzähle ich einfach das Gleiche wie jedes Jahr. Also habe ich Zeit, Sie vorher ein bisschen herum zu führen und Ihnen die Schule zu zeigen."

Und so führte mich der Direktor zwei volle Stunden lang durch das Gebäude. Er händigte mir meinen Stundenplan aus, zeigte mir, wo sich die Turnhalle und die Klassenzimmer der Klassen befanden, deren Mathematikunterricht ich beiwohnen sollte. Und er plapperte unentwegt über den Klatsch und Tratsch des Kollegiums. Der Direktor war ein aufgeschlossener, geselliger Mann, der ernste Anzeichen einer gewissen Amtsmüdigkeit zeigte. Ich lauschte seiner langweiligen Rede zum Schuljahresbeginn, und als er den Schülern schließlich ein spannendes, lehrreiches und erfolgreiches neues Schuljahr gewünscht hatte, fand in der Aula noch ein kurzer Gottesdienst statt. Dann war mein erster Schultag geschafft. Bisher war es ganz einfach gewesen.

Guter Dinge machte ich mich am nächsten Morgen auf den Weg zur Arbeit. Ich fühlte mich sicher. Schließlich war ich noch jung, nah dran an der heutigen Jugend. Ich hatte richtig Bock auf die erste Sportstunde.

Hastig fing mich der Direktor auf dem Weg in die Halle ab und nahm mich aufgeregt beiseite: „Herr Tanner, ich habe ein kleines Problem. Herr Erhardt, der Sie in den ersten Wochen unter seine Fittiche nehmen soll, ist leider erkrankt. Trauen Sie sich zu, den Sportunterricht allein zu übernehmen?“

Verunsichert trat ich von einem Fuß auf den anderen. „Naja, Sie wissen schon, dass ich an diesem Testprogramm für ein vorgezogenes Referendariat teilnehme. Da ist das eigentlich so nicht vorgesehen …“

„Das ist mir natürlich bewusst. Aber ich habe sonst niemanden. Es ist ja nur Sport … Schaffen Sie das?“

„Von mir aus“, seufzte ich zögerlich.

„Danke!“, antwortete er erleichtert und klopfte mir kumpelhaft auf die Schulter.

Angespannt schlüpfte ich in die Sportklamotten. Die lauten Stimmen auf dem Gang signalisierten mir, dass die Jungs im Anmarsch waren. Ein letztes Mal atmete ich tief durch. Dann betrat ich die Sporthalle und wartete auf meine Schüler. Und ich wartete. Und wartete. Bis sie schließlich nach zwanzig Minuten eintrudelten.

„Was habt ihr denn solange getrieben?“, platzte ich sofort heraus. Ich hatte mir so viele Dinge für die erste Sportstunde überlegt. Nun war fast ein Viertel meiner Zeit verschwendet. Ich war stocksauer.

Die schmunzelnden Biester blickten mich unschuldig an. „Wir haben uns nur umgezogen“, antwortete einer von ihnen mit einem besonders breiten Grinsen.

„Dann will ich ja mal hoffen, dass ihr bei der Leichtathletik etwas schneller seid als beim Umziehen.“

Ich ließ die Schüler in einem Halbkreis um mich herum sitzen, platzierte mich im Schneidersitz vor ihnen und hantierte mit dem Blatt Papier, auf dem die Namen der Jugendlichen standen.

„Mein Name ist Herr Tanner. Ich bin der neue Referendar und werde euch dieses Halbjahr in Sport unterrichten. Ich denke, Sport ist eine schöne Abwechslung zum vielen Stillsitzen in eurem Klassenzimmer. Nutzen wir also die Gelegenheit und bewegen uns ein bisschen."

Ich wollte ihr Vertrauen gewinnen, trotz der langen Umkleidezeit einen guten Start mit meinen Schülern erwischen.

Ein Finger schoss eifrig in die Höhe.

„Ja", sagte ich auffordernd und freute mich noch. *Die erste Meldung, die ich aufrufen darf. Toll!*

„Warum werden Sie am Sportplatz eigentlich Stricher genannt?", fragte ein frecher kleiner blonder Junge, den ich beim genauen Hinsehen vom Weiherfeldener Fußballplatz kannte. *So ein kleiner Mistkerl!*

„Weil ich so gute Strichmännchen malen kann", erwiderte ich schlagfertig, musste jedoch schnell feststellen, dass diese Möchtegern-aufgeklärten Hänflinge mir kein Wort glaubten. Hastig machte ich weiter, bevor sie dieses Thema noch vertiefen konnten.

„Wenn keine vernünftigen Fragen kommen, gehen wir als Erstes mal die Anwesenheitsliste durch."

Mit gespanntem Grinsen blickte mich meine Klasse an. Mir schwante Böses.

„Fabio Schmidt?"

Der Junge, der mir zu Beginn der Sportstunde glaubhaft machen wollte, dass es normal war, sich zwanzig Minuten lang umzuziehen, hob seine Hand: „Hier."

„Franz Mauser?"

Der gleiche Junge, den ich für Fabio Schmidt hielt, hob erneut die Hand: „Hier."

Nun gut, dann hatte ich also den Klassenclown identifiziert.

„Mario Laubanger?"

Es war wenig überraschend, dass er wieder die Hand hob. Die anderen Jungs kicherten schadenfroh in sich hinein. Mit dem armen jungen Referendar konnte man es ja machen.

Missbilligend zog ich eine Augenbraue nach oben und musterte den Kasper.

„Janine Müller?“, erfand ich kurzerhand, um ihn zu ärgern.

„Anwesend!“

„So, Mann der vielen Namen und Gesichter. Kannst du mir wenigstens sagen, ob alle da sind oder ob jemand fehlt?“

„Bin ich denn Jesus und höre das Gras wachsen?“

Ich seufzte. Offenbar wollten sie die harte Tour. Kumpeltyp Tanner war damit Geschichte!

„Also gut, dann beginnen wir mit der Sportstunde. Eigentlich wollte ich, dass wir uns locker aufwärmen und dann eine halbe Stunde Fußball und eine halbe Stunde Basketball spielen. Aber da ihr offensichtlich keinen Bock habt, hol ich mein Alternativprogramm aus der Tasche: Laufen, Gymnastik, Kraft-Ausdauerzirkel und zum Abschluss noch ein kleiner Cooper-Test. Was haltet ihr davon?“

Meine Schüler stöhnten. Hatte ich sie mit dieser puren Ankündigung gebrochen?

„Herr Tanner, darf ich kurz aufs Klo, bevor wir loslaufen?“

„Von mir aus. Aber brauch nicht wieder zwanzig Minuten.“

„Ich muss auch.“

„Jetzt reißt euch mal zusammen!“

„Aber warum darf er, und ich nicht?“

„Und ich muss auch. Ich will nicht in der Turnhalle in die Ecke pinkeln.“

Diese Nervensägen brachten mich noch um den Verstand.

„Also gut: Zwei Minuten Pinkelpause“, gestand ich meinen Schülern zu. „Aber keine Sekunde länger! Wenn ihr mir wieder erzählt, dass ihr für sowas zwanzig Minuten braucht, dann ersetzen wir das Stretching durch einen zweiten Cooper-Test. Alles klar?“

Die Schüler nickten eifrig und stürmten aus der Turnhalle. Gespannt schaute ich auf meine Uhr. Ich würde sie durch die

Halle scheuchen, bis sie Blut schwitzten, wenn sie nicht pünktlich zurückkamen.

„Soll ich mal nachschauen, wo sie bleiben?", fragte einer der wenigen Jungs, die sich noch in der Halle befanden. Es waren bereits fünf Minuten verstrichen.

„Nein, das mach ich schon selbst."

Wutschnaubend stürmte ich aus der Turnhalle. Offensichtlich musste ich andere Saiten aufziehen. Bei den Toiletten angekommen, feuerte ich die Tür auf.

„Wo zum Teufel bleibt ihr denn?"

Sie hatten nicht einmal den Anstand, mir zu antworten. Aber ich hörte ihr Kichern hinter den Türen der drei abgeschlossenen Toilettenkabinen.

„Kommt jetzt raus!", fuhr ich sie panisch an.

„Damit wir noch eine Stunde lang in der Halle im Kreis laufen dürfen?"

„Und uns beim Cooper-Test die Lunge aus dem Leib rennen müssen?"

Langsam aber sicher platzte mir der Kragen: „Und was wollt ihr jetzt stattdessen machen? Euch eine Stunde lang im Klo einsperren?"

„Zum Beispiel", antworteten sie herausfordernd.

„Schaut verdammt nochmal, dass ihr jetzt rauskommt!", brüllte ich schäumend vor Wut.

„Brauchst du Hilfe mit der Rasselbande?", fragte ein Kollege freundlich, der offenbar gerade in der Nachbarturnhalle Unterricht hielt.

„Nein, danke. Ich glaub, ich regel das besser alleine."

Ich wollte mir nicht eingestehen, dass ich pädagogisch so machtlos gegen diese Satansbraten war. Und meine Schüler mussten lernen, dass ich mich auch ohne die Hilfe erfahrener Kollegen durchsetzen konnte.

„Okay. Versuch's mal mit der Note Sechs. Dann kriechen sie schnell wieder aus ihren Löchern", rief er mir noch hilfsbereit zu und war so schnell zurück in seiner Turnhalle, wie er aufgetaucht war.

„Ja, das ist eine hervorragende Idee“, murmelte ich ruhig. „Was haltet ihr davon? Wir wärmen uns auf. Dann machen wir den Cooper-Test. Und wer da nicht anwesend ist, der bekommt eben eine Sechs wegen Arbeitsverweigerung.“

Ich kehrte in die Turnhalle zurück, und die verbliebene Schar wärmte sich auf. Drei der widerspenstigen Kinder gesellten sich zu uns und brachten den Cooper-Test hinter sich. Aber sieben Schüler blieben abwesend.

Am Ende der Sportstunde machte ich einen Abstecher auf die Toilette und fragte provokant: „War diese Aktion wirklich eine Sechs zum Start in das neue Schuljahr wert?“

Es war der Klassenclown, der mir von der anderen Seite der Tür antwortete: „Sie wissen doch noch nicht mal, wem Sie eine Sechs geben wollen.“

Da hatte er verdammt nochmal recht. Aber ich schwor mir, das nicht einfach auf mir sitzen zu lassen. Sie hatten vielleicht die Schlacht gewonnen, aber den Krieg würde ich für mich entscheiden!

Nach der ernüchternden ersten Sportstunde suchte ich im Lehrerzimmer die Klassenlehrerin der 7B auf. „Frau Schneider, können Sie mir vielleicht kurz helfen?“, bat ich die freundlich hinter ihrer Brille hervorlugende Frau mit den von grauen Strähnen durchzogenen Locken.

„Natürlich. Was kann ich denn für Sie tun?“

„Ich hatte gerade meine erste Sportstunde mit der 7B. Es war leider nicht ganz so einfach, wie ich es mir vorgestellt habe.“

„Ja, diese Klasse hat es manchmal in sich“, lachte sie gutmütig und nickte verständnisvoll. „Was haben sie denn angestellt?“

„Ach, das kläre ich schon selbst mit ihnen. Aber was mir ungemein helfen würde, wäre eine kurze Beschreibung der Jungs, damit ich zuordnen kann, wer wer ist.“

Sie runzelte kurz die Stirn und überlegte. Dann hatte sie eine Idee. „Ich hab da was Besseres." Sie ging zu einem Schrank im Lehrerzimmer und wühlte darin herum. „Da haben wir's ja!"

Sie kehrte mit einem kleinen Büchlein zurück. „Das ist der Jahresbericht von letztem Jahr. Da ist ein Bild der damaligen 6B drin. Ich kann Ihnen die Namen der Jungs von links oben nach rechts unten aufschreiben. Dann haben Sie hundertprozentige Klarheit."

Ich dankte Frau Schneider von ganzem Herzen. Nun hatte ich eine mächtige Waffe in der Hand. Die Vorentscheidung in meinem Kleinkrieg gegen die 7B war gefallen. Genüsslich zückte ich den Notenbogen aus meiner Tasche und trug eine fein säuberlich geschriebene Sechs bei den Cooper-Test-Verweigerern ein. Da würden der Klassenclown und seine Schergen Augen machen!

Annika schmunzelte schadenfroh, als ich am späten Nachmittag völlig erschöpft nachhause kam.

„Meine Güte! Was haben die Kinder denn mit dir angestellt?"

„Frag nicht! Ich will es einfach nur vergessen. Gib mir bitte einen Kuss. Dann möchte ich ein bisschen mit einem Kind spielen, das sich noch nicht selbst ins Klo einsperren kann."

Annika bedachte mich mit einem ungläubigen Blick, gab mir einen süßen Kuss auf den Mund, und dann ging ich mit Timo in sein Kinderzimmer und wir spielten Autos und Eisenbahn.

Als Annika Timo ins Bett brachte, zückte ich mein Handy und schrieb in meiner Verzweiflung Niklas an. „Können wir uns heute Abend kurz im Sportheim treffen? Habe ein Problem und brauche deinen Rat …"

Ich hatte beschlossen, dass ich wenigstens eines meiner vielen Probleme langsam aber sicher in Angriff nehmen musste. Und da ich noch immer nicht alle fränkischen Gepflogenheiten kannte, brauchte ich Niklas' Expertise. Seine Antwort ließ nicht lange auf sich warten. „Oh je, ein typisches Marco-Tanner-Problem? Bin dabei, das wird bestimmt wieder unterhaltsam. 20.30?"

Wie immer, wenn ich eine Nachricht von ihm bekam, zweifelte ich kurz an der Entscheidung, Niklas um Hilfe zu bitten. Aber auch wenn er nichts und niemanden erst nahm, hatte er mir schon zu oft aus der Patsche geholfen.

„Erzähl … Was ist los?“

Wortlos schob ich den ominösen Bierdeckel über den Tisch. Mit hochgezogenen Augenbrauen begutachtete er das gute Stück. Ungläubig schüttelte er den Kopf. „Alter, wie schaffst du das bloß immer?“

„So schlimm?“

„Stricher, das ist wahrscheinlich der älteste Trick in der Fußballgeschichte …“

„Also in Hamburg ist mir sowas noch nie passiert …“

„Du bist echt eine Katastrophe, Marco!“

„Was kann ich denn dafür?“

„Na hör mal. Du unterschreibst ein Bierfilzla, auf dem steht, dass du zur neuen Saison nach Obsthofen wechselst, falls der TSV Weiherfelden nicht aufsteigt … Und dann fragst du noch, was du dafür kannst? Ist das dein Ernst?“

Was sollte ich da noch sagen. Er hatte ja recht. Aber Annikas Onkel waren auch hinterlistige Hunde.

„Das ist doch rechtlich nicht bindend, oder?“, fragte ich verzweifelt.

Niklas nippte nachdenklich an seinem Bier. „Keine Ahnung.“

„Dann gibt es noch eine Chance, aus dem Schlamassel rauszukommen?“

Grimmig schüttelte er den Kopf. „Dass es rechtlich nicht bindend ist, ist hier in Franken unerheblich. Im Endeffekt ist es wie eine Wette. Wenn wir nicht aufsteigen, läufst du zum Feind über. Und Wettschulden sind Ehrenschulden.“

„Und da gibt es keinen Ausweg?“

„Doch“, antwortete Niklas trocken. „Wir müssen aufsteigen!“

Der Rest der Schulwoche verlief etwas glatter als meine erste Sportstunde. Dennoch hatte ich den Stress der ständigen Geräuschkulisse, der widerspenstigen Schüler und des Drucks, immer auf jede Frage eine passende Antwort parat haben zu müssen, sträflich unterschätzt. Ich sehnte das Wochenende förmlich herbei. Die Ruhe in meiner kleinen Familie würde mir guttun. Und ich brannte auf das nächste Fußballspiel. Sich so richtig auszupowern war ganz einfach der beste Stresskiller, den es gab.

Beim Treffpunkt vor dem Spiel gegen den FC Streitenburg sorgte Flügelflitzer Kevin erneut für Furore. Diesmal erschien er in Begleitung einer blonden Sexbombe. Sie hatte funkelnde blaue Augen, einen vollen, sinnlichen Mund und einen Hintern, für den sie einen Waffenschein benötigte. Trainer Karl beobachtete missbilligend, wie Raldo minutenlang seine Zunge in ihren Rachen steckte und sich auf alles andere konzentrierte als das bevorstehende Fußballspiel.

„Los jetzt, Jungs. Wir sind hier nicht im Porno-Kino, sondern auf dem Fußballplatz. Ab mit euch in die Kabine! Umziehen!", tadelte Spielleiter Willi und scheuchte uns nach unten.

Die blonde Schönheit flüsterte Kevin leise etwas Intimes ins Ohr. Kevin flüsterte zurück. Bamm! Er kassierte eine schallende Ohrfeige. Wutentbrannt stürmte die Blondine davon. Wie vom Donner gerührt starrte die gesamte Mannschaft Kevin an. Wir konnten es nicht fassen. Was trieb dieser Kerl bloß?

„Alter, was hast du denn zu der gesagt?", fragte Niklas neugierig. Sein Tonfall ließ vermuten, dass der verrückte Hund sich den Spruch merken wollte, um ungebetene Verehrerinnen abzuwimmeln.

„Ein Mann braucht seine Geheimnisse", antwortete Kevin und schnappte sich seine Sporttasche.

Der Kerl war mir ein Rätsel.

Mit einer feurigen Ansprache versuchte Karl, den Fokus zurück auf das anstehende Fußballspiel zu lenken. Der FC Streitenburg war ein Gegner im Mittelfeld der Tabelle. Wir mussten sie schlagen, um den Anschluss auf Tabellenführer Helmersdorf nicht abreißen zu lassen. Schnell war die Blondine vergessen. Wir brannten auf den Sieg. Und ich hatte mit meinem kleinen Geheimnis noch mehr zu verlieren als die Kameraden. Bis in die Haarspitzen motiviert, stürmte ich auf den Rasen.

Zu Beginn des Spiels legten wir los wie die Feuerwehr. Unsere Flügelzange sauste durch die Streitenburger Hintermannschaft wie ein Wirbelwind. Doch ein Tor sollte uns nicht gelingen. Drei Pfostenschüsse waren die magere Ausbeute des wilden Sturmlaufs.

Dann aber sorgte der Schiedsrichter für eine ungeplante Unterbrechung mitten in dieser Sturm- und Drang-Phase. Gerade als Dominik Niklas auf der Außenbahn schicken wollte, pfiff der Unparteiische plötzlich aus heiterem Himmel in die Pfeife. Wir blickten uns an. Was war geschehen? Kein Foul, keine Tätlichkeit oder Unsportlichkeit. Abseits konnte es auch nicht gewesen sein. Schließlich hatte Dominik den Ball noch gar nicht gespielt. Wir waren verwundert.

Noch mehr als der unerwartete Pfiff irritierte uns, dass der Schiedsrichter auf einmal urplötzlich den Platz verließ. War er beschimpft oder bedroht worden? Unsere anklagenden Blicke suchten Spielleiter Willi, der in dieser Hinsicht immer für eine Überraschung gut war. Doch er stand tiefenentspannt am Spielfeldrand.

Je mehr wir darüber nachdachten, desto klarer formte sich eine Vermutung in unseren Köpfen. Und dieser Verdacht war goldrichtig. Der Schiedsrichter, der steckensteif in Richtung Sportheim sprintete, kehrte nach gut fünf Minuten auf den Platz zurück und wirkte dem Gesichtsausdruck nach zu urteilen sichtlich erleichtert. Er rief die beiden Kapitäne zu sich und sagte: „Sorry Jungs, Durchfall. Passiert. Ist es okay, wenn wir einen Schiedsrichterball machen?“

Die Gegner erwiesen sich als faire Sportsmänner und überließen uns das Leder. Schließlich hatten wir vor der skurrilen Spielunterbrechung Ballbesitz gehabt.

Als Spitzenmannschaft der Kreisklasse Nord waren wir inzwischen so gefestigt, um uns von so einer Unterbrechung nicht aus dem Tritt bringen zu lassen. Nahtlos knüpften wir an die aggressive Leistung der ersten 25 Minuten an.

Zur Pause stand es verdientermaßen 2-0. Selbst der unnötige Anschlusstreffer der Gäste kurz nach der Halbzeit konnte uns nicht bremsen. Unbeirrt beherrschten wir Ball und Gegner, und gewannen klar und deutlich mit 4-1.

Nach dem Spiel erfuhren wir, dass Helmersdorf überraschend Unentschieden gespielt hatte. Durch ihren ersten Patzer waren wir wieder auf einen Punkt am Spitzenreiter dran. Vielleicht konnte ich Annikas Onkel also doch noch ein Schnippchen schlagen.

SC Hohenstein - TSV Weiherfelden (7. Spieltag)

Annika und ich tigerten aufgeregt durch die Wohnung, als endlich der Termin mit den drei Zimmereien anstand, die in unsere engere Auswahl für den Holzrahmenanbau gekommen waren.

Kurz vor 10 stellten wir auf dem Gartentisch hinter dem Haus Getränke und Fingerfood für den ersten Zimmerer bereit. Ungeduldig lugten wir auf die Uhr. Es war schon 5 nach 10. Die Minuten verstrichen. Wir wurden immer hibbeliger. Um 10:20 Uhr warf Annika noch einmal einen Blick in ihre E-Mails. Hatten wir etwa Tag oder Uhrzeit verwechselt? Nein, die drei Termine fanden heute um 10, 13 und 16 Uhr statt. Wir waren verwundert. Es ging um einen großen Auftrag, um viel Geld. Wie konnte man da nur zu spät kommen?

„Soll ich ihn mal auf dem Handy anrufen?“, schlug Annika vor. Enttäuschung sprach aus ihrer Stimme.

„Aber wollen wir ihnen denn wirklich hinterherlaufen? Wenn das schon so beginnt, will ich gar nicht mit denen zusammenarbeiten!“

„Auch wieder wahr", stimmte Annika zu. „Geben wir ihnen noch eine Viertelstunde. Dann bring ich die Sachen nach innen."

Kurz vor 13 Uhr trugen wir das Essen und die Getränke erneut nach draußen. Wir brannten gespannt darauf, mehr über die Umsetzbarkeit und Kosten des Bauvorhabens zu erfahren. Die Uhr tickte und tickte. Es war 13:05 Uhr. Auch die Zimmerei Roland war noch nicht da. Langsam wurde ich nervös. Ich wollte heute Nägel mit Köpfen machen, ehe Annika es sich noch einmal anders überlegte und das Thema Umzug nach Obsthofen neu aufrollte. Aber auch um 13:15 Uhr war Zimmermann Roland noch nicht aufgetaucht.

„Das gibt's doch nicht!", schimpfte ich. Man hatte schon viel gehört, wie schwer man es als Bauherr doch hatte, aber dass Zimmereien den ersten Termin sausen ließen, das konnte ich mir nicht vorstellen.

„Wollen wir nicht doch mal anrufen?", überlegte Annika zögerlich.

„Von mir aus, bevor wir den ganzen Tag hier herumsitzen."

Entschlossen zückte Annika ihr Telefon und wählte die Nummer von Herrn Roland. Es klingelte zehnmal. Eine Mailbox kam nicht. Und der Zimmermann sollte auch nie zurückrufen.

Wütend trugen wir das Essen und die Getränke ein zweites Mal zurück ins Haus. Es war frustrierend. Wir setzten alle Hoffnungen auf den dritten Termin. Die Zimmerei Held & Söhne war unsere letzte Rettung.

Um 15:55 Uhr tauchte ein Transporter auf und parkte vor dem Haus meiner Eltern. Annika und ich atmeten erleichtert auf. Zumindest etwas, das an diesem verfluchten Tag funktionierte. Interessiert begutachtete Held Senior mit seinem Sohnemann Held Junior den Plan des Bauzeichners. Er nickte zufrieden.

„Machbar ist das schon. Der Statiker wird ein bisschen rumrechnen müssen. Und wir sollten das Gemäuer der Garage genau unter die Lupe nehmen, damit wir wissen, wie viel der Last uns die Garage wirklich abnehmen kann. Ansonsten hört sich das doch gut an. Ich denke, Holzrahmenbauweise ist hier eine gute Wahl."

„Jetzt werdet ihr bestimmt ein Angebot wollen, oder?", vermutete der Junior.

Annika und ich nickten aufgeregt. Würde der Tag etwa doch mit guten Nachrichten enden?

„Was genau sollen wir denn alles mit reinnehmen in das Angebot?"

Eine gute Frage, die ich leider nicht so ganz verstand.

„Wir können euch nur den Holzrahmen hinstellen", erklärte der junge Mann. „Das hätte in etwa den Charakter eines Rohbaus. Alles andere müsst ihr selbst mit den anderen Gewerken abstimmen: Verputzen, Innenausbau, Fenster, Türen, und so weiter."

Mein Vater war inzwischen dazugestoßen und lauschte interessiert. Zum Glück hatte er etwas mehr Ahnung als Annika und ich. „Heißt das, dass wir all diese Sachen auch bei euch mit beauftragen könnten?", schaltete er sich ein.

„Genau", antwortete der Senior und wirkte erfreut, dass ein Einäugiger unter den Blinden war. „Wir haben eine ganze Reihe Partner, mit denen wir die Gewerke abdecken, die wir selbst nicht machen."

„Aber das werdet ihr euch bestimmt bezahlen lassen", vermutete mein Vater lächelnd.

„Natürlich", antwortete der Zimmermann ehrlich. „Trotzdem kann es in Summe für euch billiger werden. Wir lassen uns den Organisationsaufwand und den Planungsaufwand natürlich bezahlen. Aber wir haben die Erfahrung gemacht, dass die Bauherren, die diesen organisatorischen Wirrwarr selbst übernehmen, am Ende nicht unbedingt günstiger wegkommen."

„Warum nicht?"

„Das liegt meistens an der Feinabstimmung der einzelnen Gewerke. Für die Handwerker, die wir in eurem Namen engagieren, legen wir die Hand ins Feuer, dass unsere Liefergegenstände exakt mit ihren Liefergegenständen zusammenpassen. Das spart Aufwände für Nacharbeiten. Und damit auch Kosten. Wir sind vom Fach. Da fällt es uns ganz einfach leichter, Termine, Vorarbeiten oder Verschiebungen mit den anderen Handwerkern abzustimmen."

„Da komme ich ins Spiel", schaltete sich der Junior ein. „Mein Vater hat die Zimmerei aufgebaut, und er turnt noch gerne selbst auf den Baustellen herum. Ich fokussierte mich lieber auf die Planung, Abstimmung und die Schnittstelle zwischen den vielen Gewerken."

„Wenn man nicht mal einen Schraubenzieher halten kann, so wie mein Sohnemann, fährt man also mit einem solchen Modell gar nicht schlecht, oder?"

Ich dankte meinem sarkastischen Vater mit einem Augenrollen.

„Könnt ihr uns auch zwei Angebote machen? Eins nur für den Rohbau, und eins für die komplette Lösung?", fragte ich schließlich, um beiden Gesprächspartnern vor Augen zu führen, dass ich auch nicht auf den Kopf gefallen war.

„Natürlich. Das ist kein Problem. Machen wir meistens."

Ich nickte zufrieden. Es war mir doch tatsächlich gelungen, etwas Vernünftiges beizusteuern.

„Welche Gewerke müsstet ihr an eure Partner vermitteln?", fragte plötzlich Annika. Sie war ja auch noch da.

Es folgte ein minutenlanger Monolog, bei dem dem Held Senior seine volle Expertise ausspielte, ohne dass ich auch nur zehn Prozent verstand. Tätigkeiten mit großen Unsicherheiten, was wir uns dort genau wünschen, wollte er ausklammern, damit er uns einen Fixpreis anbieten konnte.

„Das bietet euch und uns Planungssicherheit!"

„Und was ist mit der Statik?" Mein Vater verblüffte mich immer wieder.

„Die Statik könnt ihr, denk ich, selbst klären. Da brauchen wir im Endeffekt nur die finalen Berechnungen und Vorgaben des Statikers und setzen sie dann entsprechend um. Die Stahlarbeiten für die Stahlträger, die den Anbau auf dem Fundament abstützen, machen wir mit."

Ganz die akribische Bankkauffrau, hatte Annika fleißig auf einem Notizblock mitgeschrieben. „Das heißt, wir müssen einen Termin mit dem Statiker einplanen und für Fußboden, Heizung, Bad, Küche, Innenputz und Elektrik mit anderen Handwerkern planen. Den Rest übernehmt ihr."

Held Junior nickte, während mir vor Erstaunen die Kinnlade herunter kippte. „Gut zusammengefasst!"

Ja war ich denn hier wieder mal der Einzige, der von Tuten und Blasen keine Ahnung hatte?

Wir vereinbarten, dass Held ein erstes unverbindliches Angebot erstellte und uns im Lauf der nächsten Woche zukommen ließ. Die finalen Kosten konnte er erst zusagen, wenn er wusste, was der Statiker plante. Aber im Endeffekt war die Entscheidung ohnehin bereits gefallen. Sie wirkten zuverlässig und kompetent. Und da Held und Söhne die einzigen Zimmermänner waren, die auch wirklich wie vereinbart auftauchten, hatten wir ja nicht viel Auswahl.

Ich schlitterte von einer schmerzlichen Erfahrung zur nächsten. Denn wo die nicht erschienenen Zimmereien mich frustriert hatten, winkte mir beim Auswärtsspiel beim SC Hohenstein physischer Schmerz.

Denn dieser Gegner hatte sich in den vergangenen drei Jahren nicht verändert. Die Kinderrutsche auf dem Spielplatz führte noch immer auf einen Betonblock, der den Hohensteiner Nachwuchskräften frühzeitig eine gesunde Härte einimpfte. Ihr Trainingslager machten sie angeblich noch im Wald, wo sie mit ihren blanken Füßen turmhohe Bäume umgrätschten. Zwar war mit Karl ein großgewachsener Spielertrainer zu uns gestoßen, aber im Vergleich zu den Hünen, die Hohenstein zu brutalen Innenverteidigern herangezüchtet hatte, wirkte selbst Karl wie ein Hänfling. Nein, niemand von uns liebte es, in Hohenstein anzutreten. Und nur selten hatten wir auf dem holprigen Geläuf gegen die knüppelharte Gangart dieses Gegners Erfolg.

Zu Beginn waren wir noch guter Dinge und sogar zu Scherzen aufgelegt. Georg Weiler bot eine Kostprobe seiner Stuntkunst dar. Der Hohensteiner Spielleiter stand kurz vor einem Herzinfarkt, als er sein Handy zückte und den Notarzt alarmieren wollte. Ob es ein guter Schachzug war, wagte ich zu bezweifeln. Denn die Hohensteiner Spieler, die Georg hilfsbereit zur Seite gesprungen waren, fanden das Ganze gar nicht lustig. Unser „Knight Rider" war ein erfahrener Mann, hatte Landesliga, Regionalliga, sogar für eine Saison in der Zweiten Bundesliga gespielt. Aber in der Kreisklasse Nord musste er noch viel von uns lernen.

„Macht euch vor diesem Gegner nicht in die Hosen! Sie sind groß, sie sind bullig, aber wir haben andere Qualitäten. Wenn wir unsere spielerische Überlegenheit und vor allen Dingen die Schnelligkeit über die Flügel richtig einsetzen, dann werden wir eine solche Mannschaft ganz schön alt aussehen lassen. Sobald die merken, dass sie mit ihrer Härte nichts ausrichten können, weil wir zu flink und clever für sie sind, dann verlieren sie den Glauben an sich selbst. Und das ist der Moment, in dem wir sie gnadenlos abschießen!"

Doch gnadenlos waren nur drei Männer auf diesem Spielfeld. Und die waren gefühlte drei Meter groß, hatten die Konstitution eines Zuchtbullen und liefen im Trikot der Gastgeber auf.

Und unser selbstbewusster Coach sollte als erster am eigenen Leib erfahren, was es hieß, in Hohenstein Fußball zu spielen. Jedes Mal, wenn er auch nur in die Nähe des Balls kam, flogen ihm drei, vier oder fünf Beine um die Ohren. Karl wälzte sich häufiger am Boden, als er Ballkontakte vorweisen konnte.

Für meine eigene schmerzliche Erfahrung an diesem Tag konnte die Hohensteiner Elf ausnahmsweise nichts.

Für einen Defensivspezialisten wie mich war es eine lebensnotwendige Eigenschaft, die Aktionen des Gegenspielers vorherzusehen. Man durfte sich weder von simplen noch von technisch versierten Tricks ins Boxhorn jagen lassen. Man musste ahnen, was der Gegner vor hatte, und schon da stehen, wo er mit dem Ball hin wollte. Nur so konnte man die richtig guten Spielmacher zur Verzweiflung treiben.

Manchmal aber wurde einem diese Eigenschaft auch zum Verhängnis. Gleich zu Beginn der Partie täuschte ein ungewöhnlich gewandter Hohensteiner Spieler einen Pass nach links an. Aber ich hatte aus dem Augenwinkel im Blick behalten, dass sich dort keine Menschenseele befand. Ich erkannte die Finte und machte instinktiv den einzig verbliebenden Passweg nach rechts dicht. Und ich sollte es bereuen. Sehr bereuen!

Denn der gegnerische Mittelfeldspieler löffelte den Pass halbhoch. Und halbhoch war in dem Fall eine sehr ungünstige Höhe. Denn ich lief genau mit meinem besten Stück in den Ball. Diese Schmerzen! Ich wälzte mich am Boden, und Harald, der sich besorgt über mich beugte, fragte: „Wo hat er dich denn erwischt?“

Niklas war in seiner Ansprache wie immer etwas direkter: „Linker oder rechter Hoden?“

Das Einzige, was ich noch zwischen zusammengebissenen Zähnen herausbrachte, war: „Beide!“

Dann merkte ich, dass mir nicht nur die Glocken wehtaten, und fügte stöhnend hinzu: „Und den Zipfel auch!“

Es dauerte eine Erholungspause von drei Minuten, bis ich breitbeinig wie ein Cowboy aufs Spielfeld zurückkehren konnte. Aber auch wenn ich mir schwor, nie mehr den Passweg eines Gegenspielers zuzustellen, so war ich doch zu sehr Fußballer, um wirklich aus dieser Aktion zu lernen. Ich wusste genau, dass ich es im nächsten Augenblick noch einmal tun würde. Entweder man war Fußballer, oder man war keiner!

Kampfgeist brauchte an diesem Spieltag auch „Knight Rider“ Georg. Ihn hatten die Hohensteiner nach seinem gespielten Sturz besonders auf dem Kieker. Der rechte Flügel war ein beherztes Schlachtfeld. Mit rüden Attacken bugsierten die Berchgnordzn Georg nahezu ein dutzend Mal aus dem Spielfeld. Zum Glück war er ein ausgebildeter Stuntman. Sonst wäre eine der krachenden Bekanntschaften mit der Bande wohl ins Auge gegangen.

Willi war außer sich. Unser guter alter Spielleiter bekam den ersten richtigen Tobsuchtsanfall der Saison. Bislang war alles so glatt gelaufen. An Tagen, wo wir mit vier oder mehr Toren Vorsprung führten, war selbst Willis Laune genießbar. Doch was er in Hohenstein abzog, suchte in der Kreisklasse Nord seinesgleichen.

„So a alda Rindsbimbl, su a verreggda! Ober unnara Grischbala falln aber a bei jedm Bimblschiss noo!““

„Machst des mit deina Fra a so, mit der dumma Sulln?“

„Schau dir mol den Berchgnordzn o! Den sei Mudder hod doch neun Monat bloß Grafdfudder gfressn!“

Man sah es in den funkelnden Augen der gefährlichen Hohensteiner Zuschauer. Sie waren alle zwei Köpfe größer als Willi. Sie hätten das kleine Rumpelstilzchen am liebsten zum Frühstück verspeist.

Aber Respekt ließ Willi wie gewohnt vermissen: „Geh auf Seidn, du Doldi! Lass mer mei Ruh!“

„Schiri, du Haumdaucha! Konnst du den Oxn ned mol on die Kettn leng, den aldn Gsichtsgrapfn, den elendichen!“

„Niklas, du alds Greinmeicherla. Steh auf und mach weider!“

„Georg, des nächst mol holst der a Sensn und mähst na a mol so um!“

Der Schlusspfiff rettete Willi nicht vor weiteren Dummheiten. Während wir uns bedröppelt über das Unentschieden ärgerten, setzte Willi die wüsten Beschimpfungen der gegnerischen Zuschauer, Spieler und Funktionäre mit gewohnter Inbrunst fort. Kurzentschlossen packten ihn Harald und Niklas unter den Armen und hoben das zappelnde Kerlchen in die Luft, um ihn möglichst schnell vom Spielfeld zu entfernen. In unserer Kabine war er wenigstens in Sicherheit. Und das gegnerische Publikum musste seine Laune nicht länger ertragen.

Das ernüchternde 1-1 nervte natürlich auch uns. Wir hatten uns mehr erhofft. Und das Unentschieden gegen einen robusten, aber fußballerisch zweitklassigen Gegner warf uns im Kampf um den ersten Platz ein gutes Stück zurück. Aber es war Hohenstein. Was hatten wir erwartet?

An diesem Abend hatte ich einen schrecklichen Albtraum. Ich betrat ein Fußballfeld. Starrte ängstlich in hämisch grinsende Fratzen, die alle irgendwie wie meine Annika aussahen. Und als ich an mir hinab blickte, trug ich das Trikot des SV Obsthofen.

Als ich schweißgebadet aus dem Schlaf schreckte, schwor ich mir, dass ich keine weiteren Punktverluste zulassen durfte. Und wenn ich noch zehn Pässe und Torschüsse mit meinen kostbaren Hoden abblocken musste!

TSV Weiherfelden – SpVgg Fahrten (8. Spieltag)

Es war eine anstrengende Woche. Zunächst hatten Annika und ich alle Hände voll zu tun. Um ein besseres Gefühl für die Kosten zu bekommen, versuchten wir händeringend, Kostenvoranschläge von den Handwerkern anzufragen, die nicht von der Zimmerei Held abgedeckt wurden. Aber das war keine einfache Aufgabe.

Die Elektriker hatten keine Zeit, etwas Schriftliches aufzusetzen. Potentielle Verputzer erreichten wir erst gar nicht. Wenigstens stand mein Vater mit einem Heizungsbauer in Kontakt, der vergangenes Jahr unsere Heizung gewartet hatte.

Es stellte sich schnell heraus, dass die erste Kostenschätzung des Bauzeichners absolut naiv gewesen war. Wie konnte ein Mann vom Fach, der täglich mit Baustellen zu tun hatte, so extrem daneben liegen? Annika hatte zwar vom Bauen keine Ahnung, aber sie jonglierte gern mit Zahlen. Bei fehlenden Kostenblöcken wie Fußboden und Verputzen wurde sie von ihren Bankkollegen mit Referenzwerten versorgt. Und so rechnete Annika ein wenig herum und stellte einen groben Kostenrahmen auf.

Der Statiker reihte sich bestens in unsere ersten Erfahrungen mit den Handwerkern ein. Nachdem wir ihn gleich am Montag angerufen hatten, kündigte er sich für Dienstagmorgen an, verlegte dann aber auf Mittwoch, den er wiederum auf Donnerstag verschob. Als er endlich eintraf, war es ein seltsames Gefühl, die Standfestigkeit unserer neuen Wohnung in seine Hände zu legen. Er war ein kleines, zerstreutes Kerlchen mit langem gelocktem Haar, das ihm beinahe bis zum Gesäß reichte. Mit verschlafenen Augen lugte er unrasiert unter seiner Harry-Potter-Brille hervor und betrachtete die Baupläne.

„Wir müssten schon wissen, wie hoch, breit und schwer der Anbau werden soll", murmelte er nachdenklich.

„Das steht hier in der E-Mail von der Zimmerei Held", erklärte Annika.

„Ich muss mir die Garage mal anschauen", entschied er schließlich.

Wir gingen nach draußen, und er klopfte ein wenig mit dem Fingerknöchel an den Wänden der Garage herum.

„Ist das Bimsstein?"

Ich zuckte mit den Achseln. Woher hätte ich als Laie das wissen sollen? Zumal meine Eltern das Haus gekauft und nicht selbst gebaut hatten.

„Da auf dem Pfeiler, zwischen den beiden Garagenhälften, werden wir aufsetzen. Dann brauchen wir aber einen Ringanker", überlegte er abwesend. Sein Blick schweifte in die Ferne, so als visualisierte er gerade die statische Lösung. „Ja, so könnte es gehen. Das bekommen wir schon hin."

„Bis wann können wir denn Ihre Berechnung bekommen?", drängte ich.

„Nächste Woche vielleicht, oder übernächste. Oder etwas später."

Was für eine wasserdichte Aussage.

„Ich muss schauen, wie mein Chef verfügbar ist. Der muss die Berechnungen unterschreiben. Habt ihr das schon beauftragt?"

„Nein, wir haben uns doch heute das erste Mal gesehen", erwiderte ich verwundert.

„Ach ja, ach ja. Stimmt. Wollt ihr den Auftrag gleich unterzeichnen?“

Irgendwie war es ein eigenartiges Gefühl, einem so chaotischen Mann das Vertrauen zu schenken. Aber wir wollten Nägel mit Köpfen machen. Er war verfügbar. Und ich betete, dass er seine Lizenz als Statiker nicht in der Lotterie gewonnen hatte.

„Ja, denn wir brauchen möglichst schnell einen Kostenrahmen. Wir haben in den nächsten Wochen bereits einige Termine mit Banken ausgemacht.“

„Verstehe“, murmelte der Statiker und kramte in seiner Aktentasche herum, bis er einen völlig zerknitterten Vordruck heraus zog. Wir füllten den Auftrag aus und unterzeichneten ihn. „Ihr hört von mir.“ *Na hoffentlich!*

„Gibt es denn schon irgendwelche Erkenntnisse, die wir unseren Handwerkern mitteilen können?“, fragte Annika.

„Natürlich, bis auf die mathematischen Details ist alles klar.“

Warum sagte er das denn nicht gleich? Musste man diesem Kerl alles aus der Nase ziehen?

„Wir setzen auf der Garage auf, brauchen auf der anderen Seite im Garten zwei Punktfundamente für die Stahlträger, und die Garage muss über einen Ringanker gestärkt werden. Das war’s im Endeffekt. Keine große Sache.“

Na das war doch mal eine Aussage. Im Gegensatz zu uns konnte der Rohbauer mit dem Wort Ringanker etwas anfangen. Anhand der Informationen des Statikers fühlte er sich sogar in der Lage, uns ein stabiles Angebot zu unterbreiten.

Als ob die Bauplanungen nicht genug Stress verursachten, herrschte in der Schule eine Lehrerepidemie. Das halbe Kollegium war krank. Und somit musste ich als Referendar wieder mit anpacken. Vertretungsweise sollte ich die Mathematikstunde einer fünften Klasse übernehmen. Ich betrat den Raum und dachte nichts Böses. Mit denen würde ich doch fertig werden!

Aber dann fiel mir der seltsame Junge in der ersten Reihe auf. Sein Name war Marvin, wie ich später erfahren sollte. Und er war berühmt-berüchtigt. Er hatte dunkles Haar, war kräftig gebaut und blass wie ein Geist. Während die anderen Schüler bei dem schönen Wetter mit kurzer Hose und T-Shirt im Klassenraum saßen, trug Marvin eine ausgewaschene Jeans und eine schwarze Bomberjacke. Ich dachte mir nichts dabei. Man ist ja tolerant. Vielleicht fror es ihn. Womöglich war er ein wenig erkältet. Warum sollte ich mir darüber den Kopf zerbrechen?

Ich begann meine Mathematikstunde und stellte den Schülern einfache Fragen. Als ich schließlich Marvin aufrief, kam der erste Eklat. Er brach umgehend in Tränen aus. Was war denn nun los? Ich hatte ihm doch nur eine simple Frage gestellt!

Zwei Minuten später kritzelte ich etwas an die Tafel und hatte meinen Schülern den Rücken zugekehrt. Plötzlich hörte ich einen dumpfen Schlag. Neugierig drehte ich mich um. Und sah Marvin, wie er in bester Bud-Spencer-Manier mit der Faust auf den Kopf eines Mitschülers einschlug.

„Hey, was soll denn das? Setz dich sofort wieder hin!“

„Er hat über mich gelacht!“, brüllte Marvin außer sich vor Wut.

„Er hat überhaupt nicht gelacht“, verteidigte ein kleines zierliches Mädchen ihren Banknachbarn.

Marvin blickte sie entrüstet an. Er griff unter seinen Tisch, zog einen Regenschirmknirps hervor und zog ihn der mutigen Mitschülerin über den Schädel.

Mit offenem Mund starrte ich die Szene an. Ich konnte es nicht glauben. Was sollte ich mit diesem Kerl nur anstellen? Ich konnte ihn ja schlecht umgrätschen oder verprügeln. Auch wenn er es gewiss verdient hatte. *An was für einer Schule bin ich denn hier gelandet?*

Marvin stand wie angewurzelt da. Sein Brustkorb hob und senkte sich, während er schnaubte wie ein wilder Stier. Er war nur ein Fünftklässler. Aber mit seiner robusten Statur war es ein respekteinflößender Anblick. Er erinnerte mich an den roten Stier in

„Das letzte Einhorn“, nur dass der blasse Junge mit der schwarzen Jacke etwas farbloser aussah.

Als ich mich aus der Schreckensstarre löste und zu ihm eilte, knurrte er mich an wie ein Tier. Meine Nackenhaare sträubten sich. Ich nahm allen Mut zusammen und zupfte wie ein verängstigtes Mädchen an einem Zipfel seines Jackenärmels. „Komm, wir gehen mal zum Direktor.“

Marvins Zeit an dieser Schule war noch kürzer als meine. Noch vor dem Ende des Schuljahres verließ er das Gymnasium und wechselte auf eine Einrichtung für schwer erziehbare Kinder. Warum musste so etwas gerade mir in meinem ersten Referendariat passieren, wo ich doch eigentlich nur zum Zusehen da war und noch gar nicht selbst unterrichten sollte? Es war frustrierend. Was ich auch anpackte, endete im Moment in einem Fiasko.

„Aller Anfang ist schwer, Marco“, baute Annika mich auf. „Was hast du denn erwartet? Es ist noch kein Meister vom Himmel gefallen. Und die Schüler heutzutage sind sicher nicht einfach. Mit aweng Erfahrung wird das schon. Und vielleicht hattest du mit diesen beiden Klassen auch nur Pech.“

„Dein Wort in Gottes Ohr“, seufzte ich.

Ich hoffte, dass zumindest auf dem Fußballplatz endlich wieder alles nach Plan lief. Nach dem kleinen Ausrutscher in Hohenstein wollten wir gegen die SpVgg Fahrten wieder Boden gutmachen. Aber vor dem Anpfiff brachte Niklas unseren Spielleiter Willi zur Weißglut.

„Wo ist denn deine Sporttasche?“, schimpfte Willi verwundert, als Niklas mit leeren Händen aus dem Auto stieg und zum Treffpunkt schlenderte.

Er hatte niemanden informiert, dass er verletzt war. Was war nur los mit ihm?

„Ich kann heute nicht spielen, Willi“, klagte Niklas mit verzweifelter Stimme.

Wir machten uns Sorgen. Er war doch sonst immer so gut gelaunt, der Vergnügungswart der Mannschaft.

So niedergeschlagen hatte ich ihn noch nie gesehen. Nicht einmal nach den schlimmsten Niederlagen. War jemand verstorben?

„Was ist denn los, Junge?“, erkundigte sich Willi besorgt.

„Es hat heut ka Klöß zum Mittagessen gegeben“, jammerte Niklas.

Wie von Sinnen starrte ich ihn an. War das ein schlechter Scherz? Oder war er von allen guten Geistern verlassen?

Doch zu meiner Verwunderung setzte Willi eine verständnisvolle Miene auf. Gerade Willi, das explodierende Gemüt in Person. „Keine Klöße? Am Sonntag?“

„Ja, meine Mutter wollte heut mal was anderes ausprobieren.“

„Keine Klöße“, murmelte Willi total verstört. War das wirklich unser Spielleiter? Der Choleriker, der bei den kleinsten Kleinigkeiten ausflippte? Und nun plötzlich so eine völlig schwachsinnige Erklärung aufnahm, als wäre er gütiger als der liebe Gott höchstpersönlich? „Des is ja a Katastrophe! Wart mal. Ich schau mal was nach.“

„Spielt ihr gerade ein Theater?“, fragte ich Niklas völlig von der Rolle, als Willi in der Küche des Sportheims verschwunden war.

„Nein, warum?“

Niklas hatte ein Gesicht aufgesetzt, das mir unmissverständlich zu verstehen gab, dass es sich um keinen Scherz handelte. Die Sache mit den Klößen war bitterer Ernst.

„Aber was spielt das denn für eine Rolle, was du gegessen hast?“

„Wir leben in Franken. Und in Franken gibt’s am Sonntagmittag Klöß. Des war scho immer so! Und wenn’s ka Klöß gibt, dann is ka richtiger Sonntag. Und wenn’s ka richtiger Sonntag is, dann kann ich ned Fußballspielen. Weil Fußball is immer sonntags.“

Die spinnen, die Franken!

Und so verpasste Willi die nächste Demonstration unseres Mannschafts-Gigolos. Der Spielleiter kochte emsig in der Küche

Klöße für Niklas, als Kevin eine weitere Schönheit in Richtung Sportplatz führte. Diesmal war es eine Brünette mit gigantischen festen Brüsten und einem Minirock, der eigentlich ein Gürtel hätte werden sollen. Es gab niemanden, der Kevin nicht beneidete. Aufreizend drückte sie sich an ihn, schmiegte ihre imposanten Brüste gegen seine Hühnerbrust und legte ihre Hand provokant in Kevins Schoß.

Wir alle hatten unterschiedliche Gründe, ihn zu hassen. Bei den meisten war es der pure Neid. Karl hingegen verteufelte ihn, weil er genau wusste, dass Raldo die gesamte Mannschaft vom Fußballspielen ablenkte. „Wir sin fei ned der TSV Porno e.V.!", raunte er ihm kopfschüttelnd zu.

Tröpfchenweise trafen auch unsere Gegner ein. Ein Auto nach dem anderen parkte auf dem Parkplatz vor dem Spielfeld. Die Spieler stiegen aus und holten ihre Sporttaschen aus dem Kofferraum. Wie die meisten Vereine hatten sie Sporttaschen in den Vereinsfarben, mit Namen und Rückennummern der einzelnen Spieler bedruckt. Nur einer fiel aus der Reihe.

„Pass auf, pass auf! Da kommt er!", rief Niklas und freute sich wie ein kleiner Junge im Spielzeugladen. Die Verzweiflung der fehlenden Klöße war plötzlich wie weggeblasen.

Der von ihm gemeinte Spieler griff in seinen Kofferraum und zog einen altmodischen Holzgeflecht-Einkaufskorb heraus. Gewiss ein Erbstück der Großmutter.

„Das ist echt der einzige Fußballer in der ganzen Kreisklasse Nord, der keine Sporttasche dabei hat", grinste Niklas.

Der Spieler war berühmt für seinen alternativen Einkaufskorb, in dem er Fußballschuhe, Schienbeinschoner, Duschsachen und alles, was man sonst noch als Fußballspieler brauchte, aufbewahrte. Auch wenn ich Niklas diebische Freude über diesen seltsamen Anblick nicht so ganz teilen konnte, muss ich zugeben, dass ich so etwas bis dato noch nicht gesehen hatte.

Auf dem Weg in die Umkleidekabine war trotzdem Raldo nach wie vor Gesprächsthema Nummer eins.

„Wie macht der das bloß?“, wunderte ich mich.

„Keine Ahnung!“, grübelte Harald.

„Der bezahlt die bestimmt!“, meinte Max.

„Echt? Meinst du wirklich?“

„Wie soll der sonst zu solchen Schnecken kommen?“

„Los jetzt, ihr Kindsköpfe!“, fluchte Willi. „Rein mit euch! Umziehen!“

Im Spiel gegen die SpVgg Fahrten bewies Niklas, dass er einen Magen hatte wie ein Tier. Ich hätte mich vermutlich nach den ersten 50 Metern Laufen an Ort und Stelle auf den Rasen übergeben, wenn ich eine halbe Stunde vor dem Anpfiff drei Klöße vertilgt hätte. Von der dicken, braunen, unendlich fettigen fränkischen Soße ganz zu schweigen. Aber Niklas störte das überhaupt nicht. Im Gegenteil: Er machte das Spiel seines Lebens!

Gemeinsam mit dem routinierten „Knight Rider“ Georg bildete er auf der rechten Seite ein fantastisches Tandem. Sie wechselten sich mit ihren überfallartigen Angriffen ab. Und auf dem linken Flügel wirbelte „Raldo“ Kevin, den die leidenschaftliche Nacht mit der brünetten Sexbombe nicht so viel Kraft gekostet hatte, wie der Coach befürchtete. Dieser pfeilschnellen Flügelzange hatte die überforderte Fahrtener Abwehrreihe nichts entgegenzusetzen. Schon zur Halbzeit führten wir 5-0. Und Kloß-Maschine Niklas hatte zwei Tore beigesteuert, was ansonsten so gar nicht seine Art war.

Zwei wunderschöne Treffer unseres Spielertrainers rundeten in der zweiten Hälfte den 7-0 Kantersieg ab. Wir fühlten uns bärenstark und unbesiegbar. Und selbst ich war trotz des verhängnisvollen Bierdeckels wieder guter Dinge.

Das war auch unser junger Torwart Alfred Escher. Nach dem Eklat mit dem langjährigen Stammtorwart „Rumpelstilzchen“ Andreas wechselte der Trainer den Torhüter je nach Tagesform im Abschlusstraining.

Das Luxusproblem zweier starker Schlussmänner führte dazu, dass die beiden ihre Leistung gegenseitig hochschaukelten. Im

Training machten sie einen derart motivierten Eindruck, dass man als Stürmer fürchtete, von den Torhütern mit Haut und Haaren aufgefressen zu werden. Sie warfen sich in jeden Ball, auch wenn er noch so aussichtslos platziert geschossen war. Und gerade Alfred hatte Blut geleckt und hechtete über die Linie wie ein Wahnsinniger.

Gegen Fahrten hatten wir das Spiel so sehr dominiert, dass er sich kaum auszeichnen konnte. Wäre da nicht Martin Kruse gewesen. Der gute alte „Lupo", der wie in seinen besten Tagen zwei Gegenspieler ohne Not umgeholzt hatte, als wäre es um den Gewinn der Fußballweltmeisterschaft gegangen. Aber Alfred hatte beide Elfmeter gehalten.

Wir feierten unseren Sieg und stimmten immer wieder Alfred-Sprechchören an. „Alfred der Elfmeter-Töter, Schalalalala!" „Die Katze aus Weiherfelden!" Und während der einst konkurrenzlose Andreas grummelnd in der Ecke sein Bier trank, gab sich Alfred dem überschwänglichen Gefühl des Triumphes hin. An der Bar schüttete er alles in sich hinein, was ihm die begeisterten Fans des TSV spendabel vor die Nase stellten.

Eine alte Fußballweisheit besagt, dass in jeder Fußballmannschaft der Torwart und der Linksaußen den größten Schlag haben. Der TSV Weiherfelden tat sein Bestes, diese Weisheit mit Nachdruck unter Beweis zu stellen.

Wir hatten einen Stammtorwart, der jede Woche wie ein verrückt gewordenes Rumpelstilzchen auf seiner Linie herumstampfte, dass man eigentlich einen Exorzisten oder die Männer mit den Zwangsjacken rufen musste.

Dann hatten wir einen Linksaußen, der bei jedem Heimspiel einen halben Porno beim Treffpunkt veranstaltete, nur um die kostbaren Telefonnummern der Traumfrauen achtlos in den Müll zu werfen.

Alfred Escher reihte sich in seinem Siegestaumel perfekt in das TSV-Kuriositätenkabinett ein, als er Spielleiter Willi ausgelassen in den Arm nahm und sich plötzlich für einen Außerirdischen hielt: „Ich bin Alf!“, trällerte er lauthals in Willis Ohr, „der beste Torwart vom Planeten Melmac! Alf, der beste Außerirdische aller Zeiten!“

Zu allem Überfluss fiel sein Blick auch noch auf mich: „Hey Stricher, komm zu mir. Lass dich in den Arm nehmen. Ich bin Alf, du bist Willi und du bist Tanner. Zusammen seid ihr Willi Tanner!“

Die spinnen, die Franken!

1. FC Leimbach - TSV Weiherfelden (9. Spieltag)

Annikas Kostenkalkulation war niederschmetternd. Ernüchtert stellten wir fest, dass die erste Schätzung des Bauzeichners noch naiver gewesen war, als wir es je für möglich gehalten hatten.

Aber es half alles nichts. Mit einem Kreditwunsch von stolzen 300.000 Euro sprachen wir zunächst mit Annikas Chef. Die Beratung war einwandfrei. Doch Annika war mit den Konditionen ihrer Bank nicht zufrieden.

„Uns heutzutage so einen Zinssatz anzubieten!“, schimpfte sie wie ein Rohrspatz.

„Und was wollen wir jetzt machen?“

„Wie sieht das denn aus, wenn ich unseren Kredit nicht bei mir in der Bank abschließe“, raunte Annika. Sie war sichtlich genervt von der vertrackten Situation.

„Ja, das kann ich mir vorstellen.“ Ich ließ den Satz im Raum stehen. Denn ich wollte nicht derjenige sein, der die Schlussfolgerung daraus zog. Annika war clever genug, das Offensichtliche selbst zu erkennen.

„Aber ich zahl doch nicht 25.000 Euro mehr Zinsen, nur weil ich bei der Bank arbeite, die mit Abstand die schlechtesten Konditionen bietet. Und das nennt der noch Sonderpreis. Der spinnt wohl! Das seh ich echt nicht ein.“

„Meinst du, du bekommst dann Probleme mit deinem Chef?“

„Das werd ich ihm schon erzählen!“, fauchte Annika giftig.

Einerseits war ich skeptisch, was die Einsichtigkeit von Chefs betraf. Auf der anderen Seite aber wollte ich auch nicht in seiner Haut stecken, da ich wusste, wie durchsetzungsstark eine fuchsteufelswilde Annika sein konnte.

Zwei Banktermine später waren wir immer noch nicht schlauer. Es war verzwickt.

„Der Zinssatz war doch super, oder?“, fragte ich vorsichtig.

„Hallo?“, zeterte Annika. „Der Vollpfosten hat uns die falschen KFW-Programme angeboten! Bei dem schließ ich gar nichts ab!“

Ich spielte auf Zeit. Madame musste sich beruhigen. „Hm, und was heißt das jetzt?“

„Schau nicht so!“ Als ob ich etwas dafür könnte. „Du weißt ganz genau, dass wir bei den Konditionen nicht Nein sagen können!“ Man konnte ihr förmlich ansehen, wie es ihr widerstrebte, nach dieser miserablen Beratung den Kredit abzuschließen.

Die Würfel waren gefallen. Chefin hatte entschieden. Wie ich mich auf ein Wochenende ohne Banktermine freute. Dafür war meine Tante aus Hamburg zu Besuch. Von meinem Vater bekam ich den Auftrag, sie in eine typisch fränkische Wirtschaft auszuführen.

Meine Wahl fiel auf den Landgasthof „Zum Habbala“ in Hubertsheim. Dort aßen wir mit der Mannschaft auch oft am Sonntagabend nach den Spielen, wenn wir uns nicht im Sportheim die Kante gaben.

„Doo, schaud amol!“, brummte der Wirt und knallte uns die Speisekarten mit barschem fränkischem Charme auf den Tisch.

Annika grinste, als sie Tante Ilses schockiertes Gesicht sah. „Keine Angst. Das gehört hier zum guten Ton. Eigentlich ist er ganz nett.“

Wie um ihre Aussage zu bekräftigen, zeigte der Wirt auch am Nachbartisch sein gewinnendes Wesen. „Das Brot war a bissl hart“, beschwerte sich ein Gast, als er gefragt wurde, ob alles recht war.

„Hart ist’s, wenn du keins hast!“, lautete die Antwort, die noch trockener war als das Brot.

Während ich mit Timo Spielzeugautos über den Tisch düsen ließ, arbeitete meine Tante verzweifelt die Speisekarte durch. „Hier gibt es doch immer so fette Soßen, oder?“

„Ja, das ist typisch fränkische Küche“, erklärte Annika.

Angewidert verzog Ilse das Gesicht. „Ich glaub, da werd ich nicht fündig.“

Der Wirt hämmerte die schäumenden Steinkrüge vor uns auf den Tisch. „Bittschön!“

„Was können Sie denn empfehlen?“, fragte sie mit ihrem besten Hochdeutsch.

„Hmmm, an frischn Hosn gibt’s!“

„Wie bitte? Sie möchten mir Hosen servieren?“

„Ka Husn! An Hosn!“

Verständnislos starrte Tante Ilse mich hilfesuchend an, während der Wirt ungeduldig von dannen zog. Begriffsstutzigkeit beim Bestellen schätzten fränkische Wirte ganz und gar nicht.

„Du bist in einer Gegend, wo die Hasen Hosn heißen und die Hosen Husn“, erklärte ich stolz. Es war so toll, schon ein halbwegs sprachgewandter Franke zu sein.

Tante Ilse schüttelte nur den Kopf und wartete sehnsüchtig auf die Rückkehr des Wirts.

„Dooo, dei Schabeser!“, brummte dieser, als er Timo seine Limonade auf den Tisch knallte. Die Kindergetränke kamen natürlich nach dem Bier. Man musste Prioritäten setzen.

„Entschuldigen Sie bitte …“

Unwirsch starrte der Wirt meine Tante an.

„Haben Sie denn auf Ihrer Speisekarte keine vegetarischen Gerichte?“

Ungläubig starrte der Wirt sie an, als wäre sie von allen guten Geistern verlassen. Dann hellte sich seine Miene plötzlich auf. „Doch“, murmelte er nachdenklich.

„Ach, das ist ja toll. Was denn?“

„Wurschtsalat!“

Tante Ilse konnte es nicht fassen. Kopfschüttelnd wurde sie in der Kinderkarte fündig und bestellte wie Timo einen „Asterix“ – den fränkischen Klassiker Kloß mit Soße.

„Lasst ihr mich gleich am Sportplatz raus?“, fragte ich, als wir nach dem Essen ins Auto einstiegen. Meine Sporttasche lag bereits gepackt im Kofferraum. Annika nickte.

Als wir um die Ecke zum Sportheim bogen, erschrak ich plötzlich. Vor dem Eingang stand ein Krankenwagen mit grellem, leuchtendem Blaulicht auf dem Parkplatz. Was war denn nun schon wieder passiert?

Normalerweise trafen wir uns vor Auswärtsspielen bei gutem Wetter vor dem Sportheim, um von dort gemeinsam loszufahren. Aber meine Neugier war größer als diese Tradition. Ich öffnete die Eingangstür und lugte hinein.

Am oberen Ende der Treppe, wo ein Zigarettenautomat angebracht war, standen Niklas, Harald, Kevin, Max und Alfred. Sie tuschelten und kicherten leise. Unten, wo es in Richtung Umkleidekabine und Toiletten ging, wurde Norbert Heiland von zwei schmunzelnden Sanitätern versorgt.

Er sah schrecklich aus, war blutüberströmt. Norbert wirkte verwirrt. Doch ich vermochte nicht zu sagen, ob das an seinem Sturz oder am sonntäglichen Frühschoppen lag. Vermutlich war es eine Kombination aus beidem.

Ich gesellte mich zu meinen Mannschaftskollegen. Niklas zeigte wenig Mitleid mit dem notorischen Trunkenbold. „Mensch, wenn wir sein Blut einsammeln und destillieren, könnten wir reinen Alkohol gewinnen!“, prustete er.

„Was hat er denn gemacht?“

„Das gleiche, was er immer macht, seit er wieder zurück ist", antwortete Harald trocken.

„Wenn ich mir zum Frühschoppen schon zehn oder fünfzehn Bier reinknalle, dann würde ich auch die Treppe runterfallen", bestätigte Kevin.

„Meinst du?", grübelte Max, für den diese Schlagzahl wohl nicht so ungewöhnlich war.

„Also mir wär das zu viel", stellte Kevin fest.

„Weil du vor lauter Weibern nicht zum Saufen kommst!"

In gewohnt mürrischer Manier hörten wir Willi unten im Flur schimpfen. „Jetzt liegt der mir auch noch im Weg herum!", polterte er und zwängte sich mit dem schweren Trikotkoffer an den Sanitätern und Norbert Heiland vorbei.

„Auf geht's, raus mit euch!", fauchte er uns an. „Wir haben ein wichtiges Spiel vor uns. Denen wollen wir es heute zeigen! Also hört auf mit eurem schadenfrohen Geplapper und kommt mit."

Wir folgten Willi nach draußen und fuhren kurz darauf nach Leimbach.

Der 1. FC Leimbach hatte sich zum Paradebeispiel eines gescheiterten Vereins entwickelt, der einige Jahre lang über seinen Verhältnissen gelebt hatte. Zwar waren sie noch so clever gewesen, einen Sponsorenverband zu gründen, anstatt sich nur auf einen einzigen Geldgeber zu verlassen. Aber als mitten in der Saison, als sie in der Bezirksoberliga in aussichtsreicher Position oben mitgespielt hatten, die beiden wichtigsten Sponsoren aufgrund eines Streits mit der Vereinsführung abgesprungen waren, ging es steil bergab. Die Wechselfrist nach der Winterpause war bereits vorbei, so dass es ihnen nicht gelungen war, die teuren regionalen Stars abzustoßen. Und so führten die hohen Handgelder den Verein in die Pleite.

Am Ende der vergangenen Saison hatte der 1. FC Leimbach Insolvenz angemeldet. Und nun starteten sie nach einem rasanten Zwangsabstieg in der Kreisklasse Nord, wo bis dato ihre zweite Mannschaft gespielt hatte. Bis auf die teueren Stars Aleno, Bayer und Stark hatten sie mit den Überbleibseln des einst so mächtigen Sponsorenverbands dennoch einen Kern der Mannschaft halten können. So schickten sie eine schlagkräftige Truppe ins Rennen. Mehr als ein Platz im gesicherten Mittelfeld war trotzdem nicht drin.

Wir mussten die Partie gewinnen, um weiter an Helmersdorf dran zu bleiben. Und wir wollten das Spiel um jeden Preis gewinnen, um die einstigen Geldsäcke abzustrafen, die seit jeher das Feindbild des TSV Weiherfelden darstellten. Wir alle waren bis in die Haarspitzen motiviert.

„Wir dürfen diese Mannschaft nicht unterschätzen. Fünf oder sechs Spieler von ihnen haben letzte Saison Bezirksoberliga gespielt. Und das mit Erfolg! Die können alle gut Fußballspielen. Wenn wir sie ins Spiel kommen lassen, werden sie es uns verdammt schwer machen. Aber wir sind eine eingespielte Truppe. Und unsere Flügelzange muss erstmal jemand in den Griff bekommen. Lasst uns wieder konsequent über die Außen kommen. Dann können wir auch Leimbach zerlegen."

Karls Rechnung ging diesmal jedoch nicht auf. Denn auf den Außenbahnen hatte Leimbach zwei bärenstarke, grundsolide Außenverteidiger. Immer wieder rieben sich Georg Weiler und Kevin Mai gegen die beiden wendigen, schnellen und aggressiven Defensivkünster auf. Ohne die überfallartigen Flügelangriffe kamen wir nur sehr schwer ins Spiel. Der Motor des TSV stotterte, und Leimbach ging mit einer 2-1 Führung in die Halbzeitpause.

„Das haben die gut gemacht", musste Karl anerkennen. „Aber es ist nur ein Tor! Noch ist nichts verloren. Sie haben sich perfekt auf unser Spiel eingestellt. Aber im Zentrum wackeln sie. Da sind sie verwundbar. Über die Flügel greifen sie kaum an. Ihre Priorität ist, die Seiten hinten dicht zu machen. Wir stellen um auf Dreierkette!"

Skeptisch blickten wir unseren Trainer an.

„Ich weiß, das haben wir nicht trainiert. Aber ihr könnt das! Harald rutscht neben Marco auf die Doppel-Sechs. So werden wir im Mittelfeld noch präsenter. Georg, du übernimmst den Liberoposten."

„Libero?", wiederholte Georg ungläubig.

„Ja, lenk das Spiel von hinten mit deiner Erfahrung und Übersicht. Versuch, unser Mittelfeld mit Bällen zu füttern. Niklas geht für dich auf den rechten Flügel."

Wir waren nicht überzeugt.

„Jungs, das schafft ihr! Sucht mich hinter den Spitzen. Wenn ich mehr Bälle bekomm, dann können wir ihr Abwehrzentrum auseinandernehmen. Zeigt's ihnen! Das reißen wir noch rum!"

Zurück auf dem Feld ging sofort ein Ruck durch unsere Mannschaft. Die ungewohnte Veränderung tat uns gut. Und wir überrumpelten Leimbach in den ersten zehn Minuten mit zwei Treffern von Coach Karl höchstpersönlich.

Die neue Marschroute des Trainers funktionierte perfekt. Aber Leimbach war erfahren. Nach einer guten Viertelstunde stellten sie sich auf unsere neue Taktik ein.

Während Willi an der Außenlinie Amok lief und wie ein Irrwisch vor dem Leimbacher Publikum herumsprang und die „lumberten Geldsäcke" aufs Übelste beschimpfte, entwickelte sich auf dem Feld ein engagiertes Kampfspiel.

Leimbach versuchte verzweifelt, das Zentrum dicht zu machen und mit überfallartigen Kontern kleine Nadelstiche zu setzen. Aber unser „Knight Rider" spielte einen guten Libero und lief mit seiner Schnelligkeit einen Ball nach dem anderen ab.

Zehn Minuten vor dem Ende drückte Leimbach auf den Ausgleich. Mit einem langen Querpass überspielten sie Georg. Martin hechelte seinem pfeilschnellen Gegenspieler hinterher. Vergeblich. Der wendige blonde Stürmer zog in den Strafraum. Ein platzierter Schuss ins lange Eck. Pfosten!

Aber die Gastgeber steckten nicht auf. Sie warfen alles nach vorne. Nur zwei Minuten nach dem Pfostenschuss setzte sich ein bulliger Flügelspieler auf der rechten Seite durch und flankte scharf auf den Elfmeterpunkt. Alf verschätzte sich und streifte den Ball nur mit den Fingerspitzen. Dominik warf sich todesmutig ins Kopfballduell und klärte das Leder aus dem Strafraum. Aber aus der zweiten Reihe preschte ein aufgerückter Mittelfeldspieler heran. Alf lag noch am Boden, versuchte sich gerade wieder aufzurappeln. Ich musste den Schuss stoppen! Mit einer verzweifelten Grätsche warf ich mich in den Zweikampf. Doch ich kam zu spät. Ich streifte den gewaltigen Schuss nur noch, der unaufhaltsam auf das ungeschützte Tor zuflog. Und abgelenkt durch meine Fußspitze über die Latte zischte. Erleichtert atmete ich auf.

Aber Leimbach gab nicht auf. Schon folgte der nächste Angriff. Sie waren weit aufgerückt. Harald fing einen riskanten Pass ab und grätschte den Ball zu mir. Gedankenschnell spielte ich das Leder steil auf den linken Flügel. Leimbach hatte seine Defensivarbeit inzwischen auf das Zentrum fokussiert und ihre rechte Abwehrseite sträflich vernachlässigt. Raldo raste durch die Defensive wie ein Rennwagen und hämmerte den Ball zum 4-2 in den Winkel. Das Spiel war entschieden. Der verhasste 1. FC Leimbach war bezwungen.

Viktoria Settenheim - TSV Weiherfelden (11. Spieltag)

Unser spielfreier Spieltag warf uns in der Tabelle etwas zurück. Jedoch hatte Spitzenreiter Helmersdorf eine Woche nach uns ihrerseits Pause, so dass wir wieder bis auf einen Punkt aufschließen konnten.

Doch zunächst hatten Annika und ich wichtigere Dinge im Kopf. Der finale Fixpreis von der Zimmerei Held war eingetroffen. Es war ein seltsames Gefühl, die Kosten zusammenzustellen. Sie würden für die nächsten 25 Jahre unser Leben bestimmen. Es fühlte sich an, wie wenn man in den Urlaub fährt und das ungute Bauchgefühl hat, etwas Wichtiges vergessen zu haben. Wir hatten keine Lust nachzufinanzieren. Aber der eingeplante Puffer machte wenigstens Annika selbstbewusst.

Am Samstagnachmittag hingen mir die Zahlen langsam aber sicher zu Hals und Ohren heraus. Nun war es endgültig. Das war der Betrag, den wir bei der Bank beantragten. Ich war zufrieden, endlich einen Haken hinter die Kostenplanung zu machen. Jetzt freute ich mich auf einen unbeschwerten Abend im Weiherfeldener Sportheim.

Karl Adler machte nicht den gleichen Fehler wie Andreas Dietner einst in meiner ersten Saison beim TSV. Er gönnte uns am spielfreien Wochenende auch wirklich ein spielfreies Wochenende. Kein kurzfristig anberaumtes Testspiel. Kein unnötiger Eklat wegen einer ganzen Elf gespickt mit volltrunkenen Spielern. Und so hatte der inoffizielle Vergnügungswart Niklas vorgeschlagen, dass wir uns doch am Samstagabend im Sportheim treffen und gemeinsam feiern könnten. Niklas hatte nicht immer Geistesblitze. Aber was Partys betraf, war er brillant.

Die Saison war bislang sehr erfolgreich verlaufen. Auch wenn Helmersdorf ein bärenstarker Gegner war, blieben wir zuversichtlich, noch einmal heranzukommen. Schließlich gab es ein Rückspiel. Und auch Helmersdorf hatte bereits gepatzt. Sie waren nicht unverwundbar. Und selbst der zweite Platz bedeutete nicht das Ende unserer Aufstiegshoffnungen, auch wenn ein Relegationsspiel eine heikle Angelegenheit war. Wenn ich an den Bierdeckel dachte, wollte ich mir den Druck eines solchen Entscheidungsspiels gar nicht ausmalen.

Es begann wie ein normaler Abend im Weiherfeldener Sportheim. Wir setzten uns zusammen, plauderten ausgelassen über dieses und jenes, und tranken das eine oder andere Bier. Die üblichen Verdächtigen waren natürlich auch anwesend.

Bernd Hagen saß mit seinen 27 Jahren am Stammtisch wie ein Alter, schüttete seelenruhig das Bier in seinen wachsenden Ruhestandsbauch und fachsimpelte über Verbesserungen in unserem Aufbauspiel.

„Ihr müsst an eurer Beweglichkeit arbeiten, wenn ihr die Helmersdorfer noch abfangen wollt!“

Harald zog kritisch eine Augenbraue in die Höhe und begutachtete den untersetzten Bernd über sein schäumendes Glas hinweg. „Beweglichkeit?“ Er schüttelte den Kopf. „Ist das wirklich dein Ernst?“

„Mein voller Ernst!“

„Das sagt der Mann, der bei den Sprints noch nichtmal bei der Mittellinie war, als wir schon auf der anderen Seite gewartet haben“, kicherte Niklas.

„Dir lauf ich noch rückwärts davon“, raunte Bernd mit felsenfester Überzeugung. „Ihr könntet euch glücklich schätzen, wenn ihr noch so einen Fußballer wie mich in euren Reihen hättet. Übersicht, Passgenauigkeit, Timing, …“

Max klopfte Bernd krachend auf den speckigen Bauch. „Mit der Plauze hilft dir dein Timing auch nicht weiter!“

„Komm schon, a Mann ohne Bauch is a Krüppel!“

Niklas schnupperte indes an Bernds Bier. „Riecht normal“, lautete sein Urteil. „Wenn's nicht am Bier liegt, dann muss der Größenwahn doch irgendwie ansteckend sein, sobald man sich nach dem Karriereende an den Legendentisch setzt.“

Aber Bernd war nicht als Einziger in Höchstform. Der Don war seit der Rückkehr von Norbert Heiland ein glücklicher Mann. Zufrieden kaute er auf seinem Zahnstocher herum und kraulte ab und an seine unter dem Hawaiihemd hervorsprießenden Brusthaare. Das Sportheim war voll. Das Bier floss in Strömen. Und die Dollarzeichen funkelten in den Augen des Wirtschaftsführers.

Der Regisseur saß hartnäckig wie eine Zecke auf seinem Stuhl mit der passenden Aufschrift und stand schon wieder kurz davor, mit dem Kopf auf dem Bierglas einzuschlafen. Die roten Ränder auf seiner Stirn, wo er den Kopf ab dem zwanzigsten Strich auf seinem „Bierfilzla“ abzulegen pflegte, würden nicht mehr lange auf sich warten lassen.

Ihm gegenüber thronte sein Idol, der sagenhafte Norbert Heiland. Nach jedem besonders kräftigen Zug seiner durstigen Kehle stimmten seine Jünger ein fröhliches „Deinem Heiland, deinem Lehrer“ an. Nicht mal unser Mitspieler Max konnte Norbert Heiland am Biertisch kleinkriegen. Er war eine Maschine.

Aber irgendwann verlagerte sich die Feier von den Tischen in Richtung Bar. Der Don schwitzte hinter seinem Tresen. Und Max und Niklas testeten systematisch die Schwächen von Norbert Heiland aus. Bei Wodka-Energy fanden sie seinen wunden Punkt. Der Heiland überschätzte sich. Dabei hatte er in Max einen würdigen Gegner gefunden. Vielleicht war es auch der Energy-Drink, der ihm so zu schaffen machte. Schließlich hatte er den Körper eines typischen Franken, der nur zu zehn Prozent aus Wasser und zu achtzig Prozent aus Bier bestand. Der Energy-Drink musste ihm wie Gift vorkommen.

Ich unterhielt mich mit dem Rücken an die Bar gelehnt mit Niklas und Dominik, als sich plötzlich alle Augen auf den Tresen richteten. Neugierig wirbelten wir herum. Wir wollten nichts verpassen. Hätten wir das doch bloß nicht getan!

Denn in dem Augenblick streifte sich Adonis Norbert Heiland, der ein wenig an das fette Nilpferd erinnerte, das früher in der MTV-Werbung über den Bildschirm gesprungen war, sein durchgeschwitztes T-Shirt vom Leib. Seine Wanne wurde von der Schwerkraft nach unten gezogen. Ich war mir sicher, dass er sein bestes Stück schon lange nicht mehr mit eigenen Augen gesehen hatte. Norbert Heiland stand da und trommelte wie ein Gorilla auf seiner Brust, um deren Fülle ihn so manche Frau beneidet hätte.

Die Tatsache, dass Niklas und Max in der Küche verschwanden, bedeutete nichts Gutes. Wenn man die beiden zusammen steckte, kam selten etwas Gescheites dabei heraus. Sie sollten uns auch diesmal nicht enttäuschen. Kurz darauf kehrten sie mit einer dicken Rolle eines papierenen Tischläufers zurück. Eifrig rissen sie die Papierdecke in Stücke. Was hatten sie nur vor? Sie schnappten sich die Fetzen und wirbelten wie zwei Irrwische um den verdutzten Norbert Heiland herum. Am Ende war es uns klar: Sie hatten Norbert in einen Sumo-Ringer verwandelt. Die Kreativität in ihren kranken Köpfen war beeindruckend. Sie hatten die papierene Tischdecke so lange um seinen Unterleib gewickelt, bis es aussah, wie der traditionelle Gürtel, den die asiatischen Schwergewichte bei ihren Ringkämpfen trugen. Der Heiland machte den Spaß mit. Ungelenk ging er in die Hocke, genau wie es die Sumo-Ringer vor ihren Kämpfen taten.

Plötzlich stand der Regisseur vor ihm. Niemand wusste, wie es ihm überhaupt gelungen war, sich von seinem Stuhl zu erheben. Eine Herausforderung lag in der Luft. Der Regisseur streifte sich ebenfalls sein T-Shirt vom Leib. Seine Statur beschrieben die Franken als „a eserts Gnechtla“. Die Arme waren zu dünn, der Bauch erstaunlich flach, und der Brustkorb so schmächtig, dass er beinahe nach innen gewölbt war. Auffordernd winkte er Niklas und Max zu sich.

Das ließen sich die beiden Kindsköpfe nicht zweimal sagen. Sie rollten dem Regisseur einen Sumo-Ringer-Gürtel um die Hüften. Dann kam so richtig Leben in die Bude. Das Licht wurde ausgeschaltet. Nur das gedimmte Licht am Tresen warf noch einen sanften Schein auf den Don, der vor Aufregung beinahe seinen Zahnstocher verschluckte. Eine angespannte Atmosphäre breitete sich aus. Kevin, Martin und Stefan kramten in einer Schublade hinter dem Ausschank und fanden ein Knäuel Schnur. Eifrig machten sie sich ans Werk und legten einen großen, runden Kreis auf dem Fußboden des Wirtschaftsraums. Ein letzter Schluck Bier, dann waren die Gladiatoren vorbereitet. Der Don verschwand hastig in der Küche. Als er zurückkam, reichte er Max und Niklas zwei Gläser voll Salz.

Feierlich betraten der Regisseur und der Heiland den Ring. Niklas und Max waren ihre Assistenten. Sie trotteten mit dem Salz voraus, das sie in bester japanischer Tradition in alle vier Himmelsrichtungen warfen. Dann gingen die beiden Kämpfer in die Hocke.

Angespannte Stille legte sich über den Raum. Der Regisseur hatte schon einmal völlig überraschend einen Wettkampf gewonnen. Damals hatte er den Don in einem legendären Wettlauf geschlagen. Aber konnte er sich wirklich gegen den deutlich schwereren Heiland durchsetzen? Die Antwort auf diese interessante Frage ließ nicht lange auf sich warten.

Denn der Regisseur flog bereits eine Sekunde nach Beginn des Kampfes kreuz und quer durchs Sportheim. Er war von Norberts Körper abgeprallt, und der Heiland hatte ihn mit einem mächtigen Schubs wie einen Papierflieger durch den Raum geschleudert.

Die Tür des Sportheims öffnete sich. Der Pizzalieferant war da. Und stolperte beinahe über den wie ein Maikäfer auf dem Rücken liegenden Regisseur. Vor lauter Schreck ließ der Pizzabote auch noch unsere leckeren Familienpizzen fallen, die wir vor einer halben Stunde bestellt hatten. Eine dampfende Hawaii-Pizza landete auf der Hühnerbrust des Regisseurs. Der blasse Lieferant brauchte auf den Schrecken zunächst einmal einen kräftigen Schnaps, der auf Kosten des Hauses ging. Wir sollten noch lange darüber rätseln, ob es der fliegende Regisseur oder der Anblick des halbnackten Heilands gewesen war, der den Wunsch nach einem beruhigenden Getränk in ihm ausgelöst hatte.

Als ich am nächsten Morgen erwachte, betete ich, dass wir nie wieder ein spielfreies Wochenende hatten. Annika und Timo waren schon lange wach. Das Schlafzimmer stank wie ein Schnapsladen. Und mit jedem Hämmern in meinem Schädel konnte ich immer noch das sinnlose Geplapper von Max und Niklas hören.

„Steh endlich auf! Wir haben's doch fest ausgemacht."

Jemand zog mir gnadenlos die Bettdecke weg.

„Annika, verdammt! Lass mich doch bitte meinen Rausch ausschlafen."

„Nix da, Schatzi!"

Es war eindeutig Niklas' Stimme. *Wie zum Teufel kommt der denn hier rein?*

Vorsichtig öffnete ich ein Auge. Das Tageslicht blendete mich. Ich fühlte mich wie ein Vampir. Und dann sah ich noch die hämischen Gesichter von Max und Niklas, die mich ungeduldig anstarrten.

„Zieh dir was an und komm endlich mit."

„Wohin denn?"

„Weißwurstfrühschoppen. Das Kameradschaftswochenende ist noch nicht beendet."

Also mogelte ich mich schwer angeschlagen an Annikas tödlichen Blicken vorbei und folgte meinen Kumpels ins Sportheim, wo es bereits nach Weißwürsten und Weizenbier duftete.

„Ihr seid doch nicht ganz dicht", grummelte ich.

Der Don servierte Max sogleich ein Bier und zwei paar Weißwürste mit Brezel. „Und noch einen Jägermeister dazu", orderte Max.

„Alter, deinen Magen möcht ich haben", stöhnte ich. „Gibt's eigentlich irgendwas, was du nicht trinkst?"

Max überlegte kurz, ehe er den Kopf schüttelte. „Nein, ich denke nicht. Mich grausts vor gar nichts!"

Niklas Augen begannen zu funkeln. Ein beunruhigendes Zeichen. „Wetten schon?"

„Wenn ich's dir doch sag."

„Komm, wir wetten um ein Weizen!"

„Also gut", schlug Max ein.

Grinsend wandte sich Niklas an den Don: „Schenkst du uns bitte mal eine Maß vom Weißwurstwasser in einen Krug?"

Max fluchte in sich hinein. „Alter Depp!"

Gehorsam brachte der Don einen Krug voll des trüben Wassers, in dem seit Stunden die Weißwürste zogen. Es würgte mich schon beim bloßen Anblick.

„Na, Max? Rückzieher?"

„Das hättest du wohl gern!"

Ohne zu zögern, griff Max nach dem Henkel des Kruges, setzte an und schüttete den ganzen Liter auf Ex in seinen Hals.

„Respekt“, nickte Niklas anerkennend. „Das Weizen zahl ich gern.“

Am Montag wandte sich meine Aufmerksamkeit wieder ernsteren Dingen zu. Annika und ich hatten den finalen Termin bei der Bank. Wir setzten uns erneut mit dem grottenschlechten Berater zusammen, gingen die endgültigen Zahlen mit ihm durch, die Annika errechnet hatte. Am Ende des Tages erhielten wir das Angebot. Es war für zwei Wochen gültig. Die Papiere schienen eine Tonne zu wiegen, als wir uns verabschiedeten und den unterschriftsbereiten Darlehensvertrag nachhause trugen. 300.000 Euro war ein großer Haufen Geld. Würden wir je wieder frei sein?

„Und ihr seid euch wirklich sicher, dass der Bauantrag auf jeden Fall genehmigt wird?“, hörte ich Annika in den Telefonhörer fragen.

„Ja, es gibt keine Auflagen, gegen die wir verstoßen. Alle Abstände sind eingehalten. In eurem Wohngebiet gibt es keinen Bebauungsplan. Also können sie den Antrag nicht ablehnen“, antwortete Held Senior zuversichtlich.

Nachdem uns der Bauzeichner das Gleiche versichert hatte, waren wir fest entschlossen, die Finanzierung abzuschließen. Es war an der Zeit, Nägel mit Köpfen zu machen. Trotzdem zögerten wir die Unterschriften hinaus. Schließlich hatten wir noch zwei Wochen Zeit.

Nach dem spielfreien Spieltag stand die Viktoria Settenheim auf dem Programm. Ich war froh, dass endlich wieder Fußball war. Das letzte Wochenende war noch in allzuguter Erinnerung. Die Gastgeber spielten wie gewohnt gegen den Abstieg. Wir wussten, was uns erwartete: eine kampfstarke, beinharte Truppe.

Das Settenheimer Publikum war ein ganz spezielles Volk. Wo andere Ortschaften ihre Spitznamen als Spott ansahen und sie wo es nur ging vermieden, zelebrierten sie ihren zweifelhaften Ruf als die „Settenheimer Hennafigger“ förmlich. Das obligatorische Maskottchen, ein lebensechtes Huhn, gackerte wie immer fröhlich am Spielfeldrand. Die Zuschauer verehrten die Henne wie einen Schrein.

Diese Saison hatte Settenheim dem wahnsinnigen Treiben noch die Krone aufgesetzt. Wie die Profis führten ihre Spieler die E-Jugend-Mannschaft an den Händen aufs Spielfeld. Der Schiedsrichter staunte nicht schlecht. Denn die acht Jahre alten Jungs und Mädels waren allesamt als Küken verkleidet. Und ihr Trainer stolzierte im Hennenkostüm mit stolzgeschwellter Brust voran, als wäre das das Normalste auf der Welt. Die Küken sahen natürlich sehr süß aus. Aber das hitzige Weiherfeldener Publikum hatte nur Spott und Gelächter für die „Settenheimer Hennafigger“ übrig.

Normalerweise wäre unser Spielleiter Willi mit seiner unvergleichlichen streitbaren Art am Spielfeldrand ganz vorn dabei gewesen mit wüsten Provokationen. Aber er verhielt sich seltsam ruhig. Vermutlich dachte er an den Tag zurück, als auch er im Hennenkostüm auf den Platz marschiert war. Wettschulden sind Ehrenschulden. Und wer im Glashaus sitzt, der sollte nicht mit Steinen werfen. Ich hatte schließlich mit meinem vermaledeiten Bierdeckel mein eigenes Päckchen zu tragen.

Auf dem Platz ließen wir uns zunächst nicht aus der Ruhe bringen. Kevin Mai brach auf der linken Seite durch und bediente Stefan Schmidt. Wir führten 1-0. Der fulminante Siegeszug der erfolgreichen Saison schien weiterzugehen. Aber Settenheim wehrte sich.

Mit resoluter Härte machten sie die verwundbare rechte Abwehrseite dicht, und im Zentrum bearbeiteten sie Karl Adler mit Haken und Ösen. Ihre überfallartigen Konter waren nicht schön, aber effektiv. Sie schlugen ihre Bälle lang nach vorne, womit wir seit jeher unsere Probleme hatten. Dominik und Martin waren beherzte Kämpfer, aber bei schwer einzuschätzenden Bällen nicht die sattelfestesten Abwehrspieler. Dominik verschätzte sich, ein gegnerischer Stürmer brach durch, und schon stand es 1-1.

Rumpelstilzchen Andreas, der sich diese Woche durch bärenstarke Trainingsleistungen gegen Alfred durchgesetzt hatte, begann wieder in alter Manier zu fluchen: „Aufsteigen wollen wir? Aufsteigen? Dass ich doch nicht lache! Strafversetzt gehören wir! In die niedrigste Klasse! Wir können ja nicht mal einen Ball stoppen!"

Seine Laune verschlechterte sich weiter, als Martin einmal mehr am Strafraumeck seinen Gegenspieler von den Beinen fegte. Gegen den platziert und hart geschossenen Elfmeter hatte Andreas keine Chance. Wir gingen mit einem unnötigen 1-2 Rückstand in die Halbzeitpause.

„Noch ein Ton, Andreas, und ich setz dich wieder auf die Bank! Das ist doch nicht zu fassen!", polterte unser sichtlich angefressener Coach. „Was ist denn los mit euch? Die können uns doch gar nicht das Wasser reichen! Martin, du bekommst eine Denkpause. Max, du gehst für ihn in die Innenverteidigung."

Kreidebleich blickte Max flehend zu Karl auf. Er hatte offensichtlich ein besonders hartes Wochenende hinter sich und fühlte sich nicht in der Lage, unserer Mannschaft aus dieser misslichen Lage zu helfen.

„Was guckst du denn so?", fragte der Trainer und starrte Max ungehalten in die geröteten Augen. Schnuppernd ging er einen weiteren Schritt auf ihn zu. „Herrgott, du stinkst ja immer noch nach Bier!"

„Das kann gar nicht sein", lallte Max. Karl zog kritisch eine Augenbraue hoch. „Ich hab gestern nur Bacardi gesoffen!"

„Es ist mir völlig egal, was du gestern getrieben hast. Geh raus und bring deine Leistung! Und bitte die Trainingsleistung, nicht dein blindes Gestolper, das ich die letzten Wochen in der zweiten Mannschaft von dir gesehen hab!"

Unser Trainer konnte so herrlich gnadenlos ehrlich sein.

Aber die Ansage schien zu wirken. Max riss sich tatsächlich am Riemen. Wie ein Berserker warf er sich in jeden Zweikampf. Der Wechsel verlieh unserer Abwehr eine neue Stabilität. Und mit dieser Sicherheit im Rücken und einem stillschweigenden Torwart zwischen den Pfosten, der sich beinahe die Zunge abbiss, um nicht ausgewechselt zu werden, fanden wir schnell wieder in die Spur. Unsere Elf dominierte die zweite Hälfte. Und ein Freistoßtor vom „Knight Rider“ und der späte Siegtreffer durch Karl Adler bescherten uns die nächsten drei Punkte im Kampf um die Meisterschaft.

TSV Weiherfelden - SC Weinsburg (12. Spieltag)

Als ich am Montagmorgen einen Blick auf die Tabelle im lokalen Sportteil der Tageszeitung warf, freute ich mich bereits auf den kommenden Sonntag. Der SC Weinsburg war zu Gast. Es war das Spitzenspiel der Kreisklasse Nord. Helmersdorf befand sich einen Punkt vor uns. Doch der SC Weinsburg, der vergangene Saison aus der Kreisliga abgestiegen war, war unser härtester Verfolger. Mit nur einem Punkt Rückstand auf unsere Mannschaft belegten sie Platz drei und spielten eine starke, konstante Saison.

Der Druck war hoch. Wer dieses Spiel verlor, wurde im Kampf um den Aufstieg ein großes Stück nach hinten geworfen. Dementsprechend war im Training noch mehr Feuer als sonst. Karl peitschte die Mannschaft mit seinen Kommandos an. Wir trainierten hart und intensiv. Alle Mann holten das Letzte aus ihrem Körper heraus, um sich für das richtungsweisende Spiel zu empfehlen. Auch Max knüpfte an seine beeindruckende Leistung vom vergangenen Wochenende an.

In der Spielersitzung sprühten Karls Worte Funken: „Ihr spielt eine tolle Saison, Jungs. Aber noch haben wir nichts erreicht! Gar nichts! Wenn wir das nächste Spiel verlieren, machen wir alles zunichte, was wir uns bislang aufgebaut haben. Ich erwarte höchste Konzentration und eine sportliche Vorbereitung. Bleibt zumindest an diesem einen Wochenende mal zuhause und ruht euch aus. Geht früh ins Bett. Sauft nicht! Die haben eine kompakte Mannschaft, ohne große Stars, aber auch ohne große Schwachpunkte. Wir müssen über 90 Minuten Vollgas geben. Vergesst eines nicht: Wir spielen zuhause. Also wollen wir die drei Punkte. Etwas anderes zählt nicht!“

Auch Karl war der neugewonnene Ehrgeiz von Sorgenkind Max nicht entgangen. Und so gab es diesmal sogar ein Sonderlob vor versammelter Mannschaft. Das war recht ungewöhnlich. Max zählte wahrlich nicht zu seinen Lieblingen. Schließlich verschenkte Max sein Potenzial durch den sehr ausschweifenden Lebenswandel.

„Max, das war eine gute Leistung letztes Wochenende. Bärenstark. Daran solltest du auf jeden Fall anknüpfen!“

Aber Max wäre nicht Max, wenn er nicht selbst so eine Situation verbockt hätte: „Also eigentlich spiele ich schon die ganze Zeit so, Trainer.“

Das Sprichwort „Reden ist Silber, Schweigen ist Gold“ schoss mir in den Kopf. Während der Coach nur sprachlos den Kopf schüttelte, gab es für Spielleiter Willi kein Halten mehr: „Die ganze Zeit so? Ich glaub, dass du aweng spinnst! Die ganze Zeit so … läuft bei jedem zweiten Spiel völlig besoffen auf, und dann meint er, ich spiel schon die ganze Zeit so! Nur Unsinn im Kopf, dieser Kerl! An die Gurgel springen sollte ich dir! Ist doch wahr!“

Willi war schon ein exzentrisches Unikat. Aber er hatte das Herz am rechten Fleck, war die gute, wenn auch explosiv-cholerische Seele des Vereins. Die alteingesessenen Weiherfeldener am Stammtisch des Sportheims waren fest davon überzeugt, dass Willi an der Seitenlinie mehr Einsatz und Siegeswillen zeigte als alle elf Versager auf dem Spielfeld zusammen. „Wenn ihr nur die Hälfte von Willis giftigem Biss auf den Platz brächtet, dann wärt ihr nicht nur an zweiter Stelle!“

Als ich am Abend nach dem Training in meinem Bett lag, war ich noch euphorisiert von Karls feuriger Rede. Ich konnte nicht schlafen. Denn unabhängig vom Fußball lag ein großer Tag vor mir. Nachdem Annika und ich diese Woche den Darlehensvertrag unterzeichnet hatten und ihn nur noch pünktlich bei der Bank abgeben mussten, hatte ich mich zum nächsten Schritt in unserer privaten Planung durchgerungen. Aufgrund einer Mischung aus Selbstschutz, Enttäuschung und mangelnder Kreativität hatte ich eine kleine Pause eingelegt. Aber jetzt wollte ich meinen dritten Anlauf wagen, Annika einen Heiratsantrag zu machen.

Da die ersten beiden Versuche kläglich in einem mittleren Fiasko geendet hatten, schwor ich mir, diesmal alles anders anzugehen. Ich wollte nicht zuhause vor Annika niederknien, sondern draußen im Freien. Es war bereits Ende Oktober. Und ein früher Winteranflug hatte eine dünne Schneedecke auf die Erde gezaubert. Wenn das mal nicht romantisch war. Mein witziger Antrag mit den Handschellen hatte mich gelehrt, dass ich von so etwas doch lieber die Finger lassen sollte. Ein Spitzname wie „Stricher“ genügte mir voll und ganz. Ich wollte mir trotzdem was Persönliches einfallen lassen, aber ohne mich komplett zum Affen zu machen und meine arme Mutter zu Tode zu erschrecken.

Der Freitag erwies sich als die ideale Gelegenheit. Meine Mutter rechnete damit, dass sie am Nachmittag auf Timo aufpassen musste. Annika wähnte mich auf einer Lehrerkonferenz in der Schule. Ich hatte also jeglichen Freiraum, die Vorbereitungen ohne störende Vorkommnisse in die Tat umzusetzen.

Den ganzen Freitagvormittag ging es mir wie den Schülern: Ich konnte mich nicht auf die Themen konzentrieren, die der Lehrer vermitteln wollte, bei dessen Unterricht ich heute zu Gast war. Meine Gedanken schweiften immer wieder ab. Ich war nervös und aufgeregt. Und mit jeder verstrichenen Minute wurde es schlimmer. Der Gong der Schulglocke war eine wahre Erlösung.

Eilig hastete ich zum Parkplatz, stieg in mein Auto und setzte meinen Plan Schritt für Schritt in die Tat um. Der batteriebetriebene CD-Player lag sicher im Kofferraum verstaut. Der Biertisch aus dem Sportheim war auch rasch ins Auto eingeladen. In der Küche des Sportheims schüttete ich Glühwein in einen Topf, erwärmte ihn und füllte ihn in eine große Thermoskanne. Ich hatte an alles gedacht: Tassen, Spekulatiusplätzchen und ein kleiner Flachmann mit Pfirsichlikör. Annika liebte Glühwein und fruchtigen Likör.

Hibbelig fuhr ich zu unserem Lieblingsplatz, wo wir uns in der Anfangszeit unserer Beziehung des Öfteren getroffen und auch einmal im Freien geliebt hatten. Mein Auto quälte sich über den steinigen, unwegsamen Waldweg, bis ich schließlich an der Lichtung stand, die zu dem kleinen grasbewachsenen Hügel mit der tollen Aussicht führte. Ich parkte mein Auto und machte mich an das mühsame Geschleppe. Ich wusste, dass es ein romantischer Antrag war. Kein witziger Antrag, wie ihn sich Annika vielleicht wünschte. Aber es war etwas Persönliches, hatte mit uns zu tun. Ich würde sie nicht enttäuschen.

Als ich alles zu meiner Zufriedenheit aufgebaut hatte, eilte ich zurück zum Auto und fuhr nachhause. Das Herz schlug mir bis zum Hals. Mit zittrigen Fingern schloss ich die Haustür auf. Annika war hier. Die einzige Unsicherheit an diesem Tag war schon einmal ausgeräumt. Ich trat in die Wohnung und gab ihr einen Begrüßungskuss.

„Wollen wir Timo schnell hoch zur Oma bringen? Ich hab eine Überraschung für dich."

Annika lächelte freudig und nickte mir zu. Gemeinsam lieferten wir Timo bei meiner Mutter ab, und ich führte Annika zum Auto. Als ich auf den kleinen Waldweg abbog, ahnte sie, was das Ziel unseres Ausflugs war.

„Ist es nicht etwas zu kalt für Outdoor-Sex?", grinste sie schelmisch.

Hand in Hand schlenderten wir zu dem Hügel. Annika staunte nicht schlecht. Mit glänzenden Augen sah sie den aufgebauten Biertisch, bemerkte den CD-Player, der in Endlosschleife *Bed of Roses* von *Bon Jovi* abspielte. Sie erkannte sofort, dass ich Glühwein und ihre Lieblingsplätzchen vorbereitet hatte. Gerührt drückte sie mir einen Kuss auf die Lippen. Vermutlich ahnte sie bereits, was nun folgen sollte.

„Willst du uns schon mal einen Glühwein einschenken?“, fragte ich mit zittriger Stimme. Ich hatte mir alles genau überlegt. Sie musste mir den Rücken zuwenden. Und wenn sie sich wieder umdrehte, würde ich vor ihr knien und ihr die Verlobungsringe entgegenstrecken.

Annika ging mit langsamen Schritten auf den Tisch zu. Ich ließ mich auf die Knie nieder, wühlte in meiner Hosentasche, um die Schatulle mit den Ringen hervorzuziehen. Mein Herz pochte wie wild. Der entscheidende Augenblick war gekommen.

„Iiiiiiieeeeee!“, kreischte Annika plötzlich. „Was ist denn das?“

Ich vermutete, dass sie nicht die Spekulatiusplätzchen meinte. Was zum Teufel war denn nun schon wieder los?

„Hast du das da hingelegt?“

„Was ist denn?“, stammelte ich mit einem mulmigen Gefühl in der Magengrube.

Angewidert wirbelte sie herum. Als sie mich blass um die Nasenspitze mit zwei Ringen in den Händen im Schnee knien sah, war ihr hübsches Gesicht ein Wechselspiel aus Ekel und Freude.

„War das geplant? Wolltest du mich damit ablenken?“, stammelte sie.

„Sagst du mir bitte endlich mal, was los ist?“

„In der Schale mit dem Spekulatius liegt ein abgebissener Vogelkopf“, erklärte sie angeekelt.

Ich verstand die Welt nicht mehr. Ich hatte doch extra eine frische Packung Spekulatius in die Schale gelegt. Nagelneu.

„Ich schau mir das gleich an. Aber vorher wollte ich dich eigentlich noch fragen, ob du mich heiraten willst“, improvisierte ich meinen lausigen Antrag.

„Wenn es nicht du warst, der den Kopf dort hingelegt hat, dann schon!“, antwortete sie lachend.

Ich interpretierte das als ein „Ja“. Auf wackligen Knien stand ich auf und steckte ihr den Ring an den Finger. Er passte exakt. Wenigstens das hatte ich gut hingekriegt.

„Ich liebe dich, meine Süße!“, flüsterte ich leise und gab ihr einen langen, innigen Kuss.

„Ich glaube, auf den Schrecken gönnen wir uns erstmal was Hochprozentiges“, schlug ich vor und zauberte den Flachmann mit dem Pfirsichlikör hervor, den Annika so sehr liebte. Wir genehmigten uns einen kräftigen Schluck. Die wohlige Wärme, die sich in meinem Bauch ausbreitete, blies die Nervosität und Enttäuschung über das erneute Missgeschick hinfort.

Nachdenklich trat ich an den Tisch und schaute mir das Massaker mit eigenen Augen an. Eine Blutlache hatte sich um die Schale herum angesammelt. Und mitten in den Spekulatiusplätzchen lag tatsächlich der abgebissene Kopf eines Vogels. Kopfschüttelnd blickte ich mich um. Dann sah ich die Fußspuren einer Katze in der dünnen Schneedecke.

„Nicht zu fassen! Jetzt hab ich diesmal alles so gut geplant, damit es endlich mal kein Fiasko wird. Und dann beißt doch tatsächlich eine Katze einem Vogel den Kopf ab!“, stellte ich entrüstet fest.

Annika brach in schallendes Gelächter aus. „Dann haben wir wenigstens immer was zu erzählen, wenn uns jemand nach dem Heiratsantrag fragt.“

„Wenn du wüsstest …“

Mit einer einladenden Geste zog Annika interessiert eine Augenbraue hoch. Sie wollte mehr über meine Andeutung erfahren. Und so erzählte ich ihr von dem ersten Antrag, bei dessen Vorbereitungen sie mich mit ihren Kopfschmerzen überrascht hatte. Und auch die peinliche Geschichte mit den Handschellen, meiner fassungslosen Mutter und dem „Stricher“ auf meinem Oberkörper ließ ich nicht aus. Sie amüsierte sich köstlich.

„Du bist ja echt ein süßer Kerl. Unfähig, aber süß!“

Gierig presste sie ihre nach Pfirsich schmeckenden Lippen auf meinen Mund. Ich drückte sie an mich, forschte mit meinen Händen nach ihren vollen Brüsten.

„Wenn ich schon keine Spekulatiusplätzchen bekomme, möchte ich wenigstens dich vernaschen“, hauchte sie verführerisch in mein Ohr.

Das ließ ich mir nicht zweimal sagen. Wir liebten uns wild und ausgelassen auf dem Rücksitz meines Autos. Dann packten wir gemeinsam den Tisch, den CD-Player und die Getränke ein und fuhren nachhause und überbrachten die frohe Kunde Timo und meinen strahlenden Eltern.

Die Tatsache, dass ich den Antrag endlich hinter mich gebracht hatte, beflügelte mich das ganze Wochenende. Jetzt noch ein Sieg gegen den Verfolger aus Weinsburg, dann wäre alles perfekt.

Das komplette Team war hochkonzentriert. Wenn man am Treffpunkt in die Augen meiner Mannschaftskollegen blickte, so konnte man das Auge des Tigers in ihnen erkennen. Keiner war am Vorabend unterwegs gewesen. Sie hatten viel geschlafen, nichts getrunken. Und zum ersten Mal wurde Kevin bei einem Heimspiel nicht von einer Sexbombe begleitet. Wir waren fokussiert und bis in die Haarspitzen motiviert. Es zählte nur der Sieg.

Aber Weinsburg war ein zäher Gegner, der uns keine Sekunde Luft zum Atmen ließ. Sie setzten uns permanent unter Druck. Dabei hatten sie in der Offensive keinen herausragenden Einzelspieler. Jeder war schnell, technisch stark und brandgefährlich. In der Defensive präsentierten sie sich hartnäckig und aggressiv. Nicht überhart unkontrolliert wie die anderen Mannschaften, sondern kompakt, zweikampfstark und mit einer exzellenten Raumaufteilung. Sie schienen unser Spiel genau zu kennen. Auf dem linken Flügel hatte Raldo einen schweren Stand und machte sein schlechtestes Spiel in der bisherigen Saison. Max’ Abwehrverhalten wirkte zerfahren. Er konnte nicht an die starke Leistung aus der Vorwoche anknüpfen. War es vielleicht ein Anzeichen von

Alkoholentzug, dass er zum ersten Mal seit seinem vierzehnten Lebensjahr einen Samstagabend zuhause verbracht hatte?

Wir spielten nicht schlecht, lieferten dem starken Gegner einen harten Kampf. Karl und der gegnerische Spielertrainer, der noch vor zwei Jahren in der Bayernliga als Sonderbewacher fungiert hatte, neutralisierten sich gegenseitig. Dieser hartnäckige Wadenbeißer war eine wahre Zweikampfmaschine.

Es entwickelte sich ein schnelles Spiel ohne viele Torchancen. Vor der Abwehr rannte ich mir kampfstark wie immer die Füße wund. Bis zur Halbzeit gelang es keiner der beiden Mannschaften, entscheidende Akzente zu setzen. Zu ausgeglichen waren die Duelle im Mittelfeld. Niemand wollte das erste Gegentor kassieren. Sicherheit war das oberste Gebot.

Nach einem Eckball bekamen wir den Ball nicht richtig weg. Zweimal schossen wir das Leder in den Fuß eines gegnerischen Angreifers, der entschlossen die verzweifelten Klärungsversuche unterband. Wie bei einem Flipper prallte der Ball von Freund zu Feind und landete schließlich bei einem Weinsburger Mittelfeldspieler, der den Ball mit der Pike über die Linie drückte. Nicht schön, aber effektiv. Im Stile einer Spitzenmannschaft.

Wir hatten nicht die Zeit, die Köpfe hängen zu lassen. Es waren nur noch zehn Minuten zu spielen.

„Wir werfen alles nach vorn“, brüllte Karl entschlossen. „Das Spiel ist noch nicht vorbei!“

Ein Ruck ging durch die Mannschaft. Angeführt von den beiden nimmermüden Routiniers Karl und „Knight Rider“ Georg entfachten wir einen beherzten Sturmlauf. Harald und der kopfballstarke Max rückten weit auf, so dass wir unsere Abwehr völlig entblößten.

Sechs Minuten vor dem Ende tanzte Karl drei Gegenspieler am Strafraum aus und versuchte es mit viel Gefühl. Aber der Torwart fischte das Leder mit einer wahren Glanzparade aus dem Winkel.

In der 88. Spielminute flankte Georg scharf auf den Elfmeterpunkt. Michael Meister setzte sich resolut im Kopfballduell durch.

Der Ball prallte an den Pfosten. Und kullerte von dort ins Netz. Jubelnd drehte Michael ab. Karl rannte ins Tor und schnappte sich den Ball. Ein Punkt war uns zu wenig. Wir brauchten einen Sieg! Dann erstarrten Michael und Karl plötzlich. Der Schiedsrichter zeigte nicht in Richtung Mittellinie, sondern auf den Elfmeterpunkt. Freistoß für Weinsburg. Michaels grenzwertiger Körpereinsatz war zu viel des Guten gewesen.

Karl begann zu lamentieren, aber ich zog ihn weg. „Das bringt jetzt nichts. Wir haben noch mindestens zwei Minuten!"

Beherzt führten wir den Sturmlauf fort. Mit extremem Pressing setzten wir die Gäste bereits beim Spielaufbau in der eigenen Hälfte unter Druck. Ein leichtfertiger Pass. Ich witterte meine Chance. Dynamisch fuhr ich dem Gegenspieler in die Parade und grätschte den Ball zu Georg auf den Flügel. Gedankenschnell leitete er ihn direkt weiter in die Spitze, wo plötzlich Pferdelunge Harald auftauchte. Mit letzter Kraft sprintete er am Weinsburger Libero vorbei, legte sich den Ball vor und zog ab. Ein strammer Schuss. Krachend schlug die Kugel auf der Querlatte ein und sprang von dort ins Toraus.

Nach dem Schlusspfiff waren wir bitter enttäuscht. Wir hatten gut gespielt. Es war ein ebenbürtiges Duell auf hohem Niveau gewesen. Die drei Punkte fehlten uns schmerzlich. Spitzenreiter Helmersdorf war uns dadurch um vier Punkte enteilt, und Weinsburg verwies uns auf den undankbaren dritten Platz.

Die Zuschauer gingen trotzdem nicht hart mit uns ins Gericht. Ausnahmsweise hatten sie verstanden, dass ihnen eine hochklassige Partie zweier starker Mannschaften geboten wurde, von denen nicht unbedingt die bessere, sondern die glücklichere Elf gewonnen hatte.

„Schade. Zumindest einen Punkt hätten sie heute echt verdient gehabt."

„Und sie haben so tapfer gekämpft!"

„Im Rückspiel werden wir's denen zeigen!"

Mannschaftsintern war das Resümee klar: Wir hofften, dass unsere pfeilschnelle Turbo-Waffe Kevin Mai nie wieder ohne weibliche Begleitung bei einem Heimspiel aufschlug. Zum einen vermissten wir den erotischen Anblick. Und zum anderen schienen seine heißen Liebschaften die Zündschnur für den gefürchteten Turbo zu sein.

VfB Rüsselberg - TSV Weiherfelden (13. Spieltag)

Mit hängendem Kopf trottete ich durch Obsthofen. Es war bitterkalt. Nebelschwaden drangen aus meinem Mund. Vor dem Supermarkt blieb ich stehen und schüttelte verzweifelt den Kopf. Dann betrat ich den Laden. Ich kaufte nur Wasser und Brot. Das musste reichen. Die hämischen Blicke aller Leute folgten mir, als ich mich an der Kasse anstellte und die kargen Nahrungsmittel aufs Band legte. Die zahnlose Kassiererin grinste mich boshaft an. Beschämt musste ich feststellen, dass ich kein Geld mehr im Geldbeutel hatte.

Die alte Frau lachte wie eine böse Hexe. Der Klang ihrer Stimme fuhr mir durch Mark und Bein. In der Hoffnung, dass wenigstens noch zehn Euro auf dem Konto übriggeblieben waren, zog ich meine EC-Karte über das Lesegerät. Im Gegenzug erhielt ich keinen Kassenbon. Nein, die Kassiererein überreichte mir einen Bierdeckel! „Nein, nein!“, wollte ich schreien. Aber kein Wort kam über meine Lippen. Ängstlich und verwirrt blickte ich an mir hinab. Und erblickte den Trainingsanzug. In den Farben des SV Obsthofen.

„Wettschulden sind Ehrenschulden!“, murmelten die anderen Einkaufenden gebetsmühlenartig im Chor. Es klang wie in der Kirche. „Nein, ich kaufe mich von meiner Wette frei!“, rief ich panisch. Dann brachen die Umstehenden in diabolisches Gelächter aus. Es hallte von den Wänden, hämmerte in meinem Schädel, zerfetzte mein treues Weiherfeldener Herz. Gnadenlos wedelte die

Kassiererin mit dem Darlehensvertrag. „Freikaufen willst du dich? Womit denn? Du hast deine Seele doch längst verkauft!“

Schweißgebadet schreckte ich aus dem Schlaf hoch. Im Dunkeln tastete ich zuerst nach Annika. Timo schnarchte quer zwischen uns im Bett. *Gut, ich bin zuhause. Wenigstens etwas!* Dann knipste ich meine Nachttischlampe an. Mein erster Blick musterte meinen Schlafanzug. *Sehr gut. Pechschwarz. Kein Obsthofener Trainingsanzug.* Erleichtert atmete ich auf. Dieser verdammte Kredit machte mir mehr zu schaffen, als ich mir eingestehen wollte. Von der Niederlage gegen Weinsburg ganz zu schweigen. Und vor dem Hintergrund des verhängnisvollen Bierdeckels war der dritte Platz eine noch größere Katastrophe.

Am Morgen nach dem Aufstehen war ich immer noch total verstört. Annika warf mir einen mürrischen Blick zu: „Hak’s einfach ab!“

„Du hast gut reden. Es geht hier immerhin um Hochverrat!“

„Dann sauf nicht so viel, dann passiert sowas auch nicht.“

Missmutig biss ich in mein Brötchen. *Weiber haben einfach keine Ahnung!*

„Du denkst daran, dass wir den Darlehensvertrag noch diese Woche abgeben müssen?“

„Ja, klar.“ *Was meinst du, warum ich so schlecht träume!*

„Und der Bauantrag müsste auch die Tage fertig werden. Ist das nicht toll?“

„Ja, großartig!“ *Gott sei Dank ist heut Abend Training, da kann ich mich endlich mal wieder so richtig auspowern.*

Unser Trainer hatte nach dem niederschmetternden 0-1 alle Hände voll zu tun, unsere Mannschaft aufzurichten.

„Rückschläge gibt es immer im Leben und im Sport“, begann Karl, als er die Spieler beim Dienstagstraining im Mittelkreis zusammengerufen hatte. „Lassen wir uns nicht aus der Ruhe bringen. Wir spielen nach wie vor eine gute Saison. Und Weinsburg war nicht besser als wir. Im Rückspiel revanchieren wir uns. Es sind zwei Punkte auf den Relegationsplatz. Da ist noch gar nichts vorbei! Und die Helmersdorfer sind stark, natürlich. Aber auch die sind zu schlagen, haben schon Federn gelassen. Wir dürfen nicht den Kopf in den Sand stecken, sondern müssen weitermachen, und den guten Weg weitergehen, den wir eingeschlagen haben. Und dieser Weg beginnt im Training, Jungs. Ich will euch nicht mit hängenden Köpfen über den Platz schleichen sehen wie ein Haufen geprügelter Hunde. Ich erwarte Feuer, Engagement, Spaß und Motivation!"

Den letzten Satz hätte er sich besser verkniffen. Denn ein ambitionierter Spieler aus unserer zweiten Mannschaft wirkte nach dieser Ansprache etwas übermotiviert. Der Name des jungen Stürmers war Mario Liebermann. Mario war leider nicht der Hellste, aber er hatte das Herz am rechten Fleck. „Der is ned dumm, der weiß bloß nix" pflegte Spielleiter Willi immer zu sagen. Er war auch nicht gerade das größte Talent, aber dafür sehr engagiert und schöpfte sein bescheidenes Können bestmöglich aus. So lieferte er in der zweiten Mannschaft Woche für Woche solide Leistungen ab, ohne dabei so zu glänzen, dass es für die erste Mannschaft reichte. Vermutlich hatte er Blut geleckt, glaubte, durch die herbe Niederlage eine Chance zu haben, in den elitären Kreis der ersten Elf aufzurücken.

Und ich lernte an jenem Tag, dass meine Einteilung der fünf Kategorien von Fußballspielern einen gewaltigen Fehler enthielt. Denn ein sechster Spielertyp fehlte noch: die übermotivierten Psychopathen.

Beim Abschlussspiel ging Mario zu Werke wie ein wilder Stier. Nach einem ungenauen Pass im Mittelfeld befand sich der Ball genau zwischen zwei Spielern aus unterschiedlichen Mannschaften. Im Training führten wir die Zweikämpfe normalerweise mit einem Mindestmaß an Vorsicht, um niemanden zu verletzen. Mario aber zog an diesem Tag voll durch und wollte es auf einen krachenden Pressschlag ankommen lassen. „Knight Rider" Georg löste die Situation mit all seiner Routine elegant. Er zuckte kurz auf, überließ dann aber Mario bereitwillig das Feld. Mario aber konnte seinen Pressschlagversuch nicht mehr stoppen. Mit voller Wucht drosch er auf den Ball, unter der Annahme, dass Georg ebenso wuchtig dagegenhalten würde. Sein unfreiwilliger Gewaltschuss traf Trainer Karl in den Bauch.

Karl war sichtlich angefressen. Zuerst sackte er zusammen, stöhnte, krümmte sich, um sich dann aufzurichten und Mario mit hochrotem Kopf zusammenzustauchen: „Geht‘s bei dir noch? Du weißt aber schon, dass wir im Training sind! Reiß dich mal zusammen, Junge!“

Mario war kein schlechter Kerl. Er sah auch ein, wenn er etwas falsch gemacht hatte, entschuldigte sich bei seinem Coach und kehrte dann wieder zum Spiel zurück.

Keine fünf Minuten später aber legte sich Niklas auf dem Flügel den Ball ein wenig zu weit vor. Mario dachte sich: Da komme ich ran! Er nutzte den glitschigen Boden, rutschte mit Anlauf Richtung Ball, um ihn vor Niklas' Füßen wegzuspitzeln. Aber zum einen hatte er die Feuchtigkeit des Rasens unterschätzt, und zum anderen nicht bedacht, dass Niklas ein ganzes Stück schneller und wendiger war als er. So kam es, wie es kommen musste. Niklas legte sich den Ball vorbei. Und Mario rauschte heran. Wie ein Berserker räumte er Niklas von den Beinen. Und unser Vergnügungswart blieb auf dem Grün liegen wie ein geprellter Frosch und sagte erst mal gar nichts mehr, was eine Seltenheit war. Karl hingegen sagte zu dieser unnötigen Aktion eine ganze Menge: „Jetzt reicht es aber mal! Bist du nicht ganz dicht?“

Schuldbewusst zog Mario den Kopf ein und murmelte ein unverständliches „Sorry, ich bin heut irgendwie nicht ganz ausgelastet. Etwas übermotiviert, glaub ich!“

Nachdenklich legte Karl die Stirn in Falten. Das konnte nichts Gutes bedeuten. „Übermotiviert? Nicht ganz ausgelastet? Das lässt sich ändern. Heute gehst du mir auf jeden Fall nicht mehr aufs Spielfeld. Das ist mir zu riskant. Wir brauchen unsere Spieler im Aufstiegskampf. Ich hab eine Idee, wie du dich vernünftig abreagieren kannst, ohne jemanden mit deinen Mordanschlägen um die Ecke zu bringen.“

Niemand von uns beneidete Mario um die nun folgende Aufgabe. Der Coach schickte ihn auf den A-Platz, um dort Tempoläufe und Steigerungsläufe um den Platz zu machen, bis er ihn wieder holte. Auf diese Weise war Mario aus dem Spiel, die Verletzungsgefahr gebannt, und Mario konnte sich bestens abreagieren.

Mario war eine treue Seele. Ohne Murren ging er zum A-Platz, rannte durch die tiefe Finsternis (das Flutlicht war nur auf dem für das Training verwendeten B-Platz eingeschaltet) und drehte unermüdlich seine Runden.

Unser Trainingsspiel dauerte noch eine gute halbe Stunde. Ohne weitere Zwischenfälle besiegten wir mit dem Kern der ersten Mannschaft die Zweite und wurden dann von einem zufriedenen Trainer zum Duschen geschickt.

Wie gewöhnlich saßen wir noch auf ein oder zwei Gläser Bier im Sportheim zusammen. Es war eine schöne Tradition und förderte die ohnehin schon gute Kameradschaft. Kopfschüttelnd lauschten wir dem neuen selbsternannten Fußballweisen Bernd Hagen, was wir gegen unseren nächsten Gegner besser machen müssten. Und der etatmäßige Pausenclown Niklas hatte seine Stimme wiedergefunden und unterhielt den ganzen Wirtschaftsraum im Alleingang.

„Mensch Mario, du warst aber heute drauf … Hattest einen schlechten Tag auf der Arbeit, oder wolltest du dich mit deinem Übereifer für die erste Mannschaft empfehlen?“, erkundigte sich Karl gutmütig.

Stille. Schweigen. Der Trainer runzelte die Stirn. Langsam aber sicher bekamen wir alle das Gefühl, dass wir irgendetwas vergessen hatten. Oder besser gesagt, dass unser Trainer irgendetwas vergessen hatte. Mit weit aufgerissenen Augen sah er sich im Sportheim um.

„Ach verdammt! Das ist aber jetzt nicht wahr, oder? Der Kerl macht mich noch wahnsinnig! Denkt ihr das Gleiche wie ich?“

Unser Coach war sichtlich durch den Wind. Hastig trank er sein Bier aus. So viel Zeit musste sein. Ein echter Franke lässt schließlich kein angefangenes Bier stehen, auch wenn er es noch so eilig hat. Dann sprang er auf, riss die Tür des Wirtschaftsraums auf und stürzte nach draußen. Mit schnellen Schritten joggte er hinauf zum A-Platz, der inzwischen in völliger Finsternis da lag. Neugierig folgten wir ihm. Schon aus einiger Entfernung hörte man das mitleiderregende Keuchen.

„Mario, du bist aber jetzt nicht die ganze Zeit Tempo- und Steigerungsläufe gelaufen, oder?“

Mario nickte. Antworten konnte er nicht mehr. Er war sichtlich außer Atem, „fertig wie a Bäggla Resi“, wie man in Franken sagte, und brachte kein Wort mehr heraus. Mitleidig legte Karl ihm eine Hand auf die Schulter, erntete aber einen Schwall Erbrochenes dafür, der sich dampfend vor seinen Füßen ergoss. Mario war so richtig fertig!

„Jetzt geh erst mal duschen, Junge. Ich hatte eigentlich nicht vorgehabt, dich so lange laufen zu lassen. Ich wollte doch nur, dass du dich abreagierst. Warum bist du denn zum Ende des Trainings nicht mit den anderen zur Dusche gegangen?“

„Trainer, du hast doch gesagt, ich soll laufen, bis du mich holst. Du hast mich nicht geholt …“

Ich glaube, an jenem Tage wusste Karl nicht, was er fühlte. Sollte er stolz sein auf so einen überengagierten, eifrigen und treudoof gehorsamen Spieler? Oder musste er die Trainingsmethoden komplett überdenken und an seiner Kommunikationsfähigkeit arbeiten? Vielleicht war es auch an der Zeit, sich die Frage zu stellen, ob Mario noch weniger hell im Kopf war, als wir ohnehin schon wussten. Die Antworten auf diese Fragen spielten eigentlich keine Rolle. Man konnte sie alle getrost mit „Ja“ beantworten. Spielleiter Willi drückte es mit seinen eigenen, gewohnt deftigen

Worten aus. „Ohne Hirn bist wie ein Depp!“, grummelte er, als wir fassungslos ins Sportheim zurückkehrten.

Aber auf jeden Fall schwor sich unser Coach, nie wieder jemanden zu einem Straftraining zu schicken, wo er ihn nicht die ganze Zeit über fest im Blick hatte. Und er rang sich dazu durch, den armen Mario als Belohnung für seinen Eifer am kommenden Wochenende zumindest auf die Bank der ersten Mannschaft zu setzen.

Am Freitag darauf war es schließlich soweit: Annika und ich hatten unseren hoffentlich letzten Termin bei der Bank. Es ging ihr immer noch extrem gegen den Strich, mit diesem unfähigen Berater einen Vertrag abzuschließen. Doch die Konditionen waren einfach zu verlockend.

„Um die Risikolebensversicherung kümmern wir uns besser selbst. Das bietet jede normale Versicherung auch an. Diesen Zusatzauftrag müssen wir dem nicht auch noch in den Rachen schmeißen!“, zeterte sie.

Wir nahmen Platz und nippten nervös an unseren Wassergläsern. Der Bankberater ging noch einmal alle Konditionen mit uns durch. Es war ein seltsames Gefühl. Wir waren gerade dabei, uns bis über beide Ohren zu verschulden. Diese Unterschrift sollte uns die nächsten 25 Jahre begleiten. Seufzend reichte ich die unterschriebenen Unterlagen dem Berater. Er wirkte hocherfreut.

Als wir wieder vor dem Bankgebäude standen, fiel eine zentnerschwere Last von unseren Schultern ab. Es war nun entschieden. Es gab kein Zurück mehr. Die Tage des Grübelns und Zweifelns waren vorbei. Nun mussten wir nach vorn blicken, den Bauantrag einreichen und darauf vertrauen, dass ich meine Ausbildung zum Lehrer mit Bravour meisterte.

Am Sonntag waren wir beim VfB Rüsselberg zu Gast. Als wir im gegnerischen Sportheim eintrafen, gab Georg mal wieder eine kleine Kostprobe seiner Stuntman-Künste zum Besten. Die Schmerzen, die ihm die Hohensteiner Zuchtochsen nach seiner letzten hirnrissigen Aktion zufügten, hatten ihn nichts gelehrt.

Georg purzelte krachend die Treppe herunter. Die gegnerische Mannschaft bekam beinahe einen Herzstillstand. Und bevor jemand einen Notarzt rufen konnte, sprang er grinsend zurück auf die Füße und huschte mit einem diebischen Lachen in die Umkleidekabine. Doch im Gegensatz zu den Berchgnordzn aus Hohenstein fokussierten sich die Rüsselberger Spieler nicht darauf, Georg für den Schrecken, den er ihnen eingejagt hatte, zu bestrafen. Als ich mit meiner Sporttasche an ihrer Umkleidekabine vorbeischlenderte, hörte ich, wie der gegnerische Trainer angriffslustig seine Mannschaft einschwor: „Schaut sie euch an. Machen ihre Faxen und nehmen uns auf die leichte Schulter! Aber wir lassen uns davon nicht provozieren. Wir spielen so, wie wir es besprochen haben. Diszipliniert und fokussiert! Und dann wollen wir doch mal sehen, ob sie sich nach dem Spiel immer noch ihre Späße mit uns erlauben."

Ich hoffte es. Denn noch einen Ausrutscher konnten wir uns nicht mehr leisten!

Schon nach wenigen Minuten wurde mir klar, dass der VfB Rüsselberg sich für diesen Sonntagnachmittag viel vorgenommen hatte.

Unser Gegner spielte praktisch ohne Stürmer. Der abstiegsbedrohte Liganeuling zog seine gesamte Mannschaft in der eigenen Hälfte zusammen und baute ein engmaschiges Verteidigungsnetz auf. Wir hatten gefühlte 90 Prozent Ballbesitz. Doch es gelang uns in der ersten Halbzeit nicht, gefährlich in Tornähe aufzutauchen. Michael und Stefan hingen hoffnungslos in der Luft. Karl wurde nicht wie gewohnt gedoppelt, sondern von gleich drei Gegenspielern bewacht. Und an den Flügeln verschoben sie so clever, dass Kevin und Georg kaum Gelegenheit hatten, ihre Schnelligkeit auszuspielen. Es war zum Verrücktwerden. Sie waren uns fußballerisch in allen Belangen unterlegen. Aber sie hatten Herz, eine gute Taktik und zeigten die Bereitschaft, alles für den einen Punktgewinn zu geben, den ihnen an diesem Spieltag niemand zutraute.

In der zweiten Halbzeit veränderte sich das Bild nur langsam. Wir taten uns weiterhin schwer. Aber die Angriffe wurden etwas gefährlicher. Offenbar ließen die Kräfte der emsigen Rüsselberger Minute für Minute nach. Sie rannten sich wahrhaftig die Lunge aus dem Leib, kämpften wie die Löwen. Keine Frage: Sie hätten diesen einen Punkt verdient. Aber wir wollten ihnen den Punktgewinn nicht zugestehen. Ein erneuter Punktverlust wäre eine absolute Katastrophe!

Am Spielfeldrand wurde Willi immer nervöser. Er machte seinem Ärger Luft, indem er die gegnerischen Spieler und Zuschauer aufs Übelste beschimpfte: „Was soll denn das für ein Fußball sein? Stellen sich da hinten rein, als wären sie Italiener! Ihr elenden Hundsgrübbl! Greift doch auch endlich mal an, wenn ihr euch traut!"

Für die entrüsteten Zuschauer, die ihre engagierte Mannschaft bis aufs Blut verteidigten, hatte er natürlich noch derbere Erwiderungen parat.

Und dann passierte etwas, das wir noch nie zuvor erlebt hatten: Der cholerische Willi fand einen gegnerischen Spielleiter, der ihm ebenbürtig war.

Wie ein wildgewordener Stier preschte er auf Willi zu. Nase an Nase standen sich die beiden kleinen Männlein gegenüber. Ihre ausladenden Bierbäuche berührten sich.

„Jetzt reiß di mal aweng zam, du aufgeblosner Doldi!"

„Schau mal auf'n Platz. Wir spielen Fußball! Und was spielt ihr? Verstecken?"

„Laber doch ned, du Maulaff!" Belehrend hob Willis Widersacher den Zeigefinger in die Höhe und predigte alte Fußballweisheiten: „Die Wahrheit liegt auf dem Platz! Und da steht's 0-0!"

„Was willst'n du edz? Vo so am Baamaffn lass ich mir doch nix über Fußball erzählen! Du machst ja scho beim Zuschauen Fehler!"

„Hör mir fei auf! Du worst doch mit fünf Pfund scho blöd!"

„Sooch amol, du bist doch scho widda kurzagla, oder?"

„Geh fei zu, sonst setz ich dich Grischbala naufn Dooch!"

Entrüstet drehte sich Willi zu seinem Weiherfeldener Publikum um. „Muss ich mir des von dem aufgschdelldn Mausdreeg song lossn?"

Knurrend wie Tiger, fauchend wie Drachen, brummend wie zwei Bären umringten sich die beiden Kontrahenten. Hatte Willi etwa seinen Meister gefunden?

Während das Niveau am Spielfeldrand mit jedem Wort weiter in den Keller sank, tauchten wir in den Schlussminuten doch noch dreimal gefährlich vor dem Tor auf. Aber einmal vergab Michael Meister. Karl traf nur die Latte. Und meinen Fernschuss aus 25 Metern lenkte der starke Torwart reaktionsschnell über den Winkel. Wir hatten erneut gepatzt! 0-0 gegen einen Gegner gespielt, der nicht ein einziges Mal auf unser Tor geschossen hatte. Karl und Willi waren restlos bedient.

Desillusioniert stand ich unter der Dusche und ließ unter den warmen Wasserstrahlen noch einmal den Albtraum vom Wochenanfang Revue passieren. Es war zum Verrücktwerden. Es war zu erwarten, dass Helmersdorf und Weinsburg ihre Siegeszüge fortsetzten. Und wir waren nun vermutlich bereits punktgleich mit unserem Nachbarort Hohentannen. Die neue Saison hatte so enthusiastisch begonnen. Aber letzten Endes hatte uns der völlig unterschätzte Stolperstein VfB Rüsselberg endgültig auf den Boden der Tatsachen zurückgeholt.

Nach dem Duschen wollten wir einfach nur nachhause. Aber ein Bier im gegnerischen Sportheim gehörte zum guten Ton. Als wir die Wirtschaft betraten, blieben wir alle wie vom Donner gerührt stehen und rieben uns die Augen.

„Alter, schau mal!"

„Das gibt's doch nicht!"

„Die sind doch nicht ganz sauber!"

Willi und sein ebenbürtiger Widersacher saßen Arm in Arm am Biertisch und waren so tief in ein vertrautes Gespräch versunken, als wären sie ein altes Ehepaar. Der Wirt brachte den beiden Streithähnen zwei frische Bier. Und Willi rief noch lauthals: „Da, schreib beide auf meinen Deckel!“

„Das ist also das Geheimnis, wie man Willi dazu bringt, einem ein Bier auszugeben“, schlussfolgerte Niklas grinsend. „Man muss ihn einfach 90 Minuten lang wüst beschimpfen.“

„Na hört mal, Jungs. Beschimpfen?“, protestierte der Rüsselberger Spielleiter. „Das waren doch nur Nettigkeiten! Ich würde doch nie meinen alten Banknachbarn beschimpfen!“

„So schaut's aus!“, stimmte Willi zu und legte seinen Arm wieder um die Schulter seines Kumpels. „Prost, Schulkollege!“

Und trotz des bitteren Punktverlusts schlief ich in dieser Nacht mit einem guten Gefühl ein. Der Fußball setzte uns manchmal unter Druck, machte aus besten Freunden erbitterte Gegner. Aber nach den 90 Minuten konnten sich selbst Fanatiker wie Willi und sein Schulkollege bei einem schäumenden Bier wieder in die Augen schauen. Und das war gut so.

TSV Weiherfelden – BSC Elsen (14. Spieltag)

Der darauf folgende Tag war ein noch schwärzerer Tag. Wäre es kein Montag gewesen, es hätte ein Freitag der 13. sein müssen.

Letzte Woche hatte der verwirrte Statiker angerufen, dass er am Montag noch einmal vorbeikommen wollte. Ich wunderte mich. Schließlich hatte er uns seine Berechnungen bereits vor Wochen gesendet. Die Kostenschätzungen unserer Handwerker basierten darauf.

Wir waren aufgeregt und gespannt, als er am Montagnachmittag mit einer guten Stunde Verspätung bei uns eintrudelte. Unsere Hausaufgaben, die er uns bei dem Telefonat erklärte, hatten wir brav erledigt. Ich hatte an einer zufällig ausgewählten Stelle der Außenmauer der Garage ein Stück Putz weggeklopft, damit das Gemäuer darunter sichtbar war.

„Das müsst ihr nach dem Anbau sowieso neu verputzen, wenn der Ringanker draufgesetzt wird. Also macht das kleine Loch nichts“, hatte mir der Statiker versichert.

Zwischen den beiden Garagenhälften musste ich zudem ein kleines Loch graben. Ich wusste nicht, was der Statiker genau damit bezweckte. Aber er würde sich schon auskennen.

Und so stand er da, mit verwilderten langen Haaren, und starrte ratlos auf die beiden Löcher. Sein Blick beunruhigte mich. Ich war froh, als ich endlich etwas zu tun bekam. Er drückte mir einen Knäuel Schnur in die Hand: „Halt das mal bitte.“ Dann schlurfte er hinüber zum Haus meiner Eltern und stellte sich in etwa an die Stelle, wo unser Anbau planmäßig ansetzen sollte.

„Verflixt! Herrgottsakrament nochmal!“

Nun war ich wirklich beunruhigt.

„Ist etwas nicht in Ordnung?“

„Nun ja, wir kommen nicht ganz da raus, wo ich eigentlich gedacht hatte.“

Was meinte er damit? Wir kommen nicht ganz da raus, wo er sich das gedacht hatte? Es war doch von Beginn an glasklar gewesen, wo angebaut werden sollte.

„Und woher wissen Sie das?“, fragte ich naiv.

„Von der Schnur. Man muss nur kurz die Schnur spannen, dann sieht man genau, wo man rauskommt.“

Ich war völlig von der Rolle. Was zum Teufel bedeutete das? Und wenn man nur eine Minute eine Schnur spannen musste, warum hatte dieser Waldschrat das nicht schon vor Wochen gemacht?

„Und was heißt das jetzt? Konkret und so dass selbst ich das verstehe?“

„Meine ganzen statischen Berechnungen basieren auf der Annahme, dass ihr auf dem starken Pfeiler zwischen den beiden Garagen aufsetzt.“

„Und?“ Warum ließ der Kerl sich nur alles aus der Nase ziehen? Endlich konnte ich meinen Vater verstehen, dass ihn meine zuweilen etwas unkommunikative Art manchmal in Rage versetzte.

„Was soll es schon bedeuten? Die Statik ist nicht stark genug."

Das Herz klopfte mir bis zum Hals. Die Konsequenzen waren mir noch immer nicht bewusst. Aber es hörte sich gar nicht gut an.

„Und kann man da etwas machen?"

„Am einfachsten wäre es, den Anbau noch ein wenig zu versetzen."

War er denn von allen guten Geistern verlassen?

„Versetzen? Aber dann bekommen wir ein Problem mit den Abstandsflächen!"

„Naja, eine kleine Mauer wird es auch tun. Ich rechne morgen mal ein bisschen rum."

Ich verstand den Kerl nicht. *Zuerst will er unseren Anbau versetzen, und plötzlich tut es eine „kleine Mauer" auch?*

„Was heißt eine kleine Mauer?"

„Nichts Großes. Wir müssen die Zwischenwand vermutlich ein wenig stärken. Also einfach eine Steinreihe von unten nach oben mauern. Nur am Eingang, vermute ich. Nicht schlimm."

So wirklich vertrauen konnte ich ihm nicht mehr. Gerade wollte er noch unseren Anbau versetzen!

„Das hört sich zum Glück nicht zu aufwändig und teuer an", stellte ich laienhaft fest.

„Nein, nein, keine Sorge. Das kostet nicht viel." Ich wollte schon aufatmen, aber der Kerl redete weiter. „Das Unterfangen ist das größere Problem."

„Unterfangen?"

„Ja, das Fundament unter der Garage ist zu schwach. So sackt uns der Anbau am Ende noch irgendwann ab. Das müssen wir stärken."

So langsam wurde es mir zu bunt. „Und woher wissen Sie das jetzt auf einmal?"

„Von dem kleinen Loch, das ihr vor den Garagen gegraben habt. Wenn man sich das Fundament anschaut, ist es nur halb so tief, wie ich es angenommen hatte. Das bringt die Statik durcheinander. Hatte ich das nicht erwähnt?“

Nein, nicht wirklich. Ich hätte ihn erwürgen können. Wann zum Teufel hatte er vorgehabt, mir von diesem zweiten Problem zu erzählen?

„Und dieses Unterfangen ist teuer?“

„Natürlich“, kicherte er, so als wüsste das jedes Kind und ich wäre der dümmste Mensch, mit dem er je zu tun hatte.

„Wie teuer?“, fragte ich vorsichtig. Im Grunde wollte ich die Antwort gar nicht hören.

„Naja, da müsst ihr den Rohbauer fragen. Aber bei der Fläche … So zwanzig bis dreißig vielleicht.“

Zwanzig bis dreißig ... Euro? Tausend Euro? Millionen Euro? Birnen? Nun rede doch, Mann!

„Ich hoffe, Sie meinen Euro“, warf ich hoffnungsvoll in den Raum.

Sein Blick, mit dem er mir eine fortgeschrittene Geisteskrankheit unterstellte, war Antwort genug. „Tausend Euro natürlich.“

Ich konnte mir den säuerlichen Unterton nicht länger verkneifen: „Und warum haben wir das nicht früher bemerkt?“

„Da hätten wir das Loch halt früher graben müssen. Dann hätte ich das sofort gesehen.“

Ich konnte es nicht fassen. Am liebsten wäre ich ihm mit beiden Händen an die Gurgel gesprungen! Es hatte mich gerade mal eine Stunde gekostet, das Loch in die Wand zu schlagen und in den Boden zu graben. Warum hatte er nicht früher etwas gesagt? Er war doch der Experte und musste uns sagen, was genau er brauchte, um seine verfluchte Statik zu berechnen!

„Sie wissen aber schon, dass wir vergangenen Freitag die Finanzierung unterschrieben haben“, stammelte ich.

„Habt ihr denn keinen Puffer in eurem Budget?“

„Schon, aber eigentlich wollte ich den Puffer nicht vor dem ersten Spatenstich aufbrauchen.“

„Das wird jetzt wohl nichts mehr“, stellte er trocken fest.

Verwilderter, unfähiger, nichtsnutziger Vollpfosten! Dein Geld ist es ja nicht! Am liebsten hätte ich die Schaufel geholt, mit der ich das Loch eigenhändig gegraben hatte, und hätte sie ihm über den Kopf gezogen.

Als ich Annika über die Hiobsbotschaft informierte, war der Abend gelaufen. Frustriert gingen wir uns lieber aus dem Weg.

Da ich nicht auch noch bei meinem Hobby Schiffbruch erleiden wollte, war es mir recht, dass Trainer Karl alles dafür tat, uns zurück auf die Siegerstraße zu führen. Der Punktverlust in Rüsselberg war absolut unnötig gewesen.

Am Dienstag bolzten wir in einem knallharten Training Kondition. Er scheuchte uns in zahllosen Tempoläufen über den Platz. Karl wollte an unserer Spritzigkeit arbeiten, noch mehr Tempo ins Spiel bringen. Nur so konnte man sich gegen einen tiefstehenden Gegner durchsetzen. Und da die Offensivgewalt und die Flügelzange des TSV Weiherfelden inzwischen in der ganzen Kreisklasse Nord gefürchtet waren, wussten die Gegner sich darauf einzustellen.

Am Donnerstag schonte er uns. Wir sollten fit sein für das Heimspiel gegen den BSC Elsen. Stattdessen studierten wir Spielzüge ein, von denen Karl glaubte, dass man damit eine felsenfeste Elf-Mann-Defensive überrumpeln konnte. Zum Ende des Trainings übte er auch noch zwei Freistoß- und zwei Eckenvarianten mit uns. „Nach einem Training ist das noch nicht ausgereift. Wir werden das in den kommenden Wochen und Monaten vertiefen. Denn das sind im Zweifel Waffen, die wir einsetzen können, wenn aus dem Spiel heraus nichts mehr geht. Im Notfall probieren wir das aber auch gegen Elsen schon mal aus. Wenn wir im Rückstand sind, haben wir schließlich nichts zu verlieren."

Am Sonntag war Kevin zu unserer großen Erleichterung wieder ganz der Alte. Und wie! Lässig schlenderte er über den Parkplatz vor dem Sportheim. Wir alle beneideten ihn. Denn an jeder Hand führte er eine kleine aufgetakelte Asiatin. Die beiden dunkelhaarigen Schönheiten waren exotisch, bildhübsch und einfach heiß. Er musste schon sehr große Not gehabt haben, das vergangene Heimspiel, bei dem er abends brav zuhause geblieben war, zu kompensieren. Abwechselnd gab er den beiden Asiatinnen einen Kuss. Und als die heißen Bräute sich auch noch gegenseitig küssten, platzte Karl endgültig der Kragen. „Ab jetzt in die Kabine mit euch! Ihr sollt euch aufs Fußballspielen konzentrieren!“

Auf der Treppe hielt mich Harald an. „Was meinst du, Stricher … Das geht doch nicht mit rechten Dingen zu.“

„Ich pack das auch nicht. Dieser alte Mistkerl!“

„Ob Max doch recht hat?“

„Du meinst, der bezahlt die?“

„Hast du eine bessere Erklärung?“

Nun schaltete sich Niklas ein: „Wir müssen das rausfinden, Jungs.“

„Ob er sie bezahlt?“

„Oder wie er das macht, ja.“

„Und wie willst du das anstellen?“

„Wir müssen öfter am Samstag mit dem Kevin weggehen. Dann werden wir schon sehen, was sein Erfolgsgeheimnis ist.“

Da packte Willi Niklas von hinten am Ohrläppchen: „Du sollst dich auf dein Spiel konzentrieren! Das ist das Erfolgsgeheimnis!“

Das Duell mit dem BSC Elsen verlief zumindest auf dem Spielfeld äußerst zufriedenstellend. Endlich fanden wir zurück in unser schnelles Spiel, das wir zu Saisonbeginn zelebriert hatten. Diesen temporeichen Angriffen war die Hintermannschaft aus Elsen nicht gewachsen. Wir gewannen die Partie bei eisigen Temperaturen mit einem klaren und ungefährdeten 3-0. Und es wurde noch besser: Helmersdorf und der SC Weinsburg hatten sich gegenseitig die Punkte geklaut, indem sie im direkten Duell 2-2 spielten. Mit einem Mal waren wir wieder im Geschäft.

Und trotz aller Freude sollte auch dieses Wochenende nicht ohne Eklat bleiben.

Der Grund war einmal mehr Max Hölzelein. Er war ein lustiger Geselle: trinkfest, einfallsreich, kreativ, und vor allem im

Doppelpack mit Niklas völlig überdreht. Beim Spiel gegen Elsen sorgte Max für ein historisches Ereignis. Freilich ohne zu beabsichtigen, Trainer, Betreuer und die gesamte Vorstandschaft in Rage zu versetzen.

Dabei hatte das Unheil schon einige Wochen vorher an einem anderen Ort seinen verhängnisvollen Lauf genommen. Max war damals wieder einmal sehr angetrunken beim Spiel erschienen, was keine Seltenheit war. Und auch die vielen dummen Ideen, die dann in seinem Kopf herum spukten, waren nichts Außergewöhnliches. An jenem Tag aber hatte Max einen besonders merkwürdigen Einfall.

Der zweikampfstarke Max pendelte zwischen den Welten: im Training zu stark für die zweite Mannschaft, am feierwütigen Wochenende zu angeschlagen für die Stammelf der ersten Mannschaft. So verbrachte er viele Spielminuten auf der Auswechselbank, musste zusehen, wie wir uns auf dem Platz abmühten, während er in der Regel seinen Rausch vom Vorabend auf der Bank auskurierte.

Eines Tages also, er saß gelangweilt auf der Auswechselbank, zupfte sich Max die zwickende Sporthose zurecht. Fußball-Sporthosen wiesen innen noch ein Netz auf, was dazu führt, dass viele Spieler auf das Tragen von Unterhosen während des Spiels verzichten.

Beim ersten Mal war es Zufall. Als Max sich die Hose zurechtzupfte, da sie offenbar nicht seinen Bequemlichkeitsanforderungen genügte, rutschte die Hose so ungünstig zur Seite, dass sein Glied heraus spitzte.

„Alter, pack mal deinen Schwanz wieder ein!“, wetterte Spielleiter Willi kopfschüttelnd.

Aber Max war eben der Max. Er hatte den Fauxpas selbst bemerkt, lehnte sich als Reaktion auf Willis Aufforderung genüsslich auf der Auswechselbank zurück, breitete die Beine demonstrativ noch ein wenig weiter aus und erwiderte: „Ich steh zu meinem Körper!“

Und so machte sich Max seitdem Woche für Woche einen höllischen Spaß daraus, Spielleiter Willi zu ärgern, indem er für kurze Momente sein Glied der Öffentlichkeit preisgab und den neuen Lieblingsspruch aufsagte: „Ich steh zu meinem Körper!"

Als ihm das allein nicht mehr genügte, versuchte Max sogar, seine Auswechselbankkollegen von seiner neuentdeckten Freizeitbeschäftigung zu überzeugen. Bei manchen war er sogar erfolgreich, bei anderen wiederum biss er auf Granit. Während die Stammelf also versuchte, auf dem Platz zu glänzen, hatte Max endlich eine Disziplin gefunden, in der ihm niemand so schnell das Wasser reichen konnte (oder vielmehr wollte).

Dieser Unsinn wiederholte sich Woche um Woche. Spielleiter Willi fuhr jedes Mal zu Max' kindlicher Begeisterung völlig aus der Haut. Und Spielertrainer Karl bekam Gott sei Dank von alledem nichts mit. Bis zum Spiel gegen den BSC Elsen. Dem Tag, an dem Karl Adler in die Realität zurückkatapultiert wurde - und anschließend den guten alten Max am liebsten über das Sportheimdach katapultiert hätte.

Wir zeigten ein gutes Spiel, kontrollierten das Geschehen, machten auf den Flügeln gewaltig Alarm. An diesem Tag war, aus welchen Gründen auch immer, die Presse zugegen, mit einem professionellen Fotografen. Was er am Weiherfeldener Sportplatz trieb, während sich Weinsburg und Helmersdorf um den 1. Platz duellierten, blieb sein Geheimnis.

Der Fotograf positionierte sich auf der Seite der Tribüne, wo ein leichter Anstieg eine gute Position für ein Stativ bot, um von dort schöne Fotos vom Fußballplatz zu machen. Ohne zu wissen, was sie damit anrichteten, wählte der Lokalreporter, der über unseren Sieg gegen Elsen berichtete, ein Bild aus, das einen schwungvollen Zweikampf direkt vor der Auswechselbank des TSV Weiherfelden zeigte.

Mit gesunder Härte stürzte ich mich in der Mitte des Schwarzweiß-Fotos in einen wichtigen Zweikampf. Das Bild zeigte meine grimmige, fokussierte Miene. Und im Hintergrund konnte man einen breitbeinigen Max erkennen, der gähnend den packenden Zweikampf verfolgte. Seine Hände lagen unauffällig auf den Oberschenkeln. Nur bei genauerem Hinsehen offenbarte sich das Unfassbare: Neben seinem linken Bein kam ein drittes kleines Beinchen zum Vorschein.

Als ich am folgenden Montag die Lokalsportseite der Tageszeitung aufschlug, schenkte ich Max keine Beachtung. Stolz wie Oskar zeigte ich meinem Vater das Bild von meinem Zweikampf.

Die Bildqualität in schwarz-weiß war nicht berauschend. Aber ein Aushang am schwarzen Brett im Sportheim zeigte, dass einige Leute offenbar die Zeitung mit der Lupe lasen. Irgendjemand vom Stammtisch musste das Ding dort angebracht haben. Und wenn ich Ding sage, dann meine ich Ding! Ein großer, mit einem Filzstift aufgemalter Kreis richtete die Aufmerksamkeit auf die richtige Stelle des Zeitungsausschnitts.

Das Dienstagstraining folgte. Karl und Willi sahen den ausgeschnittenen Artikel an der Wand. Im ersten Moment freuten sie sich, dass die Fans nach den frustrierenden Punktverlusten wieder begannen, ihre Mannschaft zu schätzen. Warum sonst sollten sie Zeitungsberichte unserer glorreichen Siege ausschneiden?

Dann lenkte sich ihre Aufmerksamkeit auf den roten Kreis. Willi schaute, bückte sich, trat näher heran, bis er mit seiner Nasenspitze schon das schwarze Brett berührte. Er sagte nichts, aber seiner Gesichtsfarbe nach zu urteilen steigerte er seinen Blutdruck binnen weniger Sekunden um rekordverdächtige einhundert Prozent.

Noch beim Aufwärmen zitierte Karl den ahnungslosen Max zu sich. Er nahm ihn diskret zur Seite, im Grunde lagen fünfzig Meter zwischen Karl, Willi, Max und dem Rest der Mannschaft. Argwöhnisch beobachteten wir, wie Karl ruhig auf Max einredete. Bis Willi plötzlich loslegte. Mit einem Mal konnten wir jedes Wort verstehen.

„Ja sind wir denn der TSV Zipfelziecher? Oder die Weiherfeldener Zipfelzeicher?“

Max grinste schelmisch und machte Willis Ausbruch nur noch schlimmer. „Die Weiherfeldener Zipfelzeicher gegen die Settenheimer Hennafigger“, rief er. „Das wär doch mal ein Titel für ein großes Fußballspiel …“

„Schick ihn heim, oder ich erschlag den Kerl an Ort und Stelle!“, brüllte Willi wie von Sinnen.

Und Karl schickte Max tatsächlich „zum darüber Nachdenken“ nachhause und suspendierte ihn bis zum Ende der Winterpause.

Natürlich machte eine Aktion wie „Ich steh zu meinem Körper!“ nicht nur im Sportheim die Runde. Kleine Dörfer wie Weiherfelden lieben Gerüchte, und sie lieben den Tratsch. Jeder kennt jeden. Es ist nicht wie in Hamburg, dass ein Skandal in der Anonymität der Großstadt verloren geht. Nein, mich hätte es nicht gewundert, wenn jemand vergrößerte Kopien von Max’ bestem Stück in ausgedruckter Form in den Gebetbüchern der Kirche versteckt hätte.

Max’ spezielle Aktion wurde bei der nächsten Vorstandschaftssitzung hitzig diskutiert. Einige Vereinsmitglieder wurden darauf angesetzt, bei ihren Arbeitskollegen und Bekannten unauffällig reinzuhorchen, ob außerhalb von Weiherfelden irgendjemand von Max’ Glied erfahren hatte. Es hätte den Verein vermutlich seinen guten Ruf gekostet, wenn es im Landkreis und in der Kreisklasse Nord öffentlich geworden wäre, dass die Weiherfeldener Spieler ihre Penisse hin und her zeigten.

Aber alle Aufregung war letzten Endes umsonst. Max durfte in der Rückrunde wieder mitspielen, und niemand außerhalb von Weiherfelden sprach uns jemals auf das kleine Detail in dem Zeitungsausschnitt an.

Aber eines war uns sofort klar: Am Stammtisch im Weiherfeldener Sportheim würde diese Geschichte so manche Generation überdauern. Und Max wurde zur Legende.

1. FC Heroldsburg - TSV Weiherfelden (15. Spieltag)

Das Angebot unseres Rohbauers war ernüchternd. Das Unterfangen der Garage kostete tatsächlich 25.000 Euro! Zumindest in diesem Kostenpunkt hatte sich der Statiker nicht geirrt. Es war zum Schreien. Zum Verzweifeln. Aber alles Schimpfen, Zetern und Ärgern half nichts.

„Es ist, wie es ist!“, sagte mein Vater. Er hatte leicht reden. Sein Geld war es ja nicht.

Annika und ich trauerten unserem schönen Puffer hinterher. Nichtsdestotrotz waren wir guter Dinge, als wir den Bauantrag einreichten. Der Brief fühlte sich schwer in meinen Händen an, als ich aus dem Auto stieg und ihn beim Landratsamt in den Briefkasten warf. Der Stein war ins Rollen gebracht. Ein stressiger Frühling stand uns bevor.

Auch beim letzten Fußballspiel vor der Winterpause standen wir gehörig unter Druck. Nur mit einem Sieg konnten wir weiter an Helmersdorf und Weinsburg dranbleiben. Niemand hatte Lust, auf Platz vier zu überwintern. Für den Kopf war es enorm wichtig, auf Tuchfühlung zu den Aufstiegsplätzen zu bleiben.

Beim Aufwärmen spielten wir uns locker gegenseitig die Bälle zu. Bis auf Spaßvogel Georg, der wie beim Training im Eckla so unmögliche Pässe spielte, dass sie niemand wirklich verwerten konnte.

„Hey, Knight Rider“, forderte ich den nächsten Ball von ihm. Viele Ballkontakte vor dem Anpfiff gaben mir Sicherheit im Aufbauspiel. „Pass mal zu mir. Aber bitte vernünftig.“

Georg spielte mir den Ball zu und trabte mit fragender Miene auf mich zu. „Hey, Börschla“, sprach er mich kopfschüttelnd an. „Sag mal, wieso nennst du mich denn eigentlich immer Knight Rider?“

Verwirrt blickte ich mich um. „Wieso? Die anderen nennen dich doch auch immer so.“

„Wer nennt mich denn Knight Rider?“

„Na, alle! Zum Beispiel, wenn wir im Training Eckla spielen.“

„Alter, Stricher!“, tadelte Niklas, der sich unweit von uns dehnte. „So langsam müsste dein Fränkisch doch mal besser werden.“

„Wieso das denn?“, fragte ich verständnislos.

„Denk doch mal nach. Warum sollen wir den Schorsch denn Knight Rider nennen?“

„Keine Ahnung. Ich hab gedacht, wenn er Stuntman ist, hat er vielleicht mal bei einer Knight-Rider-Folge mitgespielt oder so.“

Und da bedachten sie mich wieder alle mit diesem Blick, den sie sich für ahnungslose, naive Zugereiste aufsparten, wenn sie etwas besonders Dämliches von sich gegeben hatten. *Verdammt!*

„Knight Rider“, murmelte Georg amüsiert und trabte kopfschüttelnd weiter. „Nicht zu fassen, dieser Kerl.“

„So in Hollywood oder was?“, kicherte Niklas. „Als Double von David Hasselhoff?“

„Und wie nennt ihr ihn dann immer?“, raunte ich genervt.

„Wir nennen ihn den Neireider!“

„Den was?“

„Neireider. Von ‚jemanden reinreiten‘. Du weißt schon, seine unmöglichen Zuspiele im Eckla, mit denen er uns absichtlich in die Bredouille bringt, damit wir in die Mitte müssen.“

„Na, Fränkisch-Stunde beendet?“, polterte Karl ungeduldig. „Ab jetzt in die Kabine. Es geht gleich los!“

„Heute möchte ich noch einmal Feuer in unserem Spiel sehen“, rief der Trainer bei seiner finalen Ansprache enthusiastisch. „Heroldsburg ist eine solide Mannschaft. Sie haben noch nie hoch verloren, aber auch noch keinen Kantersieg geholt. Sie sind schwer zu spielen, aber in der Vorwärtsbewegung nicht sehr gefährlich. Konzentriert euch. Dann können wir uns nur selbst schlagen! Wenn heute jeder seine Leistung abruft, dann gehen wir mit einem guten Abschluss in die Pause. Dann könnt ihr euch ausruhen, feiern, …“ Karl streifte den jungen Kevin mit einem missbilligenden Seitenblick: „… rumhuren, was immer ihr wollt. Aber zuerst wollen wir hier drei Punkte einfahren. Raus mit euch!"

Doch an diesem Tag ging nichts zusammen. Der Platz war gefroren und schwer zu spielen. Der Ball holperte über das pickelharte Geläuf. Unsere schnellen Außenspieler waren mehr damit beschäftigt, nicht auszurutschen, als mit Tempo in den Strafraum zu ziehen. Und im Abschluss vor dem Tor hatte uns das Glück endgültig verlassen.

Zur Halbzeit stand es 0-0. Ein langweiliges Spiel ohne Höhepunkte.

„Ich brech mir auch fast die Knöchel auf dem Acker", räumte der Coach in der Halbzeitpause ein. Willi schenkte seinen berühmt-berüchtigten Halbzeittee aus. Der bloße Geruch führte bereits zur ersten Promille. „Aber so können wir die Hinrunde nicht abschließen. Wenn es spielerisch nicht läuft, dann müssen wir was anderes versuchen. Kick and Rush. Bolzen wir die Bälle lieber vor, bevor uns noch ein Stoppfehler unterläuft. Vielleicht rutscht den Heroldsburgern mal einer durch. Dann müssen wir die Chance nutzen."

Also stellten wir voller Verzweiflung unser gepflegtes Aufbauspiel ein und klopften die Bälle weit nach vorne, so wie es sonst die Mannschaften praktizierten, über deren grobschlächtige Spielweise wir uns das ganze Jahr über herablassend amüsierten.

Die Bälle flogen nur so über meinen Kopf hinweg. Das Mittelfeld fand kaum statt. Da passiert es.

Ein Heroldsburger Verteidiger drosch den Ball lang in unsere Hälfte. Martin machte sich zum Kopfball bereit. Doch er rutschte weg. Der Stürmer der Gastgeber schaltete schnell. Mit großen Schritten eilte er über den eisigen Platz. Alfred stürzte aus dem Tor. Der Angreifer täuschte rechts an und legte sich den Ball links an Alf vorbei. Doch Alfred war eine Katze. Todesmutig warf er sich zu Boden und spitzelte das Leder mit den Fingerspitzen zur Seite. Da aber rauschte der bullige Mittelstürmer des 1. FC heran.

Ein platzierter Flachschuss. Das Tor war leer. Heroldsburg führte 1-0.

Mit hängenden Köpfen warfen wir alles nach vorn. Drohte hier das nächste Debakel? Karl wechselte Stefan Schmidt ein, brachte einen dritten Vollblutstürmer. Wir mussten es auf diesem Boden mit der Brechstange versuchen.

In der 70. Spielminute umkurvte Georg zwei Verteidiger und legte den Ball flach in die Mitte. Dort lauerte Trainer Karl mit all seiner Erfahrung. Er machte sich bereit, die Kugel abgeklärt ins Torwarteck zu schieben. Aber der Ball versprang auf dem holprigen Untergrund, hüpfte ihm unkontrolliert gegen das Schienbein. Genervt sah ich zu, wie das Leder neben den langen Pfosten kullerte.

Da tauchte Joker Stefan wie aus dem Nichts auf. Mit dem Instinkt eines Torjägers stand er goldrichtig und drückte das Ding in die Maschen. Der ersehnte Ausgleich!

Die Minuten verstrichen. Ich warf mich in jeden Zweikampf. Die Knie bluteten vom harten Boden. An beiden Hüften hatte ich brennende Schürfwunden davongetragen. Wir alle kämpften wie die Löwen. Aber Heroldsburg hielt tapfer dagegen.

Die 86. Spielminute. Alfred hatte einen Konter abgefangen und prügelte den Ball in die gegnerische Hälfte. Michael setzte sich mit harten Bandagen im Kopfballduell durch und leitete die Kugel mit Tempo auf den linken Flügel. Dort preschte Kevin an seinem Gegenspieler vorbei. In vollem Lauf überrannte er den überforderten Libero und zog in den Strafraum. Nur der Torwart stand zwischen Raldo und unserem so wichtigen Sieg. Kevin setzte zu seinem gefürchteten, hammerharten Schuss aus spitzem Winkel an, mit dem er schon so viele Tore geschossen hatte. Dann rutschte sein Standbein weg. Und er landete hart auf dem Hosenboden und überschlug sich zweimal.

Fünf Minuten später beendete der Pfiff des Schiedsrichters das Trauerspiel. Vor allem der gute alte Willi war nach dem enttäuschenden Unentschieden restlos bedient: „Wir sind doch keine

Eiskunstläufer! Auf so einem Drecksplatz zu spielen! Warum ist es in diesem Kaff eigentlich fünf Grad kälter als bei uns in Weiherfelden? Diese Kreisklasse Nord macht mich noch wahnsinnig!"

„Willi, das bist du doch schon", kicherte Niklas.

Es war ein gefährliches Spiel mit dem Feuer. Willi, von dem ich noch nie eine wirklich schnelle Bewegung gesehen hatte (es sei denn, wenn er am Spielfeldrand mit den Händen fuchtelte), rannte Niklas ganze fünf Minuten mit einer Flasche Wasser bewaffnet hinterher. Unser Spielleiter erwischte ihn jedoch nicht. Der freche Niklas kam wie immer ungeschoren davon.

Nach dem Duschen stürzten wir enttäuscht unser Pflichtbier in der Heroldsburger Sportgaststätte in uns hinein und machten uns dann langsam auf den Weg ins heimische Sportheim. Wir wollten uns zum Abschluss der Vorrunde dort zusammensetzen. Mit getrübter Laune schleppten wir uns die Treppe zur Wirtschaft hinauf. Wie ein Haufen geprügelter Hunde, von denen ein besonderer Volltrottel sogar noch eine idiotische Wette mit dem teuflischen Nachbarort am Laufen hatte, bei der ihm langsam aber sicher die Felle davon schwammen.

Doch der Frust legte sich im heimischen Sportheim schneller als erwartet. Ja, wir hatten seit dem starken Saisonstart unsere gute Ausgangsbasis fahrlässig verspielt. Doch zum einen hatte der SC Weinsburg ebenfalls nur Unentschieden gespielt. Es blieb also bei dem Abstand von zwei Punkten. Das war machbar. Helmersdorf hatte somit mit einem dicken Polster die Herbstmeisterschaft errungen. Aber die Aussicht auf Platz zwei, der in Form eines Relegationsspiels ebenfalls den Aufstieg bedeuten konnte, war eine Hoffnung, an der man sich gerne festklammerte. Es half uns auch nicht weiter, beim letzten gemeinsamen Sportheimabend des Jahres Trübsal zu blasen. Schnell verlagerte sich das Geschehen von den Biertischen an die Bar. Und der suspendierte Max war wie immer ganz vorn dabei.

Irgendwann stand er oberkörperfrei an des Dons Theke und grölte die Musik lauthals mit, die der Don hinter dem Tresen auflegte. Von aktuellen Liedern wechselte das Programm schnell hin zu alten deutschen Schlagern. Wir lagen uns in den Armen, brüllten die altvertrauten Texte aus Leibeskräften mit. Dann packte der Don die Klassiker aus. Bei „Eye of the Tiger“ rastete Max endgültig aus. Der bekennende Rocky-Fan rannte wie wild durch das Sportheim, kniff seine Augen zusammen und brüllte: „Adrian! Adriaaaan!“

Solche Steilvorlagen entwickelten in Weiherfelden schnell eine unerwartete Eigendynamik. Plötzlich stand Niklas oberkörperfrei neben Max. Er hatte seine beiden Fäuste zur Deckung eines Boxers gehoben. Max blickte seinen Kumpel mit einem verwegenen Grinsen an. In Windeseile zeigte die Elite der Sportheimbesucher des TSV Weiherfelden eine Kreativität, die wir noch wenige Stunden zuvor auf dem Fußballfeld vermissen ließen.

Mit Klebeband, Stühlen und Schnüren zimmerten Harald, Stefan und Dominik einen provisorischen Boxring zusammen. Der Don legte in einer Endlosschleife „Eye of the Tiger“ auf. Irgendwo hatte jemand zwei Bademäntel aufgetrieben, die sich Max und Niklas über den Rücken warfen. „Neireider“ Georg hatte aus Alufolie einen Mundschutz für die beiden Kontrahenten gebastelt, der dem armen Max sogleich zwei Plomben zog. Aber das spielte an diesem Abend keine Rolle. Wir alle freuten uns gespannt auf den ersten Boxkampf in der Geschichte des TSV Weiherfelden.

Zu den motivierenden Klängen des Rocky-Soundtracks zog Max in den Ring ein. Wie aus dem Nichts wurde ein Mikrofon von der Decke zu Boden gelassen wie bei einem richtigen Boxkampf. Wie hatten sie das so schnell auf die Reihe bekommen? Wirtschaftsführer Don höchstpersönlich schnappte sich das Mikrofon, legte seine beste Michael-Buffer-Stimme auf und rief: „In der roten Ecke, mit einem Gewicht von dreizehn Seidla Bier. Der schreckliche, gewaltige, unbesiegbare sibirische Bulle: Ivan ‚Mad Max‘ Draaagoooo!“

Die Sportheimbesucher drängten sich um den provisorisch errichteten Ring. Es war ein Hexenkessel. Die Buhrufe für den gigantischen Drago kannten keine Grenzen. Max sonnte sich in der Rolle des Bösewichts. Sie war wie für ihn geschaffen. Er genehmigte sich einen letzten Kurzen und entledigte sich lässig seines Bademantels.

„In der blauen Ecke: Der Bezwinger des großen Apollo Creed, der Sargnagel von Spielleiter Willi, die größte Klappe von Weiherfelden: Rocky ‚Crazy Dinger' Balbooooaaaaa!"

In einem vielumjubelten Triumphzug marschierte Niklas in den Ring. Es war eine fantastische Rollenaufteilung. Max war einen guten Kopf größer als der kleine Frechdachs, und der Kampf erinnerte somit wirklich ein wenig an die Schlacht zwischen Rocky Balboa und Ivan Drago im vierten Teil der Rocky-Filme. Tapfer ließ sich Max seinen Mundschutz einsetzen. Niemand wollte wissen, wie viele Plomben er inzwischen geopfert hatte. Aber dieses Spektakel war es wert.

Der Heiland höchstpersönlich war der Ringrichter. Er brachte die beiden Ausnahmeathleten in der Ringmitte zusammen und erteilte seine Anweisungen: „Schlagt euch verdammt nochmal die Köpfe ein! Aber schnell. Ich verdurste!"

Der Kampf begann. Max und Niklas bearbeiteten sich mit schweren Schwingern, die freilich nicht ihr Ziel fanden. Die Zuschauer tobten. Das ganze Sportheim war auf den Beinen. Das Publikum bildete einen undurchdringlichen Kreis um die Seile.

Die Tür flog auf, und der Pizzabote kam herein. Anders als bei seinem letzten Besuch, als ihm der oberkörperfreie Sumoringer Norbert Heiland den Regisseur vor die Füße schleuderte, war er inzwischen auf alles gefasst, wenn er unser sagenumwobenes Sportheim betrat. Er ließ die Pizza nicht fallen, sondern stellte sie abgebrüht auf dem nächstbesten Tisch ab. Da er spürte, dass er von uns kein Geld bekommen würde, bis der spannende Boxkampf vorüber war, gesellte er sich zu den Schaulustigen und feuerte den tapferen Rocky „Crazy Dinger“ Balboa aus Leibeskräften an.

Trotz ihres hohen Promillepegels gelang es Niklas und Max, eine ausgezeichnete Parodie der Rocky-Kämpfe abzuliefern. Max prügelte wie wild auf Niklas ein, der wie ein echter Rocky mit der Stirn vor den Fäusten boxte. Was wäre ein Rocky Balboa, der die Schläge nicht mit seinem Kopf abwehrte? In der letzten des auf vier Runden angesetzten Kampfes schlug Niklas einmal abrupt zu. Max ließ sich fallen, als wäre der Hammer des Kriegsgottes Thor auf ihn niedergefahren. Der Kampf war zu Ende. Rocky Balboa hatte es wieder geschafft.

„Adriaaaaan!“, rief Niklas aufgeregt. Aber etwas fehlte noch. Silvester Stallones total entstelltes, blutiges Gesicht war legendär. Und was solche Dinge betraf, waren Max und Niklas äußerst akribisch. Niklas’ Blick fiel auf die Pizzaschachtel. Er riss die erstbeste Pizza auf, schmierte sich die rote Tomatensauce quer übers Gesicht und kniff angestrengt seine Augen zusammen: „Adriaaaaan!“ rief er immer wieder aus vollem Halse. Nun sah er wirklich aus wie Rocky Balboa nach einer harten Ringsschlacht.

Der Pizzabote sollte seine Engelsgeduld nicht bereuen. Zum einen bekam er von jedem der gut gelaunten Gäste ein sattes Trinkgeld. Zum anderen spendierte ihm der Don für die Wartezeit einen leckeren Likör. Und nicht zuletzt hatte er an diesem Abend seiner Freundin trotz des ansonsten so eintönigen Jobs viel zu erzählen. Schon wieder.

Hallenturnier in Bergfried (Vorrunde Hallenkreismeisterschaft)

Nach der Vorrunde ist vor der Hallenrunde. Mit Beginn der Winterpause verlagert sich das Fußballspielen im Amateurbereich vom Rasenplatz in die Turnhalle. Dies ist, obwohl das Hallentraining keine wirkliche Pause vom Sport darstellt, eine sehr willkommene Abwechslung zum normalen Fußballeralltag. Denn das

Hallentraining ist nicht so hart und ergebnisorientiert wie das Training für die richtige Saison, sondern legt mehr Wert auf Spaß, Spielwitz und Lockerheit.

So wird beim Hallentraining im Amateurbereich auf langwierige Aufwärmläufe, stundenlange Dehnübungen und, am wichtigsten von allem, auf knüppelhartes Konditionstraining verzichtet. Der Trainer musste lediglich einen Ball in die Meute werfen, und die Spieler organisierten sich selbst und begannen zu spielen.

Nur bei unserer Mannschaft waren weitere Vorkehrungen nötig. Das lag nicht daran, dass wir nicht in der Lage gewesen wären, selbst zwei Teams zu bilden. Vielmehr mussten Sicherheitsvorkehrungen getroffen werden. Denn mit Michael Meister hatten wir einen nicht gerade prädestinierten Hallenfußballer in unseren Reihen.

Hallenfußball spielt man im Vergleich zum Freien auf beengtem Raum, mit weniger Spielern, und mit mehr Möglichkeiten, die sich durch die Bande bieten. Während man im Außenbereich mit Kraft, Schnelligkeit und Einsatzwillen glänzen konnte, waren diese Eigenschaften in der Turnhalle nicht so viel wert. Hier standen spielstarke Techniker mit Spielwitz und einer exzellenten Übersicht hoch im Kurs.

So engagiert und wuchtig Michaels Spiel auf dem Rasen war, so kantig und ungelenk wirkte unser Stürmer in der Halle. Beim ersten Hallentraining der Saison führte das dazu, dass er in seinem grenzenlosen Übereifer gegen die Rückwand der Turnhalle rannte. Seither machten sich Niklas und Kapitän Harald einen Spaß daraus, zu Beginn des Trainings Turnmatten an den Wänden hinter dem Tor aufzustellen.

„Ihr Deppen“, schimpfte Michael jedes mal. „Ihr könnt froh sein, dass ihr einen Spieler wie mich habt!“

„Ja, ja!“, grinste Niklas dann schelmisch. „Schließlich hätten wir sonst ja nichts zu lachen!“

Spaß hatten wir in der Winterpause auch am Wochenende mehr als genug. Die spielfreien Sonntage waren selbst für einen jungen Familienvater wie mich eine reizvolle Gelegenheit, am Samstagabend um die Häuser zu ziehen. Davon hielt uns nicht einmal die anstehende Hallenmeisterschaft ab. Am Tag vor der ersten Runde kutschierte Annika Max, Niklas, Stefan und mich in die Provinzdisco in Grunzenbach.

„Aber reißt euch wenigstens ein bisschen zusammen!", raunte sie mit einem resignierten Augenrollen.

„Ja, ja", antwortete ich. *Als ob das an einem Abend mit Max und Niklas möglich wäre.*

Während die beiden Trunkenbolde recht schnell in der Bar versumpften, blieben Stefan und ich brav an unserem Tisch sitzen, hörten uns die gute Live-Rock-Musik an und tranken gemütlich ein Bier.

„Wie läuft's denn inzwischen in der Schule?"

„Naja", seufzte ich. „Solange ich nicht vor der Klasse stehe, sondern nur zusehe, ist alles paletti."

„Kopf hoch! Bei mir ist am Anfang auch nicht alles glatt gelaufen."

„Aber so schlimm wie bei mir bestimmt nicht. Ich hätte diese Biester schon ein paar mal am liebsten gegen die Wand geklatscht."

Stefan zuckte nur mit den Schultern. „Das ist eben manchmal so. Mir ist mal einer so auf den Zeiger gegangen, dass ich ihn absichtlich mit dem Ball abgeschossen hab."

„Was? Ehrlich?"

Stefan nickte grinsend. „Ja, aber der Kerl hatte es sowas von verdient, die kleine Nervensäge. Und das wusste er selbst. Deshalb hat er meine Entschuldigung angenommen, und es gab kein Nachspiel."

Nachdenklich nippte ich an meinem Bier. „Vielleicht sollte ich das auch mal ausprobieren."

„Bloß nicht. Da kannst du in Teufels Küche kommen!"

Die Band kehrte aus der Pause zurück. Max und Niklas torkelten an unseren Tisch und hatten die Hände voll Reagenzgläsern. „Schaut mal, heut ist Jägermeisterparty!"

Das war der Anfang vom Ende …

Stunden später packte mich Max' Pranke im Genick und zog unsanft meinen Kopf in die Höhe, den ich so gemütlich auf dem Tisch in meine verschränkten Arme gebettet hatte. Stefan kauerte neben mir auf dem Stuhl.

„Auf geht's, ihr Schnarchzapfen! Das Taxi wartet."

Schlaftrunken wackelten wir zum Ausgang und stellten uns zitternd auf den Parkplatz.

„Scheiße, ist das kalt!", bibberte ich.

Niklas schaffte es selbst mit klappernden Zähnen, belustigt zu klingen. „Warum hast du auch nur ein T-Shirt an?"

„Du hast auch nicht mehr an", stellte ich mit zusammengekniffenen Augen fest.

„Verdammt!", fluchte Stefan. „Haben wir tatsächlich unsere Jacken drin vergessen? Ist das kalt!"

Aber alles Betteln half nichts. Die Security ließ zu dieser späten Stunde niemanden mehr rein. Sie waren froh um jeden betrunkenen Gast, den sie nicht rauskehren mussten.

So warteten wir also bei frostigen Minusgraden in T-Shirts auf das Taxi. Und das ließ sich Zeit.

„Das gibt's doch nicht! Haben die sich verfahren?"

„Ich erfrier gleich!"

„Wer hat denn eigentlich das Taxi bestellt?", fragte Stefan in die Runde.

Mit betretenen Mienen starrte einer zum anderen.

Verdammt!

Also marschierten wir los. Gut zwanzig Kilometer. Bei fünf Grad Minus. Im T-Shirt. Wenigstens hatten wir ein Radio dabei: Niklas. Aber sein fröhliches Geplapper stieß nach zwanzig Minuten auf wenig Gegenliebe.

„Also wenn er jetzt nicht gleich die Klappe hält, erschlag ich ihn an Ort und Stelle", grummelte Stefan.

„Aber erschlag das Mundwerk gleich mit. Sonst redet er trotzdem weiter", erwiderte Max kopfschüttelnd.

Nach zwei Kilometern Fußmarsch hielt ein Auto neben uns an. Es war ein teurer Schlitten. Die Fensterscheiben senkten sich. Und ein riesiger Kopf starrte uns durch eine dunkle Sonnenbrille an, die in dieser stockfinsteren Winternacht so gar keinen Sinn machte.

„Friert es euch nicht?", erkundigte sich eine tiefe Grabesstimme mit deutlichem russischen Akzent.

„Ach, ist doch schön hier. Richtig gemütlich", grinste Niklas sarkastisch.

Während Max dem alten Quatschkopf auf den Hinterkopf schlug, beeilten Stefan und ich uns, die Mitfahrgelegenheit klarzumachen: „Doch, doch, es ist saukalt!", beteuerten wir emsig.

„Steigt ein!" Es klang wie der Befehl eines Mafiabosses. *Na großartig!*

Und so bedankten wir uns artig, quetschten uns zu viert auf den Rücksitz des Wagens und starrten beeindruckt auf die beiden imposanten Kreuze der in dunkle Lederjacken gehüllten russischen Schränke, die uns schweigsam nach Weiherfelden kutschierten.

„Ich hab sooo Hunger!", jammerte Max, als wir gähnend auf dem Dorfplatz standen.

„Zu dir oder zu mir?", fragte Niklas.

„Du bist dran. Meine Mutter hätte mich letzte Woche fast erschlagen."

Willenlos folgten Stefan und ich den beiden Chaoten. Niklas sperrte zielsicher die Haustür auf und holte uns noch einen Absacker. „Setzt euch. Prost!" Dann eilte er nochmal in die Küche. Sekunden später klatschte er freudig in die Hände: „Volltreffer! Hab ich's doch gewusst!"

Mit einer Platte in den Händen eilte er zurück ins Esszimmer. „Schau, Max. Wie bei dir letzte Woche! Meine Mutter taut auch schon über Nacht den Braten auf."

Und ohne einen Gedanken daran zu verschwenden, dass es somit am nächsten Mittag kein Sonntagsessen geben würde, machten sich Max und Niklas wie die Tiere über den rohen Braten her. Mir drehte sich beinahe der Magen um.

„Alter, ist das knusprig!", frohlockte Max.

„Ja, weil's teilweise noch gefroren ist, du Hornochse!", stellte Stefan angewidert fest.

Ich war so froh, als ich nach dieser beispiellosen Odyssee endlich zuhause war und neben Annika und Timo den Schlaf des Gerechten schlafen konnte.

Das Klingeln des Weckers am nächsten Morgen war wie ein Schlag ins Gesicht. Wir waren die erste Gruppe beim Hallenturnier, das um 9 Uhr begann. *Das kann ja heiter werden!* Mein einziger Trost am Treffpunkt war, dass Niklas und Max noch schlimmer aussahen als Stefan und ich.

Die Halle kam unserem für Kreisklassen-Verhältnisse technisch anspruchsvollen Spielstil entgegen. Coach Karl rechnete fest damit, dass wir bei der Kreismeisterschaft einiges reißen konnten. Der Modus bestand aus mehreren Vorrundenturnieren, bei denen sich jeweils die besten zwei Mannschaften einer jeden Gruppe für eine Zwischenrunde qualifizierten. Dort wurde ermittelt, wer am Ende das Finalturnier in der Sporthalle Forchheim bestreiten durfte. Dabei wurde aus den unterschiedlichen Ligen gemischt, so dass wir gegen Mannschaften antraten, die noch eine Klasse unter uns angesiedelt waren, aber auch auf höherklassige Vereine treffen konnten. Ein reizvolles Unterfangen.

Ein besonderes Highlight bei diesen Hallenturnieren war das Aufwärmen. Die ansonsten eher als Schulturnhallen von kleinen Ortschaften fungierenden Austragungsorte hatten oft nicht mehr als ein paar winzige Umkleidekabinen und den Innenbereich mit dem Spielfeld vorzuweisen. In den engen Katakomben der Hallen trabten also zahlreiche Spieler der Turnierteilnehmer auf und ab, die sich in den schmalen Gängen beinahe gegenseitig über den Haufen rannten. Besonders lustig wurde es dann, wenn Spieler wie Michael Meister auch noch versuchten, inmitten dieses Gewusels den Ball hin und her zu passen. Zum fehlenden Talent gesellte sich meistens noch die Tatsache, dass auch die anderen Mannschaften die Hallenturniere in der Winterpause noch weniger ernst nahmen als die Punktspiele auf dem Rasen. Alkoholisierte Teams, die völlig übermüdet durch die Gänge rumpelten, waren daher keine Seltenheit und rundeten das etatmäßige Chaos in den Kabinengängen ab.

Im ersten Spiel standen wir einer Mannschaft gegenüber, die ihrem Gesichtsausdruck nach zu urteilen ebenso viel Lust auf Hallenfußball hatte und beinahe noch müder wirkte als ich. Ihre knallgelben Trikots schmerzten in meinen Augen, und der gegnerische Stürmer traktierte mich vor dem Anstoß zu allem Überfluss mit einer grauenvollen Alkoholfahne. Stinkend wie ein Schnapsladen, sorgte er für den ersten Aufreger des Turniers.

Der Schiedsrichter pfiff in seine Pfeife. Die elektronische Uhr an der Anzeigetafel über dem Basketballkorb begann die zwölf Minuten rückwärts herunter zu zählen. Der gegnerische Stürmer führte den Fuß an den Ball, um den Anstoß auszuführen. Hastig brach er diese Aktion jedoch mitten in der Bewegung ab, bückte sich – und übergab sich in einem riesigen Schwall mit lauten Würgegeräuschen zielsicher in den Mittelkreis der Halle.

Der Veranstalter war natürlich hellauf begeistert. Es dauerte fünf Minuten, bis sich ein Freiwilliger fand, die Sauerei mit Eimer und Lappen bewaffnet zu entfernen. Der Zeitplan des gesamten Hallenturniers geriet ins Wanken, noch ehe der erste Spielzug ausgeführt war.

Die erfahrenen Karl und Georg, clever wie zwei verschlagene Hunde, versuchten, einen weiteren Vorteil für uns herauszuschlagen. Karl argumentierte mit dem ratlosen Schiedsrichter, dass es absolut unsportlich war, vor die Füße des Gegners auf den Hallenboden zu kotzen.

„Gibt sowas keine zweiminütige Zeitstrafe?"

„Schau dir das Häufchen Elend doch mal an. Der ist schon genug gestraft!", antwortete der Schiedsrichter mit einem breiten Grinsen und forderte nach der Säuberungsaktion den armselig anmutenden Spieler auf, den Anstoß zu wiederholen. Dieses Mal behielt er seinen restlichen Mageninhalt bei sich, und das Spiel konnte endlich mit leichter Verzögerung beginnen.

Unser Gegner war ebenso schwach wie wir. Not gegen Elend war an diesem Tag keine Untertreibung. Mein persönlicher Höhepunkt war, als mir Kapitän Harald den Ball zupasste. Ich wollte ihn über die Bande direkt auf Michael Meister weiterspielen. Der Plan war gut, aber das Fleisch war schwach. In meiner übermüdeten Unfähigkeit landete der Ball zur Freude des johlenden Publikums nicht an der Bande, sondern im Basketballkorb.

Nach der Partie schleuderte der immer ehrgeizige Karl seine Trinkflasche in die Ecke. „Nichtmal ein Tor haben wir geschossen! Und das gegen so eine Hustentruppe!"

Niklas schlug mir grinsend auf die Schulter. „Na und? Beim Basketball hätten wir 2-0 gewonnen!"

Ab Mittag waren wir wieder ausgenüchtert und spielten nun deutlich stärker. Karl und Georg zauberten. Kevin packte seine linke Klebe aus. Und selbst Niklas und ich begannen, einen soliden Fußball zu spielen. Doch das 4-1 und ein fulminantes 7-0 waren nicht genug. Nachdem wir die ersten beiden Spiele gehörig vergeigt hatten, schieden wir mit einem knappen dritten Platz bereits in der Vorrunde aus der Hallenkreismeisterschaft aus.

Die Heimfahrt war ebenso unrühmlich wie unser Abschneiden. Hallenturniere finden sinnigerweise im Winter statt, wo die Bedingungen auf dem Rasen kein Spiel im Freien zulassen. Das brachte jedoch die eine oder andere Nebenwirkung mit sich. Egal ob in Hamburg oder in Franken, die Straßen im Winter waren häufig glatt und rutschig, insbesondere am Abend.

Als unser Hallenturnier sich dem Ende neigte, wurde es langsam dunkel. Die Straßen glitzerten und flößten selbst erfahrenen Autofahrern gehörigen Respekt ein. Nun war Bergfried, wie der Name schon sagt, nicht gerade ein Ort nahe des Meeresspiegels. Bei der Anfahrt waren wir minutenlang einen steilen Berg hinaufgefahren, den wir nun irgendwie wieder herunterrutschen mussten, um nach Weiherfelden zurückzukehren.

Ein Weiherfeldener Auto nach dem anderen schlängelte sich durch die engen Kurven. Im Schneckentempo krochen die Autos Schritt für Schritt vorwärts. Ich beneidete den armen Stefan nicht. Sein Auto war voll besetzt. Wir kämpften uns die ersten fünfzig Meter hinab. Schweißperlen standen ihm auf der Stirn.

Plötzlich geriet Anführer Karl vor uns ins Schlittern. Sein Auto glitt fünf Meter über die spiegelglatte Fahrbahn. Nur dank seiner langjährigen Routine gelang es unserem Coach, den Wagen anzuhalten und am Seitenrand abzustellen. Schwer atmend stieg Karl aus dem Auto, blickte den Hang hinab, der sich noch mehrere hundert Meter weit erstreckte, und schüttelte verzweifelt den Kopf. Auch Stefan brachte ehrfürchtig sein Auto zum Stehen, kletterte aus dem Wagen und gesellte sich zu unserem schockierten Trainer, dem der Schrecken ins Gesicht geschrieben stand. Sie plauderten kurz, während die anderen Autos hinter ihnen ebenfalls am Straßenrand anhielten.

„Was meint ihr? Fahren wir weiter?“

„So ein Dreckswetter! Das zieht ja immer mehr an!“

„Also mir ist das zu riskant.“

„Nun komm schon. Ich will endlich heim!“

„Mir ist, um ehrlich zu sein, das Risiko auch zu groß.“

„Ja. Ich will bei dem glatten Hang nicht die Verantwortung für meine Mitfahrer übernehmen!“

Also ließen wir die Autos stehen und marschierten zu Fuß ins Tal hinab. Am Ende des Berges schmetterten fünfzehn durstige Weiherfeldener Kehlen inbrünstig das Vereinslied, und kündigten ihre Ankunft in der nächsten kleinen Ortschaft lauthals an.

Spielleiter Willi hatte indes mit seinem Handy im Weiherfeldener Sportheim angerufen. Der Don hatte diese eigenartige Geschichte ebenso wenig glauben können wie das enttäuschende, glanzlose Ausscheiden unserer Mannschaft. Trotzdem verweigerte der Don seine Hilfe nicht. Er eilte von der Küche, wo sich das Telefon im Sportheim befand, in den Wirtschaftsraum und rief lautstark in die Runde, wer denn die armen Spieler der ersten Mannschaft in der Wirtschaft „Das Schwarze Ross“ abholen konnte. Wir wussten, dass es an einem Samstagabend nicht so einfach war, im Weiherfeldener Sportheim vier bis fünf fahrtüchtige Personen zu finden. Deshalb rechneten wir es dem Don ganz besonders hoch an, dass er binnen fünf Minuten erfolgreich war. Wenig später machten sich fünf Autos auf den Weg, um die gestrandeten Versager zu retten.

Im Wirtshaus angekommen, versüßte unser routinierter Spielleiter die Wartezeit mit zehn Maß Bier, von denen wir alle durstig tranken und die Hallen des Wirtshauses mit enthusiastischen Fußballergesängen erfüllten. Wenn man uns so zuhörte, konnte man fast meinen, wir hätten gerade die deutsche Meisterschaft gewonnen. Wir trotzten dem kläglichen Abschneiden und feierten so ausgelassen, dass sich sogar unsere Abholer noch eine halbe Stunde zu uns setzten, ehe Willi die Zeche beglich und wir gutgelaunt ins gute alte Weiherfelden zurückkehrten, wo wir gemeinsam mit dem Heiland und seinem Regisseur die Nacht zum Tage machten.

1. FC Kirchthein - TSV Weiherfelden (Vorbereitungsspiel)

In der Winterpause war noch einmal Spannung angesagt, was unseren geplanten Anbau betraf. Der beim Landratsamt eingereichte Bauantrag lag nun bei der örtlichen Gemeinde in Weiherfelden. So ganz verstand ich die Sinnhaftigkeit des Entscheidungskonstrukts nicht. Die Gemeinde wurde aus formellen Gründen angehört. Man prüfte zum hundertsten Mal, ob auch wirklich alle Unterschriften der Nachbarn auf dem Papier waren. Und dann ging es doch wieder ans Landratsamt zur finalen Entscheidung. Kein Wunder, dass solche Anträge Monate dauerten.

Trotzdem interessierte es mich brennend, wie sich der Gemeinderat positionierte. Also machte ich mich an einem Montagabend auf den Weg zum Rathaus, um höchstpersönlich der Sitzung des Bauausschusses beizuwohnen. Der Sitzungssaal war ein großer, geräumiger Raum mit einem riesigen weißen, etwas steril wirkenden Konferenztisch in der Mitte. Ein Beamer war an der Decke angebracht. Der Mitarbeiter der Gemeinde ließ die Leinwand herunter. Es standen vier Reihen mit gepolsterten Stühlen bereit. Ich suchte mir einen Platz ganz hinten, so wie ich es in der Schule gelernt hatte. Dann wartete ich gespannt darauf, dass die Gemeinderäte in den Saal strömten.

Die illustre Runde entpuppte sich schnell als ein chaotischer Haufen, bei dem man sich wirklich fragen musste, wer denn diesen Koryphäen seine Stimme gegeben hatte. Der kleine, rundliche Bürgermeister, der aussah, als ob ihm das Bier auch recht gut schmeckte, war noch der Einäugige unter den Blinden. Er versuchte verzweifelt, den Hühnerhaufen bei der Stange zu halten. Denn die verschiedenen Fraktionen verzettelten sich immer wieder in ihren provinzialen Kleinkriegen, die an sich gar nichts mit den zu entscheidenden Themen zu tun hatten.

„Zurück zu dem Antrag“, mahnte der Bürgermeister. „Ihr habt die Einschätzung der verantwortlichen Gemeindemitarbeiter gehört. Gibt es denn von eurer Seite sinnvolle Einwände?“, fragte er zum dritten Mal, wobei er diesmal das Wort „sinnvoll“ besonders betonte.

„Und die Abstandsflächen sind wirklich in Ordnung? Das sieht alles so eng aus …“

„Ja, die Abstandsflächen sind wie gesagt eingehalten worden“, antwortete der geduldige Gemeindemitarbeiter, der den Antrag für den Bauausschuss vorbereitet hatte.

„Aber müsste laut Bebauungsplan der Garten nicht vor dem Haus sein anstatt hinten in Richtung Wäldchen?“

„Wie gesagt gibt es in dieser Siedlung keinen Bebauungsplan. Somit haben die Bauherren relativ freie Hand.“

Diese Teufel versuchten doch tatsächlich mit Gewalt, etwas zu finden, einen weithergeholten Einwand zu konstruieren. Waren sie immer so? Oder hatten sie lediglich diesen Bauherren auf dem Kieker?

„Na komm schon, Loisl. Auch Mitglieder der CSU dürfen schließlich ein Haus bauen“, kommentierte ein Gemeinderatsmitglied aus einer anderen Fraktion sarkastisch. Grummelnd wand sich der große Kritiker wieder seinen Papieren zu.

Ich war erleichtert. Meine Vermutung hatte sich also bestätigt. Ich selbst war unpolitisch, kein Mitglied in irgendeiner Partei. Wir hatten also wenig zu befürchten. Dachte ich …

„Der nächste Bauantrag ist ein Anbau von den Bauherren Marco Tanner und Annika Schütz.“

Der Mitarbeiter wollte gerade zu einer detaillierten Erklärung unseres Vorhabens ansetzen, als schon der erste unqualifizierte Einwurf nicht lange auf sich warten ließ.

„Annika Schütz … Die Obsthofenerin?“, fragte ein kleiner, schmächtiger Glatzkopf neugierig. *Ach bitte, nicht schon wieder dieses Thema!*

„Ja“, bestätigte der Gemeindemitarbeiter knapp und fuhr fort: „Es handelt sich um …“

„Was treibt die denn nach Weiherfelden? Eine Obsthofenerin … Nicht zu fassen!“

„Leute, jetzt reißt euch mal zusammen. Lasst den Erwin bitte den Antrag vorstellen. Alles andere ist doch für unsere Entscheidung belanglos“, fuhr der Bürgermeister sichtlich genervt dazwischen.

„Eine Obsthofenerin in Weiherfelden. Das als belanglos abzutun ist beinahe Hochverrat!“

Die anderen Gemeinderäte kicherten. Aber ich selbst hatte schon zu viel von der Feindschaft zwischen den beiden Ortschaften gesehen, um diesen Spruch als Scherz aufzufassen. Unruhig harrte ich der Dinge, die noch folgen sollten.

Mit einer bewundernswerten Engelsgeduld stellte Gemeindemitarbeiter Erwin unseren Antrag vor. Er zeigte die Pläne, erklärte zu meiner Beruhigung, dass es keine Verstöße gegen gültiges Baurecht und die Abstandsflächen gab. Die Nachbarn hatten alle unterschrieben. Und nicht zuletzt existierte auch kein Bebauungsplan, der vorschrieb, was erlaubt war und was nicht.

„Also ich weiß nicht …“, ergriff ein Gemeinderat mit verwurstelten Haaren das Wort, der so angestrengt auf die Projektion des Beamers starrte, dass man sich wunderte, ob er überhaupt die riesige Leinwand sehen konnte. „Also einen Schönheitspreis werden sie damit aber nicht gewinnen.“

Mit zusammengebissenen Zähnen unterdrückte ich eine harsche Erwiderung. Was wollte der denn jetzt von uns? Wir hatten 3D-Bilder von unserem Bauzeichner gesehen, und mit etwas Farbe sah der Anbau richtig stark aus. Aber der Bürgermeister hatte allen Besuchern zu Beginn der Sitzung viermal eingeschärft, dass sie nur stille Zuhörer waren und keine Zwischenrufe von oder Diskussionen mit Gästen geduldet wurden. Sonst hätte ich mich wohl kaum zurückhalten können. Wobei es sicherlich klüger war, das sinnlose Geschwätz einfach über sich ergehen zu lassen, solange sie den Antrag am Ende genehmigten.

„Nun ja, dann passt es ja dort in der Straße ins Gesamtbild“, kommentierte ein altmodischer Mann, mit dessen Scheitel er in den 40er Jahren eine große Karriere vor sich gehabt hätte.

Und wo wohnst du bitteschön? Vermutlich in irgendeiner Höhle … Ich war fassungslos. Was war das denn für ein ketzerischer Haufen?

Willensstark schwieg ich zu allen dummen Sprüchen aus den Reihen des Gemeinderates, bis schließlich der Bürgermeister die

Farce beendete: „Gibt es denn sinnvolle Einwände gegen den Bauantrag?“

Schweigen im Walde. Mit sinnvollen Kommentaren hielten sich die Gemeinderäte an diesem Tag konsequent zurück.

So wurde unser Bauantrag schließlich stillschweigend angenommen und würde nun seinen Weg zum Landratsamt gehen, wo sich das Trauerspiel vermutlich wiederholte.

Der Höhepunkt des Abends aber war noch nicht erreicht. Denn nach unserem Bauantrag wurde die Beschwerde eines alten Ehepaars vorgebracht, deren Nachbarn, offensichtlich ohne Baugenehmigung, einen kleinen Geräteschuppen im Garten errichtet hatten. Der alte Mann mit Hut saß in der ersten Reihe und wirkte, als wäre er bereits eingeschlafen. Eine Reihe hinter ihm saß seine runzelige Frau und blickte bissig in Richtung Bürgermeister. Sie wirkte nicht gerade wie jemand, mit dem man sich anlegen sollte.

„Nur damit ich das richtig verstehe“, murmelte der Bürgermeister nachdenklich. „Die beiden Grundstücke grenzen also an der Ostseite aneinander. Und an der Westseite wurde der Geräteschuppen errichtet. Ist das korrekt?“

Der Gemeindemitarbeiter Erwin bestätigte das.

„Und was ist dann der Grund der Beschwerde?“

„Dass der Geräteschuppen ohne Baugenehmigung errichtet wurde.“

„Aber verstößt der Schuppen gegen irgendwelche Auflagen?“

„Nein.“

„Und fühlen sich denn die Nachbarn auf der betroffenen Westseite gestört?“

„Nein. Dort wohnen ohnehin Onkel und Tante. Ich kann mir nicht vorstellen, dass sie etwas dagegen haben.“

Der Bürgermeister wirkte irritiert. „Worüber reden wir dann eigentlich?“

„Gute Frage. Aber einer Beschwerde müssen wir nun mal nachgehen.“

„Können wir also den Bau des Schuppens nachträglich genehmigen mit einem formalen Hinweis, doch bitte nächstes Mal einen Antrag zu stellen?“

„Ja, das wäre eine sinnvolle Option“, bestätigte Erwin.

„So ein Saftladen!“, polterte die alte Dame plötzlich los.

„Ich bitte um Ruhe von Seiten der Zuhörer“, mahnte der Bürgermeister.

Doch die alte Dame war nicht mehr zu bremsen. „Verbrecher-Bande, elendige! Ihr nichtsnutziger Haufen Diebe! Herrgottsakrament nochmal naja!“

„Ich bitte um Ruhe!“

„Ich bitte um Gerechtigkeit!“, äffte die alte Dame den Bürgermeister nach.

Der Bürgermeister seufzte. Der Mann der alten Frau schämte sich in Grund und Boden und versank immer weiter unter seinem Hut. Und ich saß kichernd hinter den beiden und musste mich anstrengen, nicht laut loszulachen.

„Komm, wir gehen!“, kommandierte die alte Dame mit einem Tonfall, der keinen Widerspruch duldete.

„Höck di nooo!“, flehte der alte Mann vergebens.

„Komm, wir gehen!“

„Höck di widder nooo!“

„Nein, wir gehen! So ein Saftladen!“

„Höck di edz widder nooo!“

„Nichts da! Wir gehen, hab ich gesagt!“

Rabiat packte die alte Dame ihren Göttergatten am Ärmel und schleifte ihn hinter sich her. Fluchtartig verließen sie den Gemeindesaal. Zurück blieben ein verstörter Bürgermeister, dessen Autorität vollkommen untergraben war, ein perplexer Gemeinderat und ein gut unterhaltenes Publikum, das bei einem zünftigen Bauerntheater gewiss nicht mehr auf seine Kosten gekommen wäre.

Nachdem diese formale Hürde genommen war, machten Annika und ich uns an die Vorbereitungen für unsere Hochzeit.

Die Terminplanung war gar nicht so einfach. Zum einen wollte ich gerade jetzt, wo ein Aufstieg noch immer realistisch war, die Mannschaft nicht im Stich lassen. Also konnten wir schon einmal nicht heiraten, ehe die Saison endete.

Annika war über meine Prioritäten nicht erfreut. Aber ich beharrte unbeugsam auf der Tatsache, dass das eben so ist, wenn man einen leidenschaftlichen Fußballspieler heiraten will. Also akzeptierte sie diese Widrigkeiten grummelnd.

Dann aber in dem kurzen fußballfreien Zeitfenster einen Samstag zu finden, bei dem sowohl eine schöne Location frei war, als auch der Terminkalender des Weiherfeldener Pfarrers, war eine hohe Kunst, die eine große Portion Glück erforderte. Die Wahl fiel schließlich auf den Samstag nach dem letzten Punktspiel.

Rasch klärten wir den Termin mit unseren Eltern ab. Dann sagten wir dem Gasthof und dem Pfarrer zu. Begeistert machten wir uns an die ersten Vorbereitungen. Drei lange Abende arbeiteten wir an den selbstgebastelten Einladungen.

Viel Zeit blieb uns in jenen Tagen nicht füreinander. Denn Karl Adler hatte Blut geleckt. Er spürte, dass in puncto Aufstieg noch nichts verloren war. Der Trainingsplan war hart. Und drei Wochen vor dem ersten Punktspiel der Rückrunde setzte Karl auch noch ein spontanes Winter-Trainingslager an.

Sandberge blieben uns diesmal zum Glück erspart. Er war nicht ganz so ein übler Schleifer wie sein Vorgänger Andreas Dietner. Aber dafür schufteten wir in einer modernen Anlage mit schönen Zimmern und Wellness-Bereich.

Waldläufe bei eisiger Kälte sollten uns gegen die rohe Gewalt der Berchgnordzn der Kreisklasse Nord abhärten. Auf dem Trainingsplatz fokussierte sich Karl auf eine Vergrößerung der Variationen unseres Offensivspiels, studierte Spielzüge und Freistoßvarianten ein. Er wollte sein Arsenal an Waffen im Kampf um den Aufstieg aufstocken, damit wir für jede Spielsituation die passende Reaktion parat hatten. Im Kraftraum schwitzten wir wie die Wahnsinnigen.

Und an den beiden Mannschaftsabenden feierten wir bis in die späten Morgenstunden und verschwendeten keinen Gedanken daran, dass Willi pünktlich um 7 Uhr zum Waldlauf rief.

Am zweiten Abend stellte ich fest, dass ich bei den Trinkspielen etwas versierter geworden war. Bei Mäxchen ließ ich mich nicht mehr so leicht abfüllen. Und beim Quartern traf ich immer öfter, so dass ich mich zwar müde und betrunken fühlte, als ich um 2 Uhr nachts in mein Zimmer rumpelte, aber wenigstens noch in der Lage war, allein zu laufen.

Ich legte mich auf mein Bett. Und in einem Anfall alkoholschwangerer Melancholie dachte ich an Annika. Eine plötzliche Sehnsucht ergriff Besitz von mir. Ich liebte diese Frau, wollte sie in den Armen halten. Aber sie war nicht da. Ich war allein auf meinem Zimmer. Stefan war noch unten bei den anderen.

Ich zückte mein Handy. Irgendwie war die Tastatur ganz schön verschwommen. Mit dem Ärmel wischte ich über das Display, aber es half nichts. Ich musste wohl doch betrunkener sein, als ich zunächst angenommen hatte.

Ich drückte einige Knöpfe in der Hoffnung, in meiner Anrufliste zu landen, und presste mit unkontrollierten Fingern auf die letzte gewählte Rufnummer. Die Tatsache, dass Annika und Timo bereits seit Stunden schliefen, erschloss sich mir in meinem Zustand nicht mehr. Ich wollte mit ihr sprechen. Vielleicht sogar ein wenig Telefonsex mit ihr machen. Alles andere war in diesem Augenblick uninteressant. Bei den süßen Klängen der verführerischen Frauenstimme zog es mir schließlich die Augen zu. Alles wurde schwarz, und das Handy glitt mir aus der Hand.

Am nächsten Morgen weckte uns Willi wie gewohnt gnadenlos zum letzten Waldlauf des Trainingslagers. Ich war tierisch verkatert. Mein Schädel hämmerte. Ich hängte mein Handy an das Ladegerät, schrieb Annika eine kurze SMS und schlüpfte hastig in die Trainingsklamotten.

Das Trainingslager hatte uns noch mehr zusammengeschweißt. Es herrschte Aufbruchstimmung in Weiherfelden. Wir alle glaubten an den Erfolg. Das letzte Vorbereitungsspiel beim ersten FC Kirchthein sollte uns das nötige Selbstvertrauen für einen fulminanten Start in die Rückrunde geben.

Mit dem blutjungen achtzehnjährigen Kai Kainer wollte Karl einen Perspektivspieler aus der zweiten Mannschaft testen, der durch gute Trainingsleistungen auf sich aufmerksam gemacht hatte. Hibbelig saß das Weiherfeldener Eigengewächs in der Umkleidekabine und sah sich ängstlich um. Er wirkte nervös wie ein junger Priester vor der Audienz beim Papst.

Der Gegner hatte sich die letzten Jahre kaum verändert. Sie spielten nun in der A-Klasse Nord, eine Liga unter uns. Und sie zelebrierten noch immer klassischen Kick and Rush, ohne jegliche Spielkultur. Unsere berühmte Flügelzange wirbelte die dicht gestaffelte Defensive ein ums andere Mal durcheinander.

Dann schlug Kais große Stunde.

„Schiedsrichter, wir wechseln!“, rief Karl nach 50 Spielminuten.

Kai dehnte sich noch ein letztes Mal. Dann schnupperte zum ersten Mal Erstmannschaftsluft. Bis er stattdessen den Duft des feuchten Grases schnupperte. Denn er rutschte beim Betreten des Platzes noch vor seinem ersten Ballkontakt aus und landete mit dem Gesicht im Rasen. Die schadenfroh kichernden Zuschauer verunsicherten den armen Kai natürlich noch mehr. Zu allem Überfluss hatte er vor Aufregung seine Kontaktlinsen vergessen und musste deshalb mit Brille spielen. Es war ein trüber, verregneter Tag. Fünf Minuten nach der Einwechslung eilte er kleinlaut zu Karl und jammerte: „Trainer. Ich seh nichts! Meine Brille beschlägt die ganze Zeit!“

Karl Adler war ein feiner Kerl. Aber auf dem Spielfeld war er der personifizierte Ehrgeiz und geladen wie eine Hochspannungsleitung. Kopfschüttelnd grummelte er vor sich hin, während sein Kopf immer röter wurde. Kai hatte noch Glück, dass er aufgrund der beschlagenen Brille nicht das volle Ausmaß der verärgerten Visage sehen konnte.

„Max, mach dich fertig!“, bellte der Trainer.

„Ach, bitte nicht! Nicht heute!“, bettelte Max. Er war am Morgen direkt vom Biertisch zum Waldlauf gegangen und hatte keine Minute geschlafen.

Karl schüttelte nur fassungslos den Kopf. „Wo bin ich hier nur gelandet? Der eine kann vor Aufregung nicht geradeauslaufen, und der andere ist noch sturzbetrunken. Naja, wenigstens sieht er was!“

Und so ging Kai Kainer als erster Spieler in die Weiherfeldener Geschichtsbücher ein, der bei seinem Debüt in der ersten Mannschaft ohne einen einzigen Ballkontakt wieder ausgewechselt wurde.

Alle anderen Spieler jedoch strotzten nur so vor Selbstbewusstsein. Wir waren heiß auf den Saisonauftakt, wollten gegen die FSV Eggenheim aller Welt beweisen, dass mit uns im Kampf um den Aufstieg noch zu rechnen war.

Die Partie gegen Kirchthein endete mit einem überdeutlichen 8-0.

Der Trainer war zufrieden: „Nächste Woche gilt es! Wenn ihr an die heutige Leistung anknüpft, steht unserer Aufholjagd nichts im Weg!“

TSV Weiherfelden – 1. FC Hohentannen (18. Spieltag)

Es kam, wie es kommen musste. Wir fühlten uns gut. Wir waren selbstbewusst. Wir brannten auf den Auftakt der Rückrunde. Doch wie so oft wurden die ersten beiden Spieltage wegen Tauwetter abgesagt. Die Plätze standen unter Wasser, waren nicht bespielbar. Man hätte den Rasen völlig ruiniert. Die Spiele wurden vom Verband auf Ostersamstag und Ostermontag verlegt. Etwas anderes hatten wir nicht erwartet.

Karl sorgte mit neuen Spielformen dafür, trotz der frustrierten Stimmung durch den verzögerten Start Feuer ins Training zu bringen. Normalerweise spielte im Trainingsspiel stets die erste Mannschaft gegen die zweite Mannschaft. Das endete zwar oft in einseitigen Partien, hatte aber auch zahlreiche Vorteile. Beide Mannschaften konnten sich aufeinander einspielen. Und für die aufstrebenden Nachwuchsspieler der Zweiten waren die Duelle mit den gestandenen Erstmannschaftsspielern lehrreiche Erfahrungen, durch die sie sich bestmöglich weiterentwickelten.

Diesmal aber versuchte Karl, dem Training einen völlig neuen Reiz zu verleihen. Es spielte nicht die Erste gegen die Zweite. Unser Coach teilte das Lager in Fans des FC Bayern München und des 1. FC Nürnberg auf.

Dieses Duell bot brisanten Zündstoff. Während die erfolgsverwöhnten Bayernfans den „Club" belächelten, waren die „Club-Fans" der felsenfesten Überzeugung, dass kein Mensch, der im Herzen ein waschechter Franke war, auch nur mit dem Gedanken liebäugeln durfte, für die nicht-fränkischen Millionäre aus München zu schwärmen.

Das Nürnberger Unverständnis über diesen erzfränkischen Landesverrat nahm zuweilen so extreme Züge an, dass man sich ernsthaft fragen musste, ob es sich wirklich um Fans des 1. FC Nürnberg handelte, oder ob der Hass auf den FC Bayern nicht sogar das eigentliche Fan-Sein in den Hintergrund rückte.

Vor dem Spiel sprachen beide Seiten groß auf.

„Heut ziehen wir euch das Fell über die Ohren, ihr Erfolgsfans!"

„Tja, euer Neid ist unser Erfolg!"

„Scheiß auf euren Erfolg. Mit euch möcht ich nicht tauschen! Ich bereue diese Liebe nicht!"

„Aber dieses Spiel werdet ihr bald bereuen, wenn wir mit euch fertig sind."

„Pah, da müssen schon andere kommen!"

Es war ein Duell der Gegensätze. Der selbstbewusste Serienmeister gegen die unberechenbare Fahrstuhlmannschaft. Erfolg, Titel, Geld und ein qualifiziertes Management gegen Schulden, Chaos und klamme Kassen. Erfolgsverwöhnte Fans gegen die vielbelächelte glühende Leidensfähigkeit der „Club"-Fans, die auf der einen Seite jedem Fußballfan höchsten Respekt abrang, aber gleichzeitig auch einen etwas masochistischen Beigeschmack hatte. Und vor allen Dingen: Franken gegen Bayern!

Als eingefleischter Fan des FC St. Pauli war ich einer der wenigen Weiherfeldener, die das emotionale Treiben mit einer gewissen neutralen Distanz verfolgten. Auch wenn ich anhand der krassen Gegensätze die Rivalität nachvollziehen konnte, war es stets lustig mit anzusehen, wie sich die beiden Lager samstags im Sportheim beim Ansehen der Bundesliga bekriegten. Und bei den Champions-League-Spielen unter der Woche nahm es noch wahnwitzigere Züge an.

„Diese Geldsäcke dürfen nicht gewinnen. Die kaufen sich immer nur die besten Spieler. Mit diesem zusammengekauften Haufen ist das ja keine Kunst!"

„Schau dir mal die Startelf an, du Hornochse! Lahm, Alaba, Schweinsteiger und Müller. Vier Eigengewächse. Von Spielern wie Badstuber oder Kroos ganz zu schweigen. Von wegen zusammengekaufter Haufen!"

„Na und? Hoffentlich verlieren sie heute! Die Bayern sind ja nur erfolgreich wegen ihrem vielen Geld!"

„Nur weil euer Glubb immer pleite ist …"

„Das Geld kommt halt immer zu den Reichen."

„Aber auf internationaler Ebene könntest du schon mal den deutschen Vertreter anfeuern …"

„Damit denen noch mehr Geld in den Rachen gestopft wird? Ich bin gegen Geldfußball. Chelsea, Chelsea, Chelsea vor, noch ein Tor!"

„Du weißt aber schon, dass Chelsea von einem russischen Milliardär finanziert wird?"

„Na und? Hauptsache die Bayern verlieren. Wenn man sich vor der Saison hinstellt und rumposaunt, dass man schon wieder Meister werden will. Da krieg ich des Kotzen! Arroganter Haufen!“

„Na dich möcht ich mal erleben, wenn ein FC Bayern München vor der Saison den Klassenerhalt oder den dritten Platz in ihrer Champions-League-Vorrundengruppe als Saisonziel ausruft.“

Nur der Durst vermochte Diskussionen wie diese für ein paar Sekunden zu unterbrechen. Und nun gab Karl diesem ganzen Wahnsinn auch noch eine Plattform: das Trainingsspiel.

Und das hatte mit der Kluft zwischen den beiden realen Vereinen wenig gemein. Mit Michael Meister, Harald Gepard, Georg Weiler und Kevin Mai hatten die Club-Fans ein starkes Grundgerüst der ersten Mannschaft in ihren Reihen und galten als der Favorit. Deshalb war es mir nicht unrecht, als mir der Coach ein gelbes Laibchen in die Hand drückte. „Du bist kein Bayern-Fan, also bist du einer von den Guten!“ Schon galt ich inoffiziell als Club-Fan und durfte meine Kollegen gegen die verhassten Anhänger der Millionäre unterstützen.

Im emotionalen Trainingsspiel entwickelte sich tatsächlich viel mehr Feuer als in den Spielen zwischen der ersten und zweiten Mannschaft. Verbissen kämpften beide Teams um jeden Zentimeter. Es wurde aus allen Lagen geschossen.

„Wir werden euch schon zeigen, dass ihr auf dem Platz genau so Pfeifen seid wie eure Club-Spieler!“, kündigten die Bayern-Fans um Niklas Dinger und Andreas Stieler vollmundig an.

„Die Wahrheit liegt auf dem Platz, nicht auf dem Bankkonto. Wir werden euch so viel laufen lassen, dass ihr euch fühlt, als würdet ihr an eurem Geld ersticken!“, konterte der gewohnt selbstbewusste Michael Meister.

Am Ende gewannen wir die prestigeträchtige Partie mit 5-4. Die „Club“-Fans hatten sich selbst eine Gelegenheit erkämpft, endlich einmal mit Häme auf die Bayern-Fans hinabzublicken und sie zumindest bis zum nächsten Bundesligaspieltag mit der bitteren Niederlage zu hänseln.

Dann fasste langsam aber sicher der Frühling Fuß. Ein Hoch mit dem Namen Willibald sorgte für sommerliche Temperaturen im Frühjahr. Die Plätze trockneten ab. Und wir erhielten einen Anruf von unserem Rohbauer.

„Das Wetter sollten wir ausnutzen. Am besten beginnen wir gleich mit den Fundamenten. Und wenn die einmal gelegt sind, können eure Holzbauer unabhängig von der Wetterlage weitermachen. Was haltet ihr davon? Da gewinnen wir zwei Wochen Puffer."

Annika und ich waren begeistert. Wenn wir schon keinen Puffer mehr in unserem Budget hatten, wollten wir den Anbau zumindest termingerecht fertigstellen. Wir sagten zu. Das Abenteuer konnte beginnen.

Tags darauf rückte eine Kolonne Bauarbeiter mit einem Bagger und zahllosen Schaufeln bewaffnet an. Binnen weniger Minuten glich unser Garten einem Schlachtfeld. Die Handwerker waren lustige Gesellen. Der eine war ein hoch aufgeschossener Mann mit dunklen Haaren und gigantischer Plauze, die er nicht ganz unter seinem viel zu kurzen Pullover verbergen konnte. Die untersten beiden Rettungsringe spitzten den ganzen Tag unter dem Oberteil hervor. Der andere Bauarbeiter war ein kleiner, kraftvoller Mann. In tiefstem Fränkisch versuchte er, mir jeden Arbeitsschritt haarklein zu erklären, wobei ich selbst auf Hochdeutsch nur Bahnhof verstanden hätte. Es waren sympathische, skurrile Typen, die ich mir auch gut im Weiherfeldener Sportheim hätte vorstellen können. Aber das Wichtigste war, dass sie fleißig schaufelten. Sie baggerten den halben Garten auf und begannen, die tiefen Gruben mit Beton zu füllen.

Ich beobachtete zufrieden den Fortschritt auf der Baustelle, als mein Handy klingelte.

„Niklas, was gibt's denn?"

„Hast du morgen schon was vor?"

„Nein. Noch nicht. Ich wollte es eigentlich etwas ruhiger angehen lassen. Das Spiel gegen Hohentannen ist echt wichtig."

„Jetzt lass mal das Fußball …“, brabbelte er aufgeregt. „Es gibt dringendere Angelegenheiten.“

Das klang geheimnisvoll. „Was hast du denn schon wieder vor?“

„Ich hab rausgefunden, was Kevin heute vorhat.“

Kopfschüttelnd rollte ich mit den Augen.

„Das ist die Chance! Wir müssen endlich rausfinden, wie er die ganzen Mädels abschleppt!“

Also verbrachten wir den Samstagabend wieder in Grunzenbach. Mit Argusaugen beobachtete Niklas jede Bewegung, Mimik und Gestik von Raldo. Aber der ging nicht wie erwartet auf Frauenjagd. Unbeschwert saß er bei uns am Tisch, trank genüsslich sein Bier und hörte sich die rockige Musik an.

„Der versucht ja nicht mal, eine aufzureißen“, wunderte sich Niklas, als Kevin auf dem Weg zur Toilette war.

„Vielleicht ist das sein Geheimnis.“

„Komm schon. Der sitzt ja nur da, säuft sein Bier und macht nicht mal die kleinsten Anstalten, zu flirten.“

„Du hast recht. Dann müsste der Max ja jedes Wochenende zehn Frauen abkriegen.“

„Aber irgendein Rezept muss der doch haben!“

Doch Kevin unternahm den ganzen Abend nichts. Er blieb unscheinbar an unserem Tisch sitzen, trank noch drei Bier. Dann fuhren wir enttäuscht und verwundert nachhause.

„Ich muss noch schnell tanken“, kündigte ich kurz vor Weiherfelden an und bog nach links in die Tankstelle ein.

Niklas und Max schliefen auf dem Rücksitz und bekamen von dem Zwischenstopp nichts mit. Ich stieg aus und stellte mich gähnend an die Zapfsäule.

„Ich hol mir schnell noch einen Snack“, sagte Kevin.

Wenige Minuten später folgte ich ihm in die Tankstelle. Raldo stand neben der Theke, stopfte eine Bifi in sich hinein und himmelte unverhohlen die hübsche Kassiererin an. Und sie himmelte auch noch zurück.

„Fahrt schon mal. Ich komm nach", kündigte er augenzwinkernd an.

Wie macht der Kerl das bloß?

Am nächsten Mittag lief ich angespannt zum Sportplatz, wo mit dem 1. FC Hohentannen eine Mannschaft auf uns wartete, die sich in der Tabelle auf Tuchfühlung mit dem Spitzentrio befand. Es war ein richtungsweisendes Duell. Ich erinnerte mich grinsend an das kuriose Hinspiel mit den vielen Eigentoren. Diesen Gefallen würden sie uns heute nicht noch einmal tun.

Es war ein weiterer sonniger Tag. Doch es wehte ein eisiger Nordwind. Trotz der Kälte warteten wir draußen vor dem Sportheim. Die Gegner trafen ein. Ihre Blicke sprachen Bände. Sie wollten Revanche. Dann aber war das anstehende Spitzenspiel vergessen. Denn Kevin stolzierte heran. Im Arm hielt er die grazile Schönheit aus der Tankstelle. Ihre leckeren roten Lippen funkelten uns schon aus hundert Metern Entfernung entgegen. Trotz der Kälte trug sie keine Jacke. Ihre einladend wippenden Brüste brachten die komplette Elf um den Verstand.

„Das gibt's nicht!", stammelte Niklas und rieb sich die Augen. „Wir haben den doch den ganzen Abend auf Schritt und Tritt verfolgt!"

„Bis ihr eingeschlafen seid, ihr alten Geheimagenten."

„Können sich deine Damen nicht wenigstens Unterwäsche anziehen, anstatt jede Woche die ganze Mannschaft abzulenken?", polterte Karl verärgert.

„Sorry Trainer, den BH haben wir wohl auf dem Weg zu meiner Wohnung verloren."

„Ich begreif's nicht, Raldo", seufzte ich auf dem Weg in die Umkleide. „Du warst doch nur ein paar Minuten in der Tankstelle, bis ich zum Zahlen nachgekommen bin."

„Ja, das war lustig", grinste er. „Da hab ich doch glatt dreimal meinen PIN falsch eingegeben und meine Karte gesperrt."

Wie vom Blitz getroffen blieb Niklas stehen. „Und darauf fahren die Weiber ab?“

Kevin zuckte nur mit den Schultern. „Keine Ahnung. Sie fand das irgendwie süß.“

Mit einem frustrierten Schnauben stürmte Karl hinter uns in die Kabine. „Schluss jetzt mit den Flausen! Es wird Fußball gespielt!“ Er hielt eine feurige Rede, erinnerte an das Blut und den Schweiß, die wir in der harten Vorbereitung vergossen hatten. „Heute haben wir die Chance, den dritten Platz zu festigen. Dann können wir unseren Blick nur noch nach oben richten. Helmersdorf und der SC Weinsburg sollen sich warm anziehen. Geht raus und setzt das um, was wir so viele Wochen lang trainiert haben. Dann zerlegen wir hier und heute Hohentannen. Und die anderen beiden knöpfen wir uns anschließend vor!“

Die Zuschauerränge platzten aus allen Nähten. Es war ein Derby und ein absolutes Spitzenspiel. Der Anpfiff ertönte. Die Schlacht begann.

Bereits beim ersten Ballkontakt meines Gegenspielers wusste ich, dass es ein harter Nachmittag werden würde. Söldner war einer der komplettesten, torgefährlichsten Mittelfeldspieler der Liga. Und diesmal war er nicht ein Schatten seiner selbst, wie im Hinspiel, als ganz Hohentannen schwer kerwageschädigt gewesen war.

Bissig warf ich mich in jeden Zweikampf. Er durfte nicht in der Nähe des Strafraums zum Schuss kommen. Zweimal blockte ich ihn im letzten Moment mit der Fußspitze ab. Der dritte Versuch strich knapp über den Winkel. Schwer atmend wischte ich mir den Schweiß aus den Augen. In dieser Form war Söldner nur schwer zu stoppen. Ich dachte an den Bierdeckel, der zuhause auf mich wartete. *Reiß dich zusammen! Du musst ihn in die Knie zwingen. Er ist der Schlüsselspieler!*

Hohentannen unterband unsere Flügelzange mit harten Angriffen auf Kevin und Georg. Zwei hartnäckige Wadenbeißer wichen Karl keinen Zentimeter von der Seite und nahmen unseren

Erfolgsgaranten aus dem Spiel. Es war eine zerfahrene Partie mit vielen krachenden Zweikämpfen, die von ihrer Spannung lebte.

Kurz vor der Pause nutzte Michael Meister robust eine Lücke, die durch Karls Doppelbewachung entstand. Er fackelte nicht lange. Der Ball schoss aufs Tor zu. Aber der gut aufgelegte Torwart der Gäste lenkte ihn an den Pfosten.

So gingen wir also mit einem 0-0 in die Halbzeitpause.

„Wir stellen aweng um. Aber wir haben gesehen, dass sie verwundbar sind. Ich lass mich ins Mittelfeld fallen. Dann ziehe ich entweder meine Gegenspieler mit ins Getümmel. Dadurch entsteht mehr Raum für Stefan und Michael. Oder ich habe mehr Freiräume und bin stärker ins Spiel eingebunden. Georg und Kevin: Ihr tauscht die Seiten!“

„Aber dann tun wir uns schwer mit dem Flanken!“

„Sie stehen auf den Flügeln zu gut, haben sich prima auf eure Flankenläufe eingestellt. Wir hatten sowieso kaum Flanken. Versucht stattdessen, mit eurem starken Fuß nach innen zu ziehen. Ihr habt einen guten Schuss. Bringt sie aus der Distanz in Bedrängnis.“

„Okay, Trainer!“

„Verstanden!“

Karls Rechnung ging auf. Unser Gegner war überrascht. Karl hatte im Zentrum zu viel Platz und bediente Kevin auf dem rechten Flügel. Der zog sofort nach innen und packte die linke Klebe aus. Doch der Ball strich knapp über die Querlatte.

„Gut so. Macht weiter!“

Aber Hohentannen war eine harte Nuss. Rasch stellten sie sich auf die Veränderungen ein. Sie attackierten Karl hart im Mittelfeld. Und sie machten die Laufwege von den Flügeln in Richtung Strafraum konsequent dicht.

Söldner brachte mich weiter an meine Grenzen. Schnell und mit beeindruckender Ballführung brach er halbrechts durch und zog in die Mitte. Nur mit einer verzweifelten Grätsche konnte ich den Angriff zur Ecke klären.

Als einer der kleinsten Spieler positionierte ich mich am Innenpfosten. Dominik übernahm den großgewachsenen Söldner. Die Ecke kam scharf auf den Elfmeterpunkt. Söldner und Dominik stiegen hoch. Und das Leder landete unhaltbar in unserem Tor. Hohentannen führte mit 1-0.

Wütend rannten wir gegen die massive Defensive an. Karl konnte sich immer besser dem Zugriff seiner beiden Bewacher entziehen. Mit klugen Pässen setzte er Stefan und Michael in Szene. Michael ließ einen scharfen Ball prallen. Stefan donnerte das Leder aufs Tor. Abgewehrt!

Es hagelte Chancen im Minutentakt. Georg täuschte an, vom linken Flügel in Richtung Mitte zu ziehen. Ein flinker Haken. Und schon brach er zur Grundlinie durch. Seine Flanke mit dem schwachen Fuß war nicht so präzise wie gewohnt. Aber Michael preschte mit dem Kopf heran. Tor! Der langersehnte Ausgleichtreffer.

Nun hatten wir Blut geleckt und warfen alles nach vorn. Ein Punkt reichte uns nicht. Wir brauchten einen Sieg. Mit einer riskanten Grätsche fuhr ich Söldner in die Parade. Der Ball kullerte zu Kapitän Harald. Und schon rollte der TSV-Express wieder los. Harald spielte den Ball lang auf Michael. Aber diesmal verlor unser großgewachsener Stürmer den Luftkampf gegen die grobschlächtigen Gästeverteidiger.

Hohentannen startete einen rasanten Konter über den rechten Flügel. Eine scharfe Flanke in Richtung Elfmeterpunkt. Dort lauerte Söldner. Todesmutig warf ich mich in das aussichtslose Kopfballduell. Er kam an den Ball. Aber ich störte ihn entscheidend. Der Ball segelte in einer Bogenlampe durch unseren Strafraum. Und fiel einem Gästestürmer geradewegs vor die Füße. Ein strammer Schuss. Torwart Andreas streckte sich. Aber vergeblich! Hohentannen führte plötzlich wie aus dem Nichts mit 2-1.

Fünf Minuten später schlichen wir mit hängenden Köpfen vom Platz. Sie hatten im Torabschluss einfach das entscheidende Quäntchen Glück mehr gehabt. Eine bittere Niederlage. Somit waren wir nur noch vierter. Unsere großen Ambitionen lösten sich langsam aber sicher in Schall und Rauch auf.

TV Helmersdorf - TSV Weiherfelden (19. Spieltag)

Der erste Besuch unseres Holzbauers lenkte mich ein wenig von meinem Elend ab. Eine ganze Woche lang turnten die Zimmermänner auf dem Dach der Garage herum. Sie bauten das alte Dach ab und deckten es mit einer Plane zu. Die Wetteraussichten waren gut. „Aber man kann nicht vorsichtig genug sein", meinte Held Senior.

Am Donnerstag kamen dann wieder die Rohbauer mit einer ganzen Schwadron Handwerker. Als ich mich morgens auf den Weg zur Schule begab, begannen sie fleißig, Steine zu schleppen und Mörtel anzurühren. Nach dem Unterricht staunte ich nicht schlecht. Die Garage wirkte höher als vorher. Das musste der sagenumwobene Ringanker sein, ein Eckpfeiler der statischen Berechnungen des dusseligen Waldschrats.

Am Abend rief mich dann Held Junior an: „Wie weit sind sie denn gekommen?"

„Sie haben gesagt, der Ringanker ist fertig."

„Das ist gut. Sehr gut. Dann kommen wir nächste Woche vorbei und stellen euch den Anbau hin."

Ich konnte mir nicht viel darunter vorstellen, was er mit „hinstellen" meinte. „Was genau bedeutet das?"

„Wir kommen Mitte nächster Woche vorbei und bauen den Anbau auf. Wir haben schon alles maßgerecht in unserer Halle gefertigt. Im Endeffekt müssen wir es nur noch zusammenschrauben."

„Nur noch zusammenschrauben?" Es hörte sich beinahe zu einfach an.

„Ja, das kriegen wir in ein bis zwei Tagen hin. Das ist keine große Sache. Der Innenausbau wird uns dann aber noch einige Wochen beschäftigen."

Es hörte sich aufregend an. Ich freute mich auf die kommende Woche. Aber vorher stand das absolute Spitzenspiel der Kreisklasse Nord auf dem Programm. Das Gastspiel beim TV Helmersdorf war unsere letzte Chance. Im Fall einer Niederlage würden wir vollends den Anschluss an die Tabellenspitze verlieren.

Nach außen stellten wir im Sportheim unerschütterliches Selbstbewusstsein zur Schau. Aber in der Kabine konnte man beim Training die Zweifel in den Gesichtern erkennen. Wir hatten so hart trainiert, aber dennoch den Rückrundenauftakt vermasselt. Und im Hinspiel hatte uns Helmersdorf in Weiherfelden gehörig das Fell über die Ohren gezogen. Was sollte das dann auswärts werden? Gerade gegen eine bärenstarke Heimmannschaft, die sich zuhause noch keine Blöße gegeben hatte.

Und so kamen die unliebsamen Gedanken von ganz allein. *Was, wenn es einfach nicht reicht? Wenn wir als Mannschaft nicht stark genug sind, trotz Hochkarätern wie Karl und Georg um den Aufstieg mitzuspielen?* Vor meinem geistigen Auge sah ich mich schon im Obsthofener Trikot über einen gepflegten Kreisliga-Rasen wetzen. Und spätestens da flammte der tannersche Kampfeswille wieder auf: *Nicht mit mir!* Aber das war leichter gesagt als getan.

Unsere einzige Hoffnung war, dass wir im Gegensatz zu Helmersdorf schon Wettkampferfahrung in der Rückrunde hatten. Vielleicht waren sie noch ein wenig eingerostet. Den 18. Spieltag hatten sie abgesagt. Es rankten sich viele Gerüchte um diese Spielabsage. Die einen erzählten etwas von einem Trauerfall. Einige Verschwörungstheoretiker am Stammtisch hatten gehört, dass die dubiose Geldquelle der Helmersdorfer versiegt war. Andere wiederum spekulierten, dass Stark und Aleno noch angeschlagen waren und der Spitzenreiter deshalb das Spiel verlegt hatte.

Ich persönlich gab nicht viel auf Gerüchte. Man konnte ohnehin nie sagen, was an dem ganzen Gerede dran war. Und letzten Endes war es mir egal. Wir hatten es selbst in der Hand. Es musste ganz einfach unser Spiel werden.

Als ich am Sonntagmorgen erwachte, war ich guter Dinge. Es war ein schöner, sonniger und trockener Tag. Doch es wehte ein kühler, starker Wind, der uns beim Treffpunkt vor dem Helmersdorfer Sportheim frösteln ließ. Also betraten wir das kleine Sportheim der Gastgeber, um uns vor dem Umziehen aufzuwärmen. Es waren noch keine Spieler aus der ersten Mannschaft des Spitzenreiters anwesend. Kein Stark. Kein Aleno. Niemand.

Aber dafür rannte der Spielleiter des Tabellenführers wie ein aufgescheuchtes Huhn von Tisch zu Tisch. Die Stammtisch-Besucher rollten genervt mit den Augen.

Bei einem Blick in ihre glänzenden Gesichter mussten wir uns eingestehen, dass es in anderen Sportheimen ebenso legendäre Koryphäen gab wie in Weiherfelden. Was den Promillespiegel betraf, standen sie an diesem Sonntagmittag dem Regisseur und Norbert Heiland in nichts nach. Argwöhnisch betrachteten sie jede Bewegung des verzweifelten Spielleiters.

„Du trägst die ganze Ruhe raus!“, lallte ein besonders angeschlagenes Exemplar.

„Leute, kommt schon. Ihr könnt mich doch nicht im Stich lassen!“

„Schau dir mal mein Bierfilzla an. Da sind fünfzehn Striche drauf. Was willst du eigentlich von mir?“

„Ich kann nicht mal 50 Meter geradeaus laufen in diesem Zustand!“

„Und ich kann nicht mal 50 Meter laufen, ohne einen Herzinfarkt zu bekommen!“

„Dann gehst du eben ins Tor“, polterte der Spielleiter erbarmungslos.

Was zum Teufel geht hier vor? In welches Tor? Spielt etwa die Altherrenmannschaft parallel zu uns und bringt keine Leute zusammen?

„Weißt du, wie lang ich brauche, bis ich wieder auf den Beinen bin, wenn ich erstmal auf dem Boden lieg? Vermutlich schlaf ich an Ort und Stelle ein."

„Genau. Und ohne meine Brille seh ich den Ball nicht mal, wenn du ihn mir zehn Zentimeter vors Gesicht hältst!"

„Weißt du eigentlich, wann ich das letzte Mal auf einem Fußballplatz gestanden bin?"

„Geht mir auch so. Ich bin ja schon zu faul, mir 90 Minuten lang ein Spiel anzuschauen."

„Leute, die Lage ist ernst! Wenn wir bei den Spielen nicht einmal eine Rumpfmannschaft zusammen bekommen, dann brummt uns der Verband eine Strafe auf, die sich gewaschen hat!"

„Das ist doch nicht unser Problem!"

„Das wird ganz schnell zu eurem Problem!"

„Was können wir denn dafür, wenn ihr euch auf diesen spinnerten Halsabschneider einlasst?"

„Nichts. Aber wenn uns der Verband eine Strafe aufbrummt, dann wird dieser Verein so pleite sein, dass wir vielleicht sogar das Sportheim schließen müssen. Dann gibt es hier kein Bier mehr!"

Die volltrunkenen Männer wurden kreidebleich und waren von der einer Sekunde auf die nächste wieder stocknüchtern.

„Das können wir nicht zulassen!"

„Wo sind die verdammten Trikots?"

Wir konnten es nicht fassen. War das ihr Ernst? Bildeten diese Stammtisch-Brüder die Mannschaft, die der alles überragende Tabellenführer hier und heute gegen uns ins Rennen schickte? Oder war es ein übler Trick, mit dem uns diese Gauner in Sicherheit wiegen wollten?

Es war kaum zu glauben. Aber wo waren Aleno, Stark und die anderen Stars der regionalen Fußballszene? Argwöhnisch trabten wir beim Aufwärmen auf dem Platz herum. Es war so unglaublich, dass wir eine Falle witterten. Aber dazu war der Spielleiter viel zu verzweifelt gewesen.

„Ganz egal, wer da heute auf dem Platz steht. Wir spielen unser Spiel und lassen uns von nichts und niemandem aus der Ruhe bringen“, beschwor Karl wenige Minuten vor dem Anpfiff. „Und jetzt geht raus und haut die Dreckskerle weg!“

Als der Schiedsrichter in seine Pfeife pfiff, war endlich alles klar: Helmersdorf lief mit zehn Spielern auf, die unsportlicher, übergewichtiger und betrunkener nicht hätten sein können. Mit einem Altersdurchschnitt von knapp 50 Jahren schickten sie die Crème de la Crème ins Rennen – nicht des Fußballs, sondern des Biertisches.

Hätten wir in den Anfangsminuten nicht so zögerlich nach vorn gespielt, wären auch gut und gerne 50 Tore drin gewesen. Am Ende fegten wir die völlig überforderten alten Männer mit 38-0 vom Platz. Der große Favorit war nur noch die Lachnummer der Kreisklasse Nord. Sie würden definitiv keine Bedrohung mehr für uns darstellen. Von nun an konnten wir uns getrost auf den SC Weinsburg und den 1. FC Hohentannen konzentrieren. Die Karten im Kampf um die Meisterschaft waren neu gemischt.

Nach dem Spiel saßen wir ungläubig mit den wackeren Spielern des TV Helmersdorf zusammen.

„Und die haben wirklich alle sofort das sinkende Schiff verlassen, sobald der Hauptsponsor abgesprungen ist?“

„So schnell konntest du gar nicht schauen, wie die ihre Sachen gepackt haben.“

„Unglaublich … Diese elenden Geldfußballer!“

„Das könnt ihr laut sagen!“

Zwei Bier später wollten wir unsere Getränke bezahlen.

„Kannst du mir einen Zehner leihen?“, fragte Niklas zerknirscht.

„Klar. Hast du gestern wieder alles auf den Kopf gehauen?“

„Nein, aber meine Karte ist gesperrt.“

Fassungslos starrte ich meinen durchgeknallten Kumpel an: „Nicht dein Ernst, oder?"

„Doch!"

„Und? Hat's funktioniert?"

Niklas schüttelte resigniert mit dem Kopf. „Nein. Nicht wirklich. Die Tussi hinter der Theke hat mich gefragt, ob ich zu blöd bin, mir einen vierstelligen PIN zu merken."

Richtige Feierlaune kam an diesem Spieltag nicht auf. Vielleicht waren wir immer noch zu perplex. Oder das Duell war schlichtweg zu ungleich gewesen, um auf diesen Kantersieg stolz zu sein. Nach einem Absacker im Weiherfeldener Sportheim schlenderte ich zufrieden nachhause. Der verhängnisvolle Bierdeckel wirkte mit einem mal nicht mehr ganz so bedrohlich. Noch wusste ich nicht, dass dieser Bierdeckel gleich mein geringstes Problem war. Denn sobald ich den Schlüssel in der Tür umgedreht hatte, stand auch schon Annika vor mir.

„Du kleiner kranker Mistkerl!", schleuderte sie mir wenig herzlich zur Begrüßung entgegen.

„Na prima", stöhnte ich genervt. Was sollte das denn jetzt schon wieder? Ein Streit mit der wortgewandten Annika war das Letzte, was ich nach ein paar Bieren brauchte.

Es war beinahe witzig anzusehen, wie Annika wie ein Rumpelstilzchen auf dem Flur auf und ab sprang und mir einen Zettel ins Gesicht wedelte. Es war nicht selten, dass sie an den Sonntagen, die ich auf dem Fußballplatz verbrachte, unsere Rechnungen und Überweisungen durchging. Aber was zum Teufel hatte sie denn jetzt schon wieder gefunden?

„Du hast mir hoch und heilig versprochen, dass du so etwas nicht mehr machst!"

„Wovon redest du überhaupt?"

Aufbrausend schleuderte sie mir den inzwischen völlig zerknitterten Zettel ins Gesicht und trampelte schnaubend ins Schlafzimmer. Stöhnend hob ich das ominöse Blatt auf und faltete es auseinander. Mir stockte das Herz. Was war das denn? Eine Handyrechnung über 180 Euro? Wie hatte ich denn das geschafft?

Während ich noch den Einzelverbindungsnachweis durchging, stand Annika bereits mit einer fertig gepackten Tasche im Flur.

„Da verspricht er mir noch, dass er so etwas nicht mehr macht. Und dann telefoniert er eine volle Stunde mit so einer Telefonhure!"

„Bitte was?"

„Du notgeiler Sack! Reiche ich dir nicht mehr?"

Verzweifelt fand ich endlich auf dem Papier, was ich suchte. Das Datum stach mir sofort ins Auge. Das Trainingslager-Wochenende! Aber ich hatte doch nachts in meinem Vollrausch bei Annika angerufen. Oder nicht?

Kreidebleich zückte ich mein Handy und scrollte durch das Anrufprotokoll. *Verdammte Scheiße!* Keine Annika. Ich musste bei der Wahlwiederholung irgendwie auf den damaligen Anruf gekommen sein, als wir im Weiherfeldener Sportheim die Telefonsexnummern ausprobiert hatten.

Marco Tanner, wie blöd bist du eigentlich? Und warum hatte ich nicht aufgelegt? Da kehrte die verblasste Erinnerung zurück. Ich war eingeschlafen. Am nächsten Morgen war mein Akku leer gewesen. Vermutlich hatte ich so lange schlafend mit einer Telefonsex-Hotline telefoniert, bis mein Akku endlich den Geist aufgegeben hatte.

Stammelnd versuchte ich, Annika zu erklären, was passiert war.

„Wenn du nicht mal ein Wochenende ohne mich verbringen kannst, ohne dich gleich bei einer Telefonsex-Nummer aufzugeilen, dann weiß ich nicht, ob das hier wirklich richtig ist", murmelte sie niedergeschlagen. Ihre traurige Stimme jagte mir einen eisigen Schauder über den Rücken. Die impulsive Annika kannte ich. Aber ihre heutige Stimmung machte mir Angst.

„Jetzt warte doch mal und lass es mich doch wenigstens erklären", flehte ich mit bebender Stimme.

„Da gibt es nichts zu erklären. Es interessiert mich nicht, Marco! Ich hab da keine Lust mehr darauf. Ich geh jetzt erstmal zu meinen Eltern. Morgen hole ich Timo."

„Annika …", stammelte ich.

„Nichts Annika!", erwiderte sie entschlossen. „Es reicht mir. Das mit der Hochzeit muss ich mir erstmal überlegen!"

Mit diesen niederschmetternden Worten trat sie aus der Tür. Ich hörte, wie sie draußen den Motor startete. Und eine bittere Träne kullerte über meine Wange.

TSV Weiherfelden – FSV Eggenheim (16. Spieltag)

Auf unserer Baustelle turnten die Handwerker emsig durch die Gegend. Doch der Enthusiasmus der sichtbaren Fortschritte konnte meine Trübsal nur kurzzeitig wegblasen. Ich vermisste Annika. Und ich vermisste Timo.

Ich war kein großer Romantiker. Aber in der aktuellen Not war es an der Zeit für ungewöhnliche Maßnahmen. Und so rief ich beim Blumenladen an und bestellte einen riesigen Strauß roter Rosen. Da ich das dumpfe Gefühl hatte, dass Annika mich nicht sehen wollte, schickte ich die Blumen durch einen Boten nach Obsthofen. Eine Karte mit der Aufschrift „Es tut mir leid! Ich liebe dich!" hatte ich ebenfalls beilegen lassen.

Am nächsten Tag stand der Bote plötzlich vor meiner Tür.

„Ähm, das ist die Absenderadresse, nicht die Zieladresse."

„Das ist mir schon klar. Ich bin ja nicht blöd."

Ich wartete kurz, ob der Bote noch eine Erklärung folgen ließ. Aber er stand einfach nur da und starrte mich an, so als wüsste ich genau, warum die Blumen plötzlich vor meiner Tür lagen.

„Und warum werden die Blumen dann hierher geliefert?", fragte ich schließlich, um das wortkarge Gespräch wieder in Gang zu bringen.

„Sie hat den Strauß nicht angenommen."

„Hat sie etwas gesagt?“

„Ja, schon, aber …“, stotterte der Bote ausweichend.

„Raus mit der Sprache!“

„Sie hat gesagt: Der soll sich zum Teufel scheren und sich die Rosen mit seinen elendigen Wichsgriffeln in den Arsch schieben!“

Na prima. Das war deutlich. Ich dankte ihm, gab dem Boten, da ihm das Ganze sichtlich unangenehm war, ein kleines Trinkgeld für seine Mühen, und feuerte die Rosen in die Bio-Mülltonne. Es war zum Verzweifeln. Was sollte ich jetzt tun? Hatte ich Annika für immer verloren?

Auf dem Fußballplatz versuchte ich durch Trainingsfleiß und Einsatz auf andere Gedanken zu kommen. Wir hatten Blut geleckt. Am Tag nach dem denkwürdigen Kantersieg lasen wir einen Sonderbericht über Helmersdorf in der regionalen Tageszeitung. Ein dubioser Geldgeber war offenbar der Steuerhinterziehung bezichtigt worden und Hals über Kopf ins Ausland geflohen. Helmersdorf stand plötzlich ohne Geld da. Und das war der Nachteil der starken, aber wenig loyalen Geldfußballer. Söldner verlassen das sinkende Schiff stets zuerst. Eines war klar: Diese Mannschaft stellte keine Bedrohung für unsere Aufstiegsambitionen mehr dar. Wir konnten uns jetzt getrost auf Weinsburg und Hohentannen konzentrieren.

Dementsprechend hoch steckte Trainer Karl die Erwartungen an den Einsatz im Training. „Im Kampf um den Aufstieg muss man Opfer bringen, Jungs!“, forderte er eindringlich. Und so folgte der Coach mit verbissener Miene dem Aufwärmprogramm, bei dem sich Vierergruppen mit diversen Ballübungen in Schwung brachten.

„Was glaubt ihr eigentlich, was ihr hier macht?“, fuhr der humorlose Trainer eine kichernde Vierergruppe um Niklas und Max an. „Ihr seid hier nicht auf eurem Stammtisch! Seht bloß zu, dass ihr euch vernünftig aufwärmt!“

Trotz der deftigen Standpauke glich Niklas' Vierergruppe mehr einem Hühnerhaufen als einer koordinierten Trainingsgemeinschaft. Max bolzte den Ball mit einem dümmlichen Grinsen in die Wolken. Das Leder schlug Zentimeter neben dem grimmigen Karl auf dem Boden ein.

Wie von Sinnen wirbelte unser Coach herum: „Schluss jetzt mit den Faxen! Ich hab die Schnauze voll! Ihr habt wohl immer noch nicht verstanden, worum es geht! Bälle weg, Hütchen her!"

Böse Blicke folgten Niklas und Max, als der Trainer zur Strafe für die gesamte Mannschaft ein knallhartes Spurttraining anordnete. Und so verbrachten wir nach dem höchsten Sieg unserer Karriere die nächste halbe Stunde damit, keuchend von Hütchen zu Hütchen zu rennen. In den diabolischen Augen des Trainers funkelte die pure Genugtuung.

Meine Beine waren müde, die Lungenflügel pfiffen und die Sprunggelenke schmerzten von den abrupten Antritten und Richtungswechseln. Ich hatte mich auf Bewegung gefreut, um endlich wieder den Kopf freizubekommen. Aber an sowas hatte ich dabei bestimmt nicht gedacht.

„Trainer, ich muss mal aufs Klo!", japste ein völlig fertiger Max schließlich.

„Nichts da! Viermal macht ihr den Spurtparcours noch! Vorher verlässt mir keiner den Platz!"

Beim nächsten Durchgang konnte man Max die angespannte Konzentration ansehen. Sein ungewohnt watschelnder Laufstil ließ vermuten, dass er bei jenem Sprint mehr rektale Muskeln anspannte als Beinmuskeln.

„Karl, wenn ich so weiter mache passiert wirklich gleich ein Unglück!", flehte Max. Doch schon war er wieder an der Reihe und erntete lediglich ein herzloses „Keine Ausreden!"

Angstschweiß perlte von seiner Stirn, als Max einen dritten Versuch unternahm, den mürrischen Trainer doch noch umzustimmen.

„Coach, mein Magen spielt wirklich verrückt. Ich muss jetzt dringend …"

„Den einen Lauf machst du noch, dann kannst du doch schon gehen!"

Fußball ist ein Mannschaftssport, und der Chef des Teams ist nun mal der Trainer. Und der setzte bei dieser Einheit absoluten Gehorsam voraus. Eingeschüchtert von Karls herrischer Stimme, die einem hochdekorierten Militärgeneral alle Ehre gemacht hätte, machte Max sich mit schmerzverzerrtem Gesicht auf den Weg zu einer letzten Runde durch den adlerschen Folterparcours. Er war blass um die Nasenspitze. Obwohl er einer der glorreichen Vier gewesen war, die uns den Schlamassel erst eingebrockt hatten, gab es niemanden, der in diesem Augenblick kein Mitleid mit dem armen Max hatte. Ächzend erreichte der Gepeinigte das Ziel.

„Na also, Max. Jetzt kannst du von mir aus schnell gehen."

„Jetzt ist es zu spät!", erwiderte Max schulterzuckend. Wie der Trainer schon sagte: Im Kampf um den Aufstieg muss man Opfer bringen.

Am Tag nach dem ereignisreichen Training klingelte es abends gegen 18 Uhr an der Tür. Am Nachmittag hatte ich Besuch von Timo gehabt. Es war schön gewesen. Ich vermisste ihn so sehr. Tief in meinem Herzen hoffte ich, dass es Annika war, die an der Tür klingelte, um sich endlich mit mir auszusprechen. Konnte das wirklich sein? Annika war eine impulsive Wildkatze. Ich hatte nach der missglückten Rosen-Aktion bewusst Abstand gehalten. Es war nicht klug, sie zu einer Rückkehr nach Weiherfelden zu drängen, solange ihr Zorn noch nicht verraucht war. War es nun soweit? Stand sie auf der Schwelle, um den ersten Schritt auf mich zuzugehen?

Als ich die Haustür öffnete, fuhr mir der Schock durch alle Glieder. Nein, das war nicht Annika. Es war der Teufel in Menschengestalt! Das größte Arschloch, das jemals einen Fußballplatz betreten hatte. Vor meiner Tür stand Dietmar Bitter.

Ich spielte einen Augenblick mit dem Gedanken, ihn noch an der Haustür umzugrätschen. Bilder zogen vor meinem geistigen Auge vorüber, von den vielen Tritten, Tätlichkeiten, Beleidigungen, die wir auf dem Fußballfeld von Übeltäter Dietmar Bitter erleiden mussten. Ich war kurz davor, ihm ohne ein weiteres Wort die Tür vor der Nase zuzuknallen. Und ich hoffte, dass er einen Schritt nach vorne machte, damit ich ihm versehentlich die Nase brechen konnte.

„Guten Abend", begrüßte er mich freundlich und musterte meine wütende Fratze neugierig. „Sind Sie Herr Tanner? Marco Tanner?"

Ein tiefes Grollen drang aus meiner Kehle. Wie das Knurren eines blutrünstigen Hundes. *Jetzt reiß dich mal zusammen!* „Ja", stammelte ich verwirrt.

Was zum Teufel wollte er hier? Ich hatte ihn seit seinem Karriereende nach dem Aufstieg der Hubertsheimer Mannschaft nicht mehr gesehen.

„Dietmar Bitter. Wir haben einen Termin." Er streckte mir zur Begrüßung die Hand entgegen.

Zu überrumpelt, um dem Impuls nachzugeben, ihm die Finger zu brechen, schüttelte ich ihm geschockt die Hand. *Einen Termin? Mit Dietmar Bitter? Ist das ein Scherz? Aber wo ist die versteckte Kamera?*

„Da haben Sie schon mal meine Karte. Wollen wir alles Weitere nicht drin besprechen?"

Es musste ihm gewiss seltsam vorkommen, dass ich noch immer in der Tür stand und ihm vehement den Weg versperrte. Ich nahm das kleine Visitenkärtchen entgegen und starrte auf den Titel: *Versicherungsvertreter*. Verdammt, diesen Termin hatte ich völlig vergessen. Der Anbau und das ganze Drama mit Annika kosteten mich den letzten Nerv. Ich hatte meine Termine nicht mehr im Griff.

„Ja, bitte kommen Sie doch rein."

Ließ ich da gerade wirklich Dietmar Bitter in meine Wohnung? Vielleicht sollte ich mir besser meine Schienbeinschoner anziehen …

„Ist alles in Ordnung bei Ihnen? Sie wirken so blass."

Zumindest mein Sarkasmus kehrte zurück: „Das ist nun mal der Effekt, den Sie auf ehemalige Gegenspieler haben."

Er lachte gutmütig. „Aha, daher weht der Wind. Ich dachte mir schon, dass ich Sie irgendwoher kenne. TSV Weiherfelden?"

Ich nickte stumm.

„Ja, euch hab ich ein paarmal ganz schön übel mitgespielt." Verlegen kratzte er sich am Kopf. „Tut mir wirklich leid. Wenn ich auf dem Fußballplatz stehe, kenne ich weder Freund noch Feind. Da kann ich manchmal ein ganz schön hinterlistiges Arschloch sein."

Nun ja. Selbsterkenntnis ist der erste Weg zur Besserung.

Wir setzten uns an den Tisch und Dietmar Bitter erklärte mir die Details der Risikolebensversicherung, die wir für den Anbau abschließen wollten. Die Minuten verstrichen. Und mit jedem Wort musste ich mir eingestehen, dass sich Dietmar Bitter im Privaten als das krasse Gegenteil von dem Bild entwickelte, wie er sich auf dem Fußballplatz präsentierte.

Nach dem halbstündigen Gespräch trank ich mit dem Teufel in Menschengestalt noch ein gemütliches Feierabendbier. Er war vermutlich einer der sympathischsten Menschen, den ich je getroffen hatte. Es war immer wieder erschreckend, was so ein kleiner runder Fußball aus den freundlichsten Männern machen konnte.

Als ich am Donnerstag in Richtung Schule davon fuhr, rückte die Firma Held gerade mit einem gewaltigen Kran und ihren gigantischen Transportfahrzeugen an. Sie waren bis an die Zähne mit riesigen Holzwänden bewaffnet. *Das alles wollen sie in den nächsten zwei Tagen aufbauen?* Ich zweifelte ihren Zeitplan an. Aber Held Junior und Senior würden schon wissen, was sie tun.

Nach einem langweiligen Seminartag in der Schule fuhr ich gespannt nachhause zurück. Als ich das Auto im Hof parkte, traute ich meinen Augen kaum. Wo vor wenigen Stunden noch gähnende Leere zwischen den Garagen und dem Hof geherrscht hatte, befand sich nun ein auf schlanken Stahlträgern schwebender Holzanbau.

Die Größe des Anbaus erschlug mich. Zum ersten Mal konnte ich mir bildlich vorstellen, wie das Ganze später aussah, wenn es verputzt und gestrichen war. Es war beeindruckend. Sofort schoss ich einige Bilder und schickte sie an Annika. Wenn sie schon nicht mit mir sprechen wollte, so würde sie vielleicht wenigstens der fulminante Fortschritt bei unserem gemeinsamen Bauprojekt davon überzeugen, nachhause zurückzukehren.

Verzweifelte Hoffnung war auch mein Motto am folgenden Samstag. Es war Ostern. Und das Nachholspiel gegen den FSV Eggenheim war ein Scheideweg für uns. Jetzt mussten wir weiter punkten und die Euphorie aufrechterhalten. An Spitzenreiter Weinsburg und Hohentannen dranbleiben.

Beim Treffpunkt überraschte uns Kevin, indem er erstmals keine neue heiße Braut an seiner Seite hatte. Die Schönheit aus der Tankstelle streifte unsere Mannschaft mit ihrem verführerischen Blick und knutschte hemmungslos mit Gigolo Kevin.

„Du wirst dich doch nicht endlich mal auf eine festgelegt haben?“, wunderte sich „Neireider“ Georg auf dem Weg in die Umkleidekabine.

„Na komm schon, das wäre doch langweilig“, erwiderte Kevin mit einem Augenzwinkern.

„Und die war wohl so heiß, dass du sie zweimal abschleppen musstest?“, fragte Niklas, und wir alle sahen an seinem verträumten Blick, wie er sich gerade ausmalte, was er selbst gern mit dieser Schönheit anstellen würde.

„Das war ihre Zwillingsschwester, ihr Vollpfosten!“

„Ihre Zwillingsschwester?“, krächzte Niklas völlig von Sinnen. „Wie hast du das denn schon wieder geschafft?“

„Das ist ganz einfach, sobald du die Erste mal im Bett hattest. Dann musst du nur zur Schwester sagen, dass sie bestimmt nicht mal halb so gut im Bett ist wie ihre Schwester. Oh, wie sie mich eines Besseren belehrt hat!"

Die heiße Liebesnacht schien Kevin wieder einmal gut getan zu haben. Er zeigte sich gegen Eggenheim in ausgezeichneter Verfassung. Doch der zähe Gegner machte uns das Leben trotzdem schwer. Der gefürchtete Rennelefant konterte zwei Treffer von Raldo. Es stand 2-2 zur Halbzeit. Wir wurden nervös. Sie waren kein Kanonenfutter. Und wir konnten uns keinen weiteren Punktverlust erlauben.

In der zweiten Hälfte spielten wir etwas mehr durch die Mitte, um das Flügelspiel überraschender zu gestalten und nicht mehr ganz so berechenbar zu sein. Die leicht veränderte Taktik ging auf. In einem harten Kampfspiel staubte Karl Adler nach einem Distanzschuss von Kapitän Harald ab. Endlich waren wir auf der Siegerstraße.

Eggenheim stemmte sich wütend gegen die drohende Niederlage. Doch unsere Abwehr hielt stand. Immer wieder suchten die Gäste den bulligen Rennelefanten. Aber die Strategie, ihn nicht mit Tempo auf die Abwehrkette zupreschen zu lassen, beraubte ihn seiner schwer zu stoppenden Dynamik.

„Schiedsrichter, wie lang spielen wir noch?"

„Fünf Minuten", antwortete der Unparteiische.

Engagiert warf ich mich in den nächsten Zweikampf. *Heute muss es einfach mit dem Dreier klappen!*

Zwei Minuten vor dem Ende klopfte die Eggenheimer Defensive den Ball weit in Richtung unseres Strafraums. Ein Gästestürmer verlängerte mit dem Kopf. Und da rauschte der Rennelefant heran. Bis Martin Kruse ihn rüde von den Beinen fegte, noch ehe jemand den Ball berührt hatte.

Trainer Karl strafte den unverbesserlichen Lupo mit einem tödlichen Blick, während sich der Gefoulte höchstpersönlich das Leder am Elfmeterpunkt zurechtlegte. Ein strammer Schuss. Der Knall des Pfostens. Das Zischen des Netzes. Der späte Ausgleich.

Frustriert blickte ich zu Boden. Und beinahe sah ich meinen vermaledeiten Bierdeckel auf dem Rasen liegen. Es konnte einfach nicht wahr sein. Wir hatten so eine gute Mannschaft. Wie konnten wir schon wieder Punkte versemmeln?

„Auf geht's, Jungs!“, rief ich und klatschte lautstark in die Hände. „Das Spiel ist noch nicht vorbei!“

Mit dem Mut der Verzweiflung warfen wir alles nach vorn. Karl düpierte zwei Gegenspieler und legte den Ball quer auf Kevin. Der zog ab. Doch der Torwart parierte den harten Schuss glänzend. Der Verteidiger klärte den Ball. Aber zu kurz. Die Kugel landete vor meinen Füßen. Ohne zu zögern fasste ich das Leder ab. Der Ball rauschte in den linken Winkel.

Wir feierten den späten 4-3 Erfolg wie die Wilden. In der Dusche hoben mich meine Mannschaftskollegen auf ihre Schultern. Ich war erleichtert. Hatte den gottverdammten Bierdeckel wieder in meine Nachttischschublade verbannt. Aber wirklich glücklich war ich nicht. Nachdem ich am Freitagabend die halbe Nacht lang immer wieder aufgestanden war, um nachzusehen, ob Annika meine E-Mail bereits beantwortet hatte, wollte ich trotz der feierwütigen Stimmung schnell nachhause, um meine E-Mails abzurufen.

Mit zittrigen Fingern öffnete ich Annikas E-Mail. Sie hatte mir also endlich geantwortet. Aber die Antwort war knapper, als ich es mir erhofft hatte: „Danke für die Bilder. Sieht wirklich toll aus! Wir sehen uns morgen beim Osternester suchen.“

Eine emotionale Liebeserklärung war das nicht gerade.

TSV Kranz - TSV Weiherfelden (17. Spieltag)

Am Ostersonntag stiefelte ich morgens ins Sportheim. Der traditionelle Weißwurstfrühschoppen stand an. Ich war sehr früh dran, da ich pünktlich zum Osternestersuchen mit Timo wieder zuhause sein wollte. Auf dem Weg klingelte plötzlich mein Handy.

„Held Junior? Was will der denn am Ostersonntag?", murmelte ich und runzelte meine Stirn.

„Hallo Herr Tanner", begann er zögerlich.

„Hallo Herr Held. Frohe Ostern!"

„Danke. Ihnen auch." Er hörte sich zerknirscht an. „Wir haben ein kleines Problem."

Auch das noch, stöhnte ich innerlich.

„Wir wollten ja am Dienstag zum Dachdecken kommen. Aber mir sind leider drei Leute ausgefallen."

„Oh je. Und jetzt?"

„Wenn wir das verschieben, müssen wir einige Folgearbeiten umplanen."

„Gibt es eine andere Möglichkeit?"

„Einen gelernten Dachdecker könnte ich euch stellen. Aber dann bräuchten wir einige Helfer."

„Was heißt denn *einige* genau?"

„Ein paar Handlanger brauchen wir schon. Je mehr desto besser. Ich weiß … unter der Woche ist das nicht so einfach."

„Ich schau mal, was ich machen kann", seufzte ich. Auf den letzten Metern zum Sportheim ging ich in Gedanken die Optionen durch. Meine Verwandten lebten im hohen Norden. Die würden bestimmt keine 600 Kilometer fahren, nur um mir beim Dachdecken zu helfen. Annika kannte einen Haufen Leute in der Gegend. Aber ich hatte auch meinen Stolz. Und konnte mir nicht vorstellen, dass Onkel Hardy und Konsorten ein Weiherfeldener Dach decken würden.

Grübelnd betrat ich das Sportheim. Meine Mannschaftskollegen waren noch nicht da. Also setzte ich mich zu Norbert Heiland und seinem Regisseur. Ich vermochte nicht zu sagen, ob sie zeitig aufgestanden oder noch vom Vorabend da waren. Ein spätes 4-3 wurde in Weiherfelden gebührend gefeiert. Und so überraschte es mich nicht, wenn sie wirklich im Sportheim übernachtet hätten. Immerhin gehörten sie zum Inventar.

„Mach mal lauter, Don!“, rief Norbert dem Wirtschaftsführer zu, dessen blutunterlaufene Augen vor Müdigkeit kaum zu erkennen waren.

„Ach komm schon, nicht um diese Zeit!“

„Erhöret den Heiland!“, posaunte der Regisseur in sein Bierglas. Und die Stammtisch-Brüder stimmten ein lautstarkes „Deinem Heiland, deinem Lehrer“ an.

Kopfschüttelnd nippte ich an meinem Weizenbier und wartete sehnsüchtig auf mein Paar Weißwürste. *Wo bin ich hier nur gelandet?*

Zu den Klängen von Wolfgang Petry hielt sich der Heiland wie ein Clown die gespreizten Finger an die Nase und grölte lauthals mit.

„So eine Drecksmusik!“, fluchte der Don, der in den frühen Morgenstunden stets etwas unausgeglichen wirkte.

„Weil du Banause keine Ahnung von Musik hast!“

„Ihr habt alle keine Ahnung von Musik“, stellte Paul Bauer fest. Das ganze Sportheim rollte mit den Augen. Er sang in der fürchterlichen Weiherfeldener Rumpelband Biersaufesel, was ihn per se von jeglichen Diskussionen über Musik disqualifizierte.

„Erzählt mir doch alle nichts“, erklärte der Don vollmundig. „Ich hab schon Musik gespielt, da seid ihr alle noch in der Wurschtsuppn rumgeschwommen.“

„Alter Quatschkopf!“, protestierte der Heiland. „Ich war fei ein guter Musiker!“

„Wann denn? In einem früheren Leben?“

„Du Doldi hast doch keine Ahnung!“

„Was für ein Instrument hast du denn gespielt?“, wollte der Don herausfordernd wissen.

Ein junger Zugereister unterbrach die spannungsgeladene Diskussion, indem er zum Tresen trat und den Don durstig anstarrte. Ich hatte ihn schon ein- oder zweimal als Zuschauer am Sportplatz gesehen und glaubte gehört zu haben, dass er aus der Stadt nach

Weiherfelden gezogen war. *Willkommen in meiner Welt, Leidensgenosse!*

„Was brauchst denn?“, grummelte der Don ungeduldig, wie es am fränkischen Ausschank so üblich war.

„Ein Bananenweizen bitte.“

Der Don zog pikiert die Augenbrauchen nach oben und verschluckte sich beinahe an seinem Zahnstocher. „Ein WAS?“

„Ein Bananenweizen.“

„Wennst fei aweng blöd rumdust, fliegst raus!“

Verständnislos starrte der arme Kerl den Wirtschaftsführer an. „Habt ihr das wohl nicht da?“

„Naaa, so a Gschmarri schenk ich ned aus.“

„Hm, okay … Dann nimm ich mal ein kleines Bier.“

„A glaans Bier? Edz geht's fei los. Setz dich erstmal wieder hin und komm wieder, wennst a Ganzes schaffst!“

Der Kerl ließ sich trotzdem nicht so schnell unterkriegen. „Aber ein stilles Wasser schenkt ihr schon aus, oder?“

Der Don öffnete übellaunig eine Schublade, knallte eine Flasche Wasser auf den Tresen und starrte den Zugereisten an. „Da hast dei gschmacklos Wasser!“

Als sich der Kunde gesetzt hatte, wandte sich der Wirtschaftsführer wieder Norbert Heiland zu. „Also, Maestro Heiland. Jetzt erzähl doch mal. Was für ein Instrument hast du denn gespielt?“

„Ich war der Klassenbeste im Flöten.“

„Im Flöten?“, prustete der Don.

„Ja, mit der Blockflöte, du Depp!“

„Und du hältst dich für einen großen Musiker, weil du in der dritten Klasse mal Blockflöte gespielt hast?“

„Ich war gut“, erklärte der Heiland stolz. „Ihr werdet schon sehen …“

Zum Glück kamen endlich meine Weißwürste. Und Harald und Stefan trafen ein.

„Karl ist stinksauer“, erzählten sie mir vom gestrigen Abend.

„Was habt ihr denn wieder angestellt?“

„Niklas und Max haben ihm gestern offenbart, dass sie heute Last Minute für eine Woche nach Malle fliegen."

„Naja, irgendwann müssen sie ja mal Urlaub machen."

„Erholung wird es nicht sein, wenn die beiden zusammen in Malle sind."

„Und gerade in einer Woche, wo wir zwei Spiele haben … Das hat dem Karl gar nicht gepasst. Mitten im Kampf um den Aufstieg."

Es trudelten immer mehr Mitspieler ein. Als alle Neuigkeiten ausgetauscht waren, witterte ich meine Chance.

„Sagt mal, Jungs. Haben von euch nicht einige am Dienstag noch Urlaub?"

Ein nichtssagendes Brummen war die Antwort.

„Also falls jemand von euch Zeit hat … Unser Zimmermann hat mich vorhin angerufen, ob ich am Dienstag ein paar Leute zum Dachdecken auftreiben kann."

„Könnte klappen."

„Ich muss mal schauen."

„Eventuell wollt ich eh spontan noch freinehmen."

„Das wär total klasse, Jungs!"

Ich hoffte, die Handvoll Helfer würde ausreichen. Mit gemischten Gefühlen bezahlte ich und eilte nachhause. Unser Osternestersuchen im aufgewühlten Garten meiner Eltern war trotz des freundlichen Wetters eisig. Dafür war Annika verantwortlich.

Timo spielte schön mit seinen Geschenken. Ich genoss die Zeit mit meinem kleinen Sohn in vollen Zügen. Aber mehr als ein „Hallo" und „Der Anbau sieht ja live noch beeindruckender aus" kam nicht über ihre Lippen. Ich hätte mir die Haare raufen können. Es könnte so perfekt sein. Warum war zwischen Annika mir so oft alles so kompliziert? Und das nur wegen eines Missverständnisses, und weil ich volltrunkener Idiot so ungestüm mit meinen Wurstfingern über die Tastatur des Handys gefahren war. Es war zum Verzweifeln.

Am Ostermontag kam mir das Fußballspiel beim abstiegsbedrohten TSV Kranz gerade recht. Ein spielfreies Wochenende hätte an den Osterfeiertagen nur dazu geführt, dass mir endgültig zuhause die Decke auf den Kopf fiel.

Unsere letzten Auftritte waren nicht so überzeugend gewesen. Wir alle wussten, dass wir noch eine Schippe drauflegen mussten bis zum Showdown beim SC Weinsburg. Ich selbst war höchst motiviert. Wenn es privat nicht gut läuft, ist ein intensives Abreagieren beim Sport doch immer die beste Medizin.

Schon beim Aufwärmen fletschte ich die Zähne. Meine Mannschaftskollegen erkannten allein an meiner Körpersprache, dass an diesem Tag nicht gut Kirschenessen mit mir war.

Vom Anpfiff weg presste ich aggressiv gegen den Ball. Mit überfallartigen Angriffen attackierten wir die Defensive der Gastgeber. Wie beim Handball stellten sie sich dicht gestaffelt um ihren Strafraum. Sie traten nicht an, um uns zu schlagen. Sie wollten ausschließlich überleben. Es fiel uns schwer, diese felsenfeste Abwehr zu überwinden. Aber wir glaubten auch nicht daran, dass sie diese Konzentration und Laufarbeit über 90 Minuten durchhielten.

Durch unsere fulminante spielerische Klasse hatte Willi eine ganz neue Aversion entwickelt. Nichts machte ihn in letzter Zeit wütender, als eine Mannschaft, die unsere Offensivkünste durch ihre destruktive Spielweise unterband. „Sucht euch doch einen anderen Sport, wenn ihr keine Lust zum Fußballspielen habt“, begann er seine berüchtigten Hasstiraden.

„So eine hinterfotzige, elendige, nichtsnutzige Drecksmannschaft habt ihr! Nichtmal über die Mittellinie traut ihr euch!“ Der Ton wurde mit jeder Minute schärfer.

„Was willst du denn jetzt von mir, du Subbendrulli?“, fuhr Willi wutentbrannt den erstbesten Zuschauer an, der ihn freundlich bat, sich doch ein wenig zu mäßigen. „Dir zieh ich das Fell über die Ohren, wenn dieses Trauerspiel eurer Mannschaft beendet ist!“

Willi wirbelte wie ein Irrwisch an der Seitenlinie entlang. Niemand konnte ihn bremsen.

„Und euch lassen sie nicht mitspielen, weil ihr die einzigen Fußballer in der Mannschaft seid? Oder seid ihr noch schlechter als die elf Blinden, die auf dem Platz stehen?“, provozierte Willi schließlich die Auswechselspieler des leidgeprüften TSV Kranz.

Lautstarke Proteste der entrüsteten Fans waren die Folge. Das Weiherfeldener Publikum schämte sich mal wieder in Grund und Boden. Aber sie waren mit Willi ja schon einiges gewohnt und nicht mehr so leicht zu schockieren. Doch die Auswechselspieler der Gastgeber wirkten wirklich betroffen. Als Willi einmal mehr schimpfend wie ein Giftzwerg an der Auswechselbank entlang stolzierte, begannen sie, den ungeliebten Spielleiter mit ihren Trinkflaschen zu bewerfen.

Plötzlich pfiff der Schiedsrichter in seine Pfeife und eilte zur Seitenlinie. „Was ist denn hier los?“

„Das sollten Sie mal diesen Wahnsinnigen hier fragen!“, schimpfte einer der Auswechselspieler aufgebracht.

„Ihr könnt doch nicht einfach einen Funktionär eurer Gäste mit Flaschen bewerfen! Wo kommen wir da denn hin?“

„Sie sollten lieber mal die Ohren spitzen, was der hier alles vom Stapel lässt!“

„Ich kann nur das ahnden, was ich mit eigenen Ohren höre oder mit eigenen Augen sehe. Und was ich gesehen habe ist, dass ihr die Flaschen geworfen habt!“

Als der Schiedsrichter nun auch noch allen vier Auswechselspielern des TSV Kranz die rote Karte zeigte und sie stur wie ein Bock von der Auswechselbank verwies, erreichte die Stimmung auf dem Sportplatz ihren Siedepunkt. Den Schiedsrichter hätten sie am liebsten an der Torlatte aufgeknüpft, und Willi gemeinsam mit seinem verflixten Mundwerk erschlagen.

Kurz vor dem Pausenpfiff erzielte Karl Adler mit einer feinen Einzelaktion die 1-0 Führung. Das Spiel entwickelte sich endgültig zu unseren Gunsten. Das war in der Regel der Türöffner gegen Mannschaften, deren Strategie allein darin bestand, ein 0-0 mit vereinten Kräften über die Zeit zu retten.

Nach der Pause fegten wir los wie ein Wirbelsturm. Das 2-0 durch Michael Meister ließ nicht lange auf sich warten. Dann nahm die Katastrophe für die Gastgeber ihren Lauf.

Bei einem harten, aber nicht unfairen Zweikampf verletzte sich mein Gegenspieler und musste schreiend ausgewechselt werden. Es sah nicht gut aus. Vermutlich ein Bänderriss. Nun hatte der TSV Kranz aber keine Ersatzspieler mehr. Sie hatten ja alle eine rote Karte erhalten und befanden sich bereits geduscht unter den Zuschauern. Gegen nun nur noch zehn Mann drehten wir erst richtig auf. Dem 3-0 durch Kevin folgte das 4-0 durch einen gefühlvollen Freistoß von Georg Weiler. Die wackeren Gegner taten uns beinahe leid.

Als dann zu allem Überfluss auch noch der Kranzer Libero und Spielertrainer nach einem übermotivierten Ausfallschritt eine Muskelverletzung erlitt, war der Gastgeber zum Abschuss freigegeben. Wir gewannen die Partie mit 8-0. Eigentlich hätten wir Willi für seine Unterstützung danken müssen. Denn ohne die Platzverweise für die Auswechselbank wäre es deutlich schwerer gewesen. Aber wir schämten uns an diesem Tag zu sehr für unseren peinlichen Spielleiter, um auch nur ein einziges Wort mit ihm zu wechseln.

Nach ein paar obligatorischen Bieren im Kranzer Sportheim betraten wir als siegreiche Helden das heimische Sportheim. Dort spielten sich gespenstische Szenen ab.

Der Heiland, ein Bär von einem Mann mit der Statur eines schwangeren Nilpferdes, thronte aufgeregt auf seinem Stuhl. Er presste seine Wampe gegen den Tisch und lockerte knackend die Finger. Dann griff er beinahe zärtlich nach der Blockflöte.

„Na jetzt bin ich aber mal gespannt“, raunte der Don ungläubig.

Es wurde mucksmäuschenstill im Sportheim. Man hätte eine Stecknadel zu Boden fallen hören. Der Heiland setzte die

Blockflöte an seine Lippen und blies den ersten schiefen Ton. Aber er ließ sich nicht beirren. Als er fertig war, brandete eine Welle aus Gelächter und Applaus durch das Sportheim.

„Lasst und froh und munter sein?“, murmelte der Don kopfschüttelnd. „Wir haben Ostern, du Hornochse!“

„Ein anderes Lied kann ich nicht“, räumte der Heiland kleinlaut ein.

„Na komm schon, Maestro Heiland“, grinste der Don gutmütig. „Dein nächstes Bier geht auf mich!“

TSV Weiherfelden - SV Ebensreus (20. Spieltag)

Am Dienstagmorgen klingelte mein Wecker. Verkatert wankte ich aus dem Bett. Mürrisch spähte ich aus dem Fenster. Die Handwerker rollten bereits an. „Verdammtes Dach!“, fluchte ich.

Draußen im Hof streifte mein Blick die endlosen Paletten Dachziegeln. Meine zarten Studentenfinger warfen schon beim Ansehen Blasen.

Der Dachdecker musterte mich. „Wie viele Leute kommen denn noch?“

„Ich hoffe, es kommen noch zwei oder drei.“

„Puh, dann wird’s ein harter und langer Tag!“

Eine halbe Stunde später aber wimmelte es auf unserer Baustelle wie in einem Ameisenhaufen. Ich war so beeindruckt, dass es mir eine Gänsehaut über den Rücken jagte. Dieses Team war einfach unglaublich! Natürlich verband ich mit Weiherfelden vor allem Party und Spaß. Aber es waren Momente wie diese, in denen ich den TSV Weiherfelden am innigsten liebte. Die Gemeinschaft. Der bedingungslose Zusammenhalt. Es waren zwanzig Helfer gekommen! Harald und Andreas hatten sich sogar extra einen Tag freigenommen. Und der gute alte Willi übernahm höchstpersönlich die Rolle, die Ziegeln von der Palette auf die Reise durch die Menschenkette zu schicken. „Dann kann ich sagen, ich hab jeden einzelnen Ziegel auf deinem Dach in den Händen gehalten." Ich konnte mir nicht vorstellen, dass die Söldnertruppen aus Helmersdorf oder Leimbach so hilfsbereit waren. Vermutlich hätten sie eine Antrittsprämie und einen Bonus für jeden verarbeiteten Dachziegel verlangt. Am späten Nachmittag hatte die emsige Truppe die Arbeiten fertiggestellt. Das Dach war gedeckt. Und ich bedankte mich tausendmal überschwänglich bei den tatkräftigen Kollegen. Sie waren die Besten! Mit diesen Freunden wollte ich den Aufstieg schaffen!

Dann ging alles Schlag auf Schlag. Kaum hatten die Zimmermänner den Anbau aufgestellt und das Dach gedeckt, kam auch schon der erste Einsatz des Heizungsbauers. Seine Aufgabe war es, die Wasserleitungen aus dem Altbau mit dem Anbau zu verbinden.

Nachdem das gemeinsame Osterfest noch zu keiner Versöhnung mit Annika geführt hatte, waren die Baustelle und das Fußballspielen der einzige Halt in meinem Leben geworden. Mein Dasein als Gastzuhörer in der Schule langweilte mich. Und ich merkte selbst, wie ich zusehends ungeduldiger und patziger wurde. Es konnte so nicht weitergehen. Ich brauchte Erfolgserlebnisse.

Dass unser oberfränkischer Heizungsbauer der dringend benötigte Hoffnungsschimmer war, sollte ich schnell bezweifeln.

Am Nachmittag besuchte mich Timo. Wir spielten gegenüber von dem Raum, in dem der großgewachsene hagere Mann zugange war. Ganze drei mal hörte ich ihn nach seinem Lehrling rufen: „Scheiße! Renn schnell in den Keller! Dreh das Wasser ab! Los!"

Bei jedem dieser panischen Kommandos stockte mir der Atem. Wusste er denn wirklich, was er tat? Zum Glück hatte er einen flinken Azubi. Ich riskierte einen Blick in unser Bad. Das Wasser stand etwa zwei Zentimeter tief. Ich beschloss, mich einfach darüber zu freuen, dass er nicht das gesamte Haus unter Wasser gesetzt hatte. Geduldig holte ich eine große Ladung alter Handtücher.

Beim Mittwochstraining hatte Karl Adler wieder eine grandiose Idee. Die Bayernfans gegen die Clubfans spielen zu lassen, hatte das langersehnte Feuer zurück in unsere Trainingsspiele gebracht. Beflügelt von dieser Erkenntnis hatte Karl einen neuen Einfall ausgearbeitet: Diesmal ließ er die Spieler aus der Siedlung gegen die Spieler aus dem Dorf spielen.

Zunächst dachte ich mir nichts dabei. Ich war Teil der Siedlung, da ich nicht im Ortskern von Weiherfelden wohnte, sondern in einer abgelegenen Straße, die erst vor zehn oder zwanzig Jahren erschlossen wurde. Bayernfans gegen Clubfans fühlte sich für einen Zugereisten wie mich nach deutlich mehr Emotionen an. Doch ich sollte mich täuschen.

Die Franken waren ein patriotisches Völkchen. Und sie legten viel Wert auf Tradition. Die Ortschaften aus den Tälern der Fränkischen Schweiz belächelten die Berchgnordzn aus dem Gebirge. Vermutlich war es andersherum genauso. Bei den Fußballspielen in den Bergen gewann man den Eindruck, dass die Hinterwäldler mit dem Körperbau eines ausgewachsenen Ochsen vor Stolz auf ihre bergige Herkunft beinahe platzten und mit Argwohn auf die arroganten Talbewohner hinab blicken.

Doch selbst innerhalb der Weiherfeldener Ortsgrenzen glühte die Identifikation mit dem Ortskern. Die Spieler, die im Zentrum von Weiherfelden wohnten, stammten aus alteingesessenen Familien, die wohl schon zu Zeiten der Dinosaurier in Weiherfelden gelebt hatten. Sie trugen Hausnamen - eine seltsame fränkische Tradition, vor allem, weil sie meistens wahre Zungenbrecher waren. Doch eben diese Hausnamen waren der erklärte Stolz der Familien. Und die Dorfbewohner ließen keinen Zweifel zu, dass sie sich für die einzig wahren Weiherfeldener hielten. Die Siedlungen um den alten Ortskern waren für sie sowas wie der Vorhof von Obsthofen.

Aber genau dieser herablassende Stolz war der Grund dafür, dass die Spieler aus der Siedlung in dem Trainingsspiel alles daran setzten, das Duell zu gewinnen. Wir wollten uns als echte

Weiherfeldener beweisen und den Bewohnern des Ortskerns zeigen, dass sie ohne uns aufgeschmissen waren.

Es entwickelte sich ein engagiertes Kampfspiel. Ich selbst grätschte Harald übermotiviert so vehement den Ball von den Füßen, dass es ihn in die an den Trainingsplatz grenzende Böschung drosch. Raldo wirbelte auf dem linken Flügel, als hätte er eine heiße Liebesnacht mit Drillingen verbracht. Immer wieder setzte er den erfahrenen Georg Weiler unter Druck. Und Stefan Schmidt lieferte sich ein erbittertes Duell mit Martin Kruse, der ihn das eine oder andere mal unsanft von den Beinen holte. Am Ende trennten wir uns mit einem fulminanten 7-7. Die feurige Intensität des Trainings stimmte Karl zufrieden.

Kurz vor dem Wochenende hatte dann der Heizungsbauer seinen nächsten Glanztag auf unserer Baustelle. Ich schrieb gerade an einem Brief für Annika. Es war meine letzte Hoffnung. Sie hatte sich damals auch mit einem Brief an mich gewandt, um sich für die Fesselaktion zu entschuldigen und nicht zuletzt um mir mitzuteilen, dass ich sie geschwängert hatte. Vielleicht war es das, was sie von mir erwartete, ehe sie zu mir zurückkehrte. Ich schrieb mir förmlich die Seele aus dem Leib, schüttete meiner Geliebten das Herz aus. Ich vermisste sie. Und ich wollte Timo wieder bei mir haben. Aber ihr zu erklären, was passiert war, ohne es zu sehr nach einer billigen Ausrede klingen zu lassen, erwies sich als ein verzwicktes Unterfangen. Und das unentwegte Fluchen des Heizungsbauers brachte mich immer wieder aus dem Tritt. Dieser Mensch machte mich nervös.

„Herrgott Sakrament Kreuz Kruzifix! Das gibt Ärger! Oh Mann, oh Mann, oh Mann!“

Seufzend erhob ich mich von meinem Schreibtisch. *Was hat er denn nun schon wieder angestellt*?

Als ich in den Anbau spitzte, den die Zimmermänner Mitte der Woche für die Arbeiten des Heizungsbauers vorbereitet hatten, stockte mir der Atem. Jetzt hatte er doch tatsächlich auch im

Anbau alles unter Wasser gesetzt! Und das sollte ein Meister seines Fachs sein?

„Was ist denn hier passiert?“

„Nur ein bisschen Wasser“, versuchte er mich zu beruhigen, als wäre das das Normalste auf der ganzen Welt.

„Aber wollen hier die Holzbauer nicht nächste Woche die Dämmung fertig machen? Können wir das überhaupt, wenn alles nass ist?“

„Da müssen sie halt warten, bis es wieder trocken ist.“

Seine stoische Ruhe brachte mich noch mehr auf die Palme. War der denn von allen guten Geistern verlassen?

„Aber wie kann denn sowas passieren? Können Sie nicht aufpassen?“

„Ein Bäcker arbeitet mit Mehl. Da staubt’s auch mal. Und ich arbeite mit Wasser. Da gehen halt mal ein paar Tropfen nebenraus.“

Fassungslos starrte ich ihn an. Und das war’s? Ein lapidarer Spruch, und alles war wieder in Butter? Was war das denn für eine Berufsauffassung! Ich hätte ihn umgrätschen können …

Held Junior kam gleich am nächsten Morgen vorbei und schaute sich den Schaden an. „Da müssen wir den ganzen Zeitplan eine Woche nach hinten schieben. Keine Angst, ich koordinier das schon. Aber zu oft sollten wir sowas nicht tun. Ihr müsst die Handwerker, die ihr selbst beschäftigt, etwas besser in den Griff bekommen.“

Seufzend freundete ich mich mit dem Gedanken an, dass nicht nur unsere Kostenplanung, sondern auch der Zeitplan sportlich, ambitioniert und auch ein wenig naiv gewesen war. Die vielen Gerüchte, die man sich von Baustellen und Handwerkern erzählte, schienen sich auch bei uns zu bewahrheiten.

Am Sonntag erwartete uns ein harter Gegner. Der SV Ebensreus war eine nicht zu unterschätzende Mannschaft. Sie mischten zwar nicht mehr im Rennen um den Aufstieg mit, waren aber trotzdem nicht weit hinter dem starken Konkurrenten aus Hohentannen anzusiedeln.

Am Treffpunkt erwartete uns die erste Überraschung. Max und Niklas standen vor dem Sportheim. Sie sahen müde aus. Aber sie waren da.

„Was macht ihr zwei denn schon hier?“

„Wir wollten die Howard-Wette nicht verpassen“, antwortete Niklas mit einem Augenzwinkern.

„War euer Trip nach Malle nicht ein bisschen kurz?“

„Noch kürzer, als ihr glaubt“, raunte Niklas und rollte mit den Augen in Max’ Richtung.

„Naja, der Hinflug war nicht nur meine Schuld.“

„Was habt ihr denn gemacht?“

Niklas schüttelte den Kopf. „Wir sind die größten Deppen. Da gehen wir mit gepackten Koffern zum Flughafenschalter und wollen einchecken, da sagt doch die alte Schachtel: Jungs, habt ihr schon mal aufs Datum eurer Flugtickets geschaut?“

„Und?“

„Naja, wir waren einen Tag zu spät dran.“

„Mann, ihr seid echt zwei unfähige Vollpfosten!“

„Da schaut man doch vorher zweimal drauf, damit sowas nicht passiert.“

Max zuckte nur mit den Schultern. „Also ich hab das schon gesehen …“

Fassungslos starrte Niklas seinen Kumpel an: „Du hast WAS?“

„Ich hab das Datum schon gesehen“, wiederholte Max.

„Warum zum Teufel hast du denn nichts gesagt?“

„Ach, ich hab gedacht, du kennst dich schon aus.“

„Na prima“, grummelte Niklas. „Ist das nicht ein Depp?“

„Und was habt ihr dann gemacht?“

„Es ging noch ein Flug an dem Abend. Aber den mussten wir nochmal zahlen.“

„Und warum seid ihr schon wieder da? Ihr wolltet doch bis Montag bleiben …“

„Frag Max!“, sagte Niklas nur.

„Also ich fühle mich nach wie vor im Recht!“

„Du Vogel! Du hättest ja wenigstens einmal am Tag aus dem Becken gehen können.“

„Mal langsam, Jungs“, unterbrach Kapitän Harald die beiden Streithähne. „Jetzt klärt uns mal auf.“

„Wir hatten so ne Swimup-Bar im Pool. Und nun ratet mal, wo Max den ganzen lieben langen Tag verbracht hat.“

Eine rhetorische Frage, die keiner Antwort bedurfte.

„Der Bademeister hat ihn einige Tage beobachtet und ihn dann zur Seite genommen. Es ist nun mal nicht normal, dass man stundenlang zwanzig Bier am Tag in sich reinschüttet, ohne ein einziges mal den Pool zu verlassen.“

„Die Kinder machen auch in den Pool“, verteidigte sich Max.

„Aber die pinkeln keinen reinen Alkohol“, prustete ich.

„Auf jeden Fall hat er Max freundlich darauf hingewiesen, dass erwachsene Menschen hier in dem Hotel nicht in den Pool machen.“

„Und dann ist Max hoffentlich zur Toilette …“

„Da kennst du ihn aber schlecht. Er hat zwar den Pool verlassen, aber direkt neben dem Becken in den nächstbesten Busch gepisst.“

„Du alte Wildsau!“

„Naja, das war dann unser letzter Tag im Hotel“, berichtete Niklas. „Also sind wir pünktlich zum heutigen Spiel schon wieder da.“

„Und dabei wär mit dem Mädel von der Poolbar bestimmt noch was gegangen!“, schimpfte Max.

„Oha, warst du verliebt, Max?“

„Naja, aweng schon. Die konnte fei noch mehr trinken als ich!“

Niklas schmunzelte in die Runde: „Das stimmt. Weil sie verzweifelt versucht hat, sich den Max schönzutrinken.“

Also hatte Karl unverhofft zwei weitere Optionen für die Startelf.

Dann erwartete uns die zweite Überraschung. Zum ersten Mal in meiner Weiherfeldener Karriere fiel es uns schwer, uns auf die traditionelle Howard-Wette zu konzentrieren. Denn Kevin Mai kam mit einem ganz besonderen Exemplar zum Treffpunkt. Auf den ersten Blick wunderten wir uns. Neben den ansonsten makellosen Sexbomben wirkte seine Begleiterin aus der Ferne beinahe ein wenig heruntergekommen. Aber je näher sie kam, desto anziehender wurde sie. Sie hatte grün gefärbte, verstrubbelte Haare. In ihrem Gesicht befand sich mehr Metall als bei einem Roboter. „Und nicht nur da", versicherte Kevin später mit sehnsüchtigem Blick. Dieser Mistkerl! Hatte man sich einmal an die vielen Piercings gewöhnt, hatte sie ein atemberaubend attraktives Gesicht. Und ihr Körper, den sie mit ihren alten, zerrissenen Jeans und der abgetragenen dunkelgrünen Lederjacke absolut unter Wert verkaufte, war der totale Wahnsinn.

„An welcher Tankstelle hast du die denn aufgegabelt?"

„Die hab ich aus dem Irish Pub. Ich hab ihr aus Versehen mein Bier übers Kleid geschüttet."

„Und da war sie dir so dankbar, dass sie gleich mit dir in die Kiste hüpft?"

„Naja, irgendwie fand sie es süß, wie untertänig ich mich bei ihr entschuldigt hab."

„Aha, sie steht also auf Untertanen?"

Kevin grinste verträumt: „Wenn du wüsstest …" Seufzend setzte er sich in der Kabine auf seinen Platz. Er wirkte müde und kraftlos. Erste Mannschaftskollegen begannen zu kichern. Hatte sie ihn wirklich so rangenommen? Als er sich seines T-Shirts entledigte, um das Trikot überzustreifen, beantwortete sich die Frage von selbst: Brust und Rücken waren zerkratzt wie von einer Wildkatze.

„Ich gehe schon davon aus, dass du fit bist, oder?", erkundigte sich Karl misstrauisch. Mit Kevin ging er stets besonders hart ins

Gericht. Der junge Flügelflitzer hatte ein ungeheures Potenzial. Er war Karls Lieblingsschüler, ein Spieler, den er weiterbringen wollte. Und umso härter packte er ihn an.

Vom Anpfiff weg taten wir uns wie gewohnt schwer gegen den robusten und athletischen Gegner. Ebensreus war eine sehr dynamische, laufstarke Mannschaft, die konsequent den Abschluss suchte. Hinzu kam, dass wir uns mehr darauf konzentrierten, den durchgeknallten Howard vom Platz zu bekommen, als ihn auf dem Spielfeld im Zaum zu halten. Jeder hatte schließlich seine eigene Wette laufen.

Man merkte jedem Spieler an, worauf er getippt hatte. Diejenigen, die auf einen Platzverweis in der ersten Halbzeit setzten, waren besonders aktiv mit ihren Provokationen, während die anderen sich noch zurückhielten. Aber diesmal tat er uns den Gefallen nicht. Nachdem er die komplette erste Halbzeit auf dem Feld gestanden war, stand es 1-1.

Die Gäste waren ein ebenbürtiger Gegner. Howard machte uns gehörig die Hölle heiß. Als er auch noch die zweite Hälfte mit einem robusten Alleingang eröffnete, den er technisch versiert zur 2-1 Führung für Ebensreus einnetzte, schwammen uns langsam aber sicher die Felle davon.

Doch wir waren als Mannschaft gefestigt, und wir hatten einen guten Lauf. Coach Karl dirigierte routiniert unser Spiel und legte postwendend den Ausgleichstreffer von Michael Meister auf.

Es entwickelte sich ein spannendes Kampfspiel. Beide Seiten schenkten sich nichts. Aber Howard riss sich am Riemen. Bis auf eine gelbe Karte wegen rüdem Foulspiel ließ er sich nichts zu Schulden kommen. Und das verstärkte unsere Sorgen noch weiter.

In der 75. Spielminute konnte ich Howard in einem hart geführten Zweikampf den Ball abluchsen. Gedankenschnell bediente ich Georg auf dem rechten Flügel. Er flankte mit seinem feinen Ballgefühl in die Mitte auf Stefan Schmidt. Der Kopfball saß. Wir hatten das Spiel gedreht. Es stand 3-2. Nun mussten wir diesen hauchdünnen Vorsprung über die Zeit retten. Wir stemmten uns mit aller Macht gegen die wilden Angriffe unserer Gegner. Bis in der 80. Minute Willi seinen großen Auftritt hatte.

„Hey, du rothaariger Depp“, beschimpfte er den an der Seitenlinie freistehenden Howard. „Haben sie dich Psychopath zu so einem Anti-Aggressions-Seminar geschickt, oder was? Du bist ja heute zahm wie ein Lämmchen! Früher hätten sie einen roten Teufel wie dich als Hexer verbrannt!“

Howard drehte sich um. Die Zuschauer erzählten uns später, seine Gesichtszüge wären eine hässliche Fratze gewesen. Zuerst spuckte er dem verdutzten Spielleiter Willi ins Gesicht. Dann trat er ihm kräftig zwischen die Beine.

Der Schiedsrichter hatte alle Hände voll zu tun, den Tumult wieder zu ordnen, der daraufhin entbrannte. Das Weiherfeldener Publikum war auf 180. Bei sich dachte jeder Einzelne „Es ist aber auch wirklich Zeit geworden, dass Willi mal die Quittung für sein unsägliches Verhalten bekommt.“ Trotzdem war es Ehrensache, den stöhnenden Willi bis aufs Blut zu verteidigen.

Am Ende hagelte es eine knallrote Karte für Howard und einen Platzverweis für Spielleiter Willi, den der Schiedsrichter des Sportplatzes verwies. Das stellte sich als gar nicht so einfach heraus. Denn Willi lag noch immer stöhnend auf dem Boden und hielt sich ächzend den Schritt. Unsere Platzordner trugen ihn schließlich zu viert vom Platz und legten ihn vor dem Sportheim auf einen Biertisch. Dann eilten sie ohne jedes Mitleid zurück zum Spielfeld. Ihnen stand eine spannende Schlussphase bevor. Die wollten sie wegen Willis Hodenschmerzen nicht verpassen.

Wutentbrannt warf Ebensreus noch einmal alles nach vorn. Eine Trotzreaktion rüttelte ihre Mannschaft wach. Und sie waren in diesem Zustand noch gefährlicher als mit ihrem besten Spieler Howard. Aber wir ließen nicht nach. Ich rückte nach hinten, und wir bildeten eine Dreierkette im Abwehrzentrum, flankiert durch unsere beiden Außenverteidiger.

Zur Entlastung klopften wir die Bälle nach vorn zu Karl Adler. Der bot seine ganze Cleverness auf, schirmte den Ball mit seinem schlaksigen Körper und seinen langen Beinen gekonnt ab, und ließ sich bewusst in Richtung Eckfahne abdrängen. Dort holte er Sekunde um Sekunde heraus und provozierte einen Freistoß nach dem anderen, was uns ebenfalls wertvolle Zeit einbrachte. Mit einer Portion Glück, Einsatz und viel Geschick retteten wir den knappen Sieg über die Zeit.

Am Abend bekamen wir gute Nachrichten. Der 1. FC Hohentannen hatte gepatzt. Sie hatten beim FSV Eggenheim mit 1-2 den Kürzeren gezogen. Nun waren wir wieder Zweiter, saßen dem SC Weinsburg fest im Nacken. Und die Helmersdorfer setzten ihre beispiellose Talfahrt weiter fort.

Obwohl wir Grund zum Feiern hatten, trank ich an diesem Abend nur ein Bier mit der Mannschaft. Denn auf dem Beifahrersitz meines Autos lag ein wichtiger Brief. Noch nie in meinem Leben hatte ich meine Gefühle, Sehnsüchte und Wehmut zu Papier gebracht. Nie hätte ich geglaubt, dass mir das Schreiben so schwerfallen würde. Es war die richtige Entscheidung gewesen, kein Deutschlehramt zu studieren. Natürlich auch wegen der schier unlösbaren Aufgabe, fränkischen Kindern die korrekte Verwendung der Buchstaben K, P und T beizubringen.

Es fühlte sich eigenartig an, die Klappe des Briefkastens von Annikas Eltern zu öffnen und den Brief hinein zu werfen. Jetzt gab es kein Zurück mehr. Das metallene Scheppern der sich schließenden Briefkastenklappe war endgültig. Und das Warten auf Annikas Reaktion brachte mich beinahe um den Verstand.

FC Streitenburg - TSV Weiherfelden (21. Spieltag)

Der emotionale Brief hatte Annika weniger abweisend gestimmt. Als ich Timo zum Spielen abholte, war meine Herzensdame nicht mehr ganz so eisig. Doch von einer Versöhnung war sie immer noch ein gutes Stück entfernt. Was sollte ich denn noch tun? Ich hatte mich tausendmal entschuldigt. Hatte ihr einen Brief geschrieben, Annika mein Herz ausgeschüttet. Was erwartete sie noch von mir?

Obwohl mich die Dauer ihrer Abweisung langsam aber sicher nervös machte, hatte ich bald ganz andere Sorgen. In meiner nach wie vor grenzenlosen Naivität hatte ich völlig unterschätzt, was ein Durchbruch bedeutete. Als die Rohbauer heranrückten, schleppten sie zwar riesige Folien mit, die sie mit Holzbrettern in alle Durchgänge nagelten. Sie verschanzten sich auf diese Weise in dem kleinen Raum, der den Altbau mit dem Anbau verbinden sollte. Und ich hätte nicht mit ihnen tauschen wollen.

Stundenlang schnitten und hämmerten sie auf die Wand ein. Es krachte und schepperte. Und der Staub, der allein durch die winzigen Ritzen in den Folien drang, verschaffte mir eine entfernte Vorstellung davon, wie es in dem kleinen Zimmer bei den beiden Bauarbeitern aussehen musste. Ein Arbeiter steckte für einen kurzen Augenblick den Kopf aus der Abdeckung. Er sah lustig aus. Es war der große Mann, dessen mächtiger Bauch stets unter dem viel zu engen Pullover herausragte. Von Kopf bis Fuß mit weißem Staub bedeckt, der sich in seinem dichten Bart sammelte und seine buschigen Augenbrauen dekorierte, schnappte er hustend nach Luft. Dann zog er sich wieder in die Welt aus Dreck und Staub zurück.

„Wollt ihr da drinnen keinen Mundschutz aufsetzen?“, fragte ich besorgt.

„Quatsch, da bekomm ich ja noch schlechter Luft als so.“

Gesund war das bestimmt nicht, aber wenn sie meinten …

Endlich war der Durchbruch fertig. Sie entfernten die Holzkonstruktion. Und ich wischte, saugte und wischte, saugte und wischte. Der Staub nahm überhaupt kein Ende. Hinterlistig breitete er sich bis in die letzten Ecken aus. Rasch klebte ich die Schlüssellöcher aller Türen mit Klebstreifen ab. Aber gegen den Staub war kein Kraut gewachsen. Ich wischte, saugte und wischte, lüftete, saugte und wischte. Und mir wurde klar, dass das für die nächsten Wochen meine Lebensaufgabe war.

Völlig erschöpft schleppte ich mich am nächsten Morgen in die Schule. Dort war auch noch der Lehrer krank geworden, bei dem ich am Vormittag hospitieren sollte. Ich wusste, was das bedeutete. Das Personal war knapp. Und bei Engpässen griff man gern inoffiziell auf den Referendar zurück. Zum Glück war es diesmal eine relativ harmlose fünfte Klasse. Einen frustrierenden Kampf wie bei meiner ersten Sportstunde hätte ich in dieser Verfassung nicht durchgestanden.

Danach folgte eine Vertretungsstunde. Ich ließ es ruhig angehen. Wir machten ein paar spaßige mathematische Spiele. Da war es endlich wieder: Das Leuchten in den dankbaren Kinderaugen, das den Wunsch in mir ausgelöst hatte, Lehrer zu werden. Kinder waren wirklich ein Geschenk.

Und so formte sich langsam ein spontaner Gedanke in meinem Kopf: die letzte Hoffnung im Kampf um Annika. Wenn das auch nicht funktionierte, war ich ratlos. Ich hatte das mal in irgendeinem Film mit Ben Stiller gesehen. Es musste einfach klappen. Zuhause suchte ich inmitten von Staub und Dreck nach einer Kamera. *Gut. Annika wird staunen, wie kreativ die Kinder und ich sind!*

Als ob das viele Wischen und Saugen nicht bereits Training genug war, versuchte Karl erneut eine besondere Intensität im Trainingsspiel aus uns herauszukitzeln. „Wir sind dran, Leute! Zeigt mir, dass ihr den Aufstieg auch wirklich wollt!“, feuerte er uns immer wieder an. Er peitschte uns durch das Training. Und am Ende standen wir alle erschöpft, aber zufrieden unter der Dusche. Wir hatten gut gearbeitet, waren im Aufwind. Der SC Weinsburg und der 1. FC Hohentannen sollten sich warm anziehen, wenn sie es mit uns aufnehmen wollten.

„So ist es gut, Jungs!“, lobte der Coach in der anschließenden Spielersitzung. „Hat sonst noch jemand von euch eine Frage oder eine Anmerkung?“

Da meldete sich Rumpelstilzchen Andreas Stieler zu Wort, um sich um Kopf und Kragen zu reden. „Ja, ich muss jetzt auch mal was loswerden. Letzte Woche haben wir zwar wieder gewonnen, aber jetzt mal ehrlich: Das konnte man doch nicht mit anschauen! So ein Grottenkick! Bei aller Notwendigkeit zu punkten, sollten wir schon mal wieder darauf achten, einen guten und schönen Fußball zu spielen. Das kann doch nicht sein, dass wir so einen Dreck abliefern wie letzte Woche und dann noch drei Punkte mitnehmen. Und wenn Willi nicht die Gegner vom Platz provoziert, dann holen wir ja gar nichts mehr. Da würde ich lieber mal wieder gut spielen und dafür nicht gewinnen. Da hätten wir mehr davon!"

Es war still im Sitzungssaal des Sportheims. Totenstill. Das Schweigen war nicht darin begründet, dass wir über Andreas' Worte nachdachten. Vielmehr versuchten die mit hochroten Köpfen dasitzenden Willi und Karl mit aller Gewalt, gegen den Drang anzukämpfen, unser Rumpelstilzchen hochkant aus dem Fenster zu werfen. Wie zu erwarten war, verlor Spielleiter Willi als Erster die Fassung: „Ist der nicht ganz dicht?", fauchte er mit einem wütenden Blick in die Runde. „Hast du irgendwas genommen?"

„Dir ist schon klar, dass wir am kommenden Wochenende in Streitenburg jeden verdammten Punkt brauchen, um den Anschluss an die Tabellenspitze nicht abreißen zu lassen?", polterte Karl mit etwas diplomatischerer Wortwahl. „Mir ist es scheißegal, ob wir diese Punkte durch pures Glück, durch grottenschlechten Fußball oder durch einen blinden Schiedsrichter gewinnen! Ich will Meister werden, das ist das Einzige, was im Moment für mich zählt!"

„Alter, was hat ihn heute denn wieder geritten?", wunderte sich Andreas' Konkurrent Alf kopfschüttelnd. „Da hängt er sich unter der Woche so dermaßen im Training rein, dass ich mir sicher war, dass ich am Wochenende nochmal auf der Bank sitze, und dann haut er so einen Schmarrn raus."

Auch wir konnten nicht so ganz nachvollziehen, was in Andreas gefahren war. Wir wussten zwar im Grunde, was er meinte.

Jeder von uns hatte den Anspruch, dass wir gut spielten. Aber wir wollten in erster Linie gewinnen.

Vor dem wichtigen Spiel musste ich aber zunächst in der Schule abliefern. Aufgeregt eilte ich mit meiner Kamera in das Klassenzimmer. Diese braven Kinder würden mir bestimmt helfen, Annikas Herz zurückzugewinnen. Ich hastete durch die Tür … und stieß beinahe mit einem anderen Lehrer zusammen.

„Ach, Sie waren meine Vertretung?", lachte er freundlich. „Die Kinder waren ja ganz begeistert vom gestrigen Vormittag. Aber heute ist mein Hexenschuss schon besser."

Verdammt nochmal!, fluchte ich innerlich. *Mit wem soll ich denn jetzt mein Video drehen?*

„Also bin ich heute wieder zum Zusehen verdammt?"

„Nicht ganz", sagte der Kollege und händigte mir einen Zettel aus. „Zwei weitere Lehrer sind heute ausgefallen. Hier ist Ihr Plan. Soll ich Ihnen vom Direktor geben."

Also begab ich mich schnurstracks zur Turnhalle … wo meine „Lieblingsklasse" bereits auf mich wartete. Sie hatte ich während meines Studienblocks an der Uni gewiss nicht vermisst. *Diese kleinen, hinterlistigen Teufel!*

Ich war zu verzweifelt, um noch an unwichtige Dinge wie meine Würde zu denken. Nun war Betteln angesagt, damit ich meinen Plan in die Tat umsetzen konnte.

„So, Jungs. Ich weiß, wir hatten nicht den besten Start …", begann ich kleinlaut.

„Nicht den besten Start?", rief der Schüler mit den vielen Namen entrüstet. „Sie waren gerade mal einen Tag da, und schon hat es Sechser gehagelt!"

Ich griff die unfreiwillige Steilvorlage clever auf. „Dann lasst uns das mit den Sechsern heute wieder gutmachen. Ich brauche eure Hilfe. Wir verbinden Sport heute mit einer kleinen Sonderaufgabe, und wer gut mitmacht, bekommt eine Eins."

„Und was sollen wir da machen?"

„Beim Sport Schilder hochhalten und in die Kamera sagen, warum ich so toll bin, dass man unbedingt zu mir zurückkehren muss."

Skeptisch runzelten die Rabauken die Stirn. „Was soll das denn für eine Aufgabe sein?"

„Manchmal gibt es Situationen im Leben, da müssen Lehrer und Schüler zusammenhalten."

„Hat Sie Ihre Frau verlassen, oder was?"

Gerissene Biester!

„Vielleicht hat er der auch einen Sechser gegeben."

Nachtragende Jammerlappen!

Unbeirrt klatschte ich in die Hände: „Also, los geht's. Fangen wir an!"

„Also ich mach da nicht mit. Lieber hol ich mir noch einen Sechser ab."

„Ich auch nicht!"

Frustriert musste ich mir eingestehen, dass mein Vorhaben mit dieser Klasse niemals funktionierte.

„Dann machen wir eben stattdessen Zirkeltraining", ordnete ich bockig an. Und ich nahm die armen Schüler so richtig ran. Beim Vorführen der Kraft- und Ausdauerübungen konnte ich mich wenigstens etwas abreagieren. Das war auch bitter nötig.

Total verschwitzt schleppte ich mich nach der intensiven Sportstunde in die Umkleidekabine und stellte mich unter die Dusche. Eisig kaltes Wasser musste mein hitziges Gemüt runterfahren. Beim Einseifen hörte ich plötzlich Stimmen vor der Tür.

„Schau, hab ich dir doch gesagt, der würde das nicht mal merken", murmelte ein Junge.

„Okay. Wenn er uns nochmal so blöd kommt, ziehen wir's durch!"

Was haben diese Halunken denn vor?

„Aber wenn du hochkletterst, um das Foto zu machen, hört er das doch. Das macht zu viel Lärm."

Die wollen doch nicht etwa …

„Dann machen wir das Foto eben von unten. Wenn man die Kamera im richtigen Winkel da unten hinhält, müsste das doch passen."

Doch, sie wollen! Diese kleinen Gauner planten doch tatsächlich, ein Nacktfoto von mir unter der Dusche zu schießen. *Na toll, jetzt kann ich nicht mal mehr ungestört nach dem Sport duschen.* Dass ein Nacktfoto im Internet meinen ohnehin schon einschlägig bekannten Spitznamen „Stricher" garnierte, hatte mir gerade noch gefehlt. *Aber nicht mit mir. Euch Burschen krieg ich noch dran!*

Beim Warmlaufen vor dem Spiel beim FC Streitenburg ließ ich mir meine Situation nochmal durch den Kopf gehen. Mein Zuhause hatten die Handwerker in ein staubiges Schlachtfeld verwandelt. Annika ging mir weiterhin konsequent aus dem Weg. Meinen Sohn Timo bekam ich kaum noch zu Gesicht. Und diese verfluchte Klasse machte mir den Schulsport zur Hölle. *Marco, Marco, wie schaffst du es nur immer, dich in solche vertrackten Situationen zu manövrieren?*

Ich legte meinen ganzen Frust in das Fußballspiel. Beherzt fuhr ich meinem überforderten Gegenspieler bei jedem Zweikampf in die Parade und wütete auf dem Spielfeld wie ein Berserker. Aber im Spiel nach vorn wollten wir einfach zu viel. Wie immer, wenn es gegen Mannschaften aus der zweiten Tabellenhälfte ging, stellte sich der Gegner mit Mann und Maus hinten rein. Wir waren das gewohnt, hatten Mittel und Wege gefunden, uns gegen diese defensive Taktik zu wehren. Aber der Schlüssel war in der Regel ein schnelles Tor. Das lockte die Mannschaften aus ihrer massiven Deckung und brach den unbändigen Kampfeswillen der Gegner.

In Streitenburg aber mühten wir uns zwanzig Minuten lang vergeblich um den Führungstreffer. Mehr als ein Pfostenschuss und zwei gute Torchancen sprangen jedoch nicht dabei heraus. Dann liefen wir in einen Konter. Streitenburg zeigte sich eiskalt. Die Gastgeber führten mit 1-0.

Nun verteidigten sie natürlich noch vehementer ihr eigenes Tor. Sie hatten einen kleinen Abstand zu den Abstiegsrängen und wollten alles dafür geben, diesen mit einem Überraschungserfolg gegen den großen TSV Weiherfelden auszubauen. Sie rannten sich die Lunge aus dem Leib, kämpften bis zum Umfallen.

Der Trainer der Gastgeber musste bereits nach 70 Minuten dreimal wechseln, da seine Spieler völlig ausgepumpt waren. Der alte Fuchs Willi griff tief in seine fiese Trickkiste, um uns zu unterstützen. Nach einem Allerweltsfoul im Mittelfeld brüllte er sich fulminant in Rage: „Schon wieder der Zwölfer! So ein verfluchter Holzhacker! Das war bestimmt schon sein zwanzigstes Foul! Schiedsrichter, da musst du unsere Jungs auch mal schützen. Immer der Gleiche! Narrenfreiheit hat der ja bei dir!"

Aber leider hatten wir an diesem Tag einen überdurchschnittlichen Kreisklassen-Schiedsrichter erwischt. Er ließ sich von Willi nicht ins Boxhorn jagen. „Sein zwanzigstes Foul? Der wurde doch erst vor zwei Minuten eingewechselt …"

Kleinlaut zog sich Willi auf die Auswechselbank zurück. „Naja, versuchen kann man's ja mal …", grummelte er verzweifelt.

Die Streitenburger Rechnung ging voll auf. Die drei neuen Spieler brachten frischen Wind in ihre müde Elf. Wir taten uns sehr schwer gegen diese felsenfeste Abwehr. Am Ende erkämpften sie sich einen verdienten Punkt. Sieben Minuten vor dem Ende hatte Karl bei einem Freistoß aus spitzem Winkel eine Flanke angetäuscht und das Leder gerissen direkt im kurzen Eck versenkt. Aber das 1-1 Unentschieden warf uns im Aufstiegsrennen trotzdem wieder zurück.

Als wir enttäuscht aus der Dusche stiegen und im Streitenburger Sportheim ein leckeres Bier genossen, stimmten uns die Neuigkeiten im ersten Moment freudig. Der SC Weinsburg und der 1. FC Hohentannen hatten beide überraschend verloren. Der magere Punkt in Streitenburg verringerte den Abstand zum Spitzenreiter sogar. Dann aber wandelte sich die naive Freude in Frust. Wir begriffen, dass der unnötige Punktverlust uns die einmalige

Gelegenheit geraubt hatte, die Tabellenführung zu übernehmen. Wir hatten es mal wieder verbockt!

Am Abend nach dem Spiel setzte ich mich zuhause an meinen Schreibtisch. Ich ignorierte die Augenringe und das dumpfe Pochen in meinem linken Bein, das von einem übermotivierten Zusammenprall stammte. Was konnte ich noch tun? Rosen wurden verschmäht. Entschuldigungen wirkten nicht. Selbst mein Brief brachte nicht den erhofften Erfolg. Ein Video mit freudigen, süßen Schulkindern, die meiner Annika mit selbstgemalten Schildern und witzigen Sprüchen halfen, über ihren Schatten zu springen, war mein letztes Ass im Ärmel gewesen. Aber da hatte mir meine „Lieblingsklasse" einen Strich durch die Rechnung gemacht.

Und so saß ich in der staubigen Bude und grübelte. Ich grübelte die ganze Nacht. An Schlaf war nicht zu denken. Wenn mir nicht rasch eine zündende Idee einfiel, war der Zug womöglich bald abgefahren.

TSV Weiherfelden - SC Hohenstein (22. Spieltag)

Als ich am Montagnachmittag nach der Schule nachhause kam, saß Annika in unserem Wohnzimmer. Timo war auch bei ihr. Ich drückte den Kleinen an mich.

„Papi, unser Urlaub bei Oma und Opa ist schon vorbei", rief er fröhlich. Annika und ich wollten ihn nicht durch diesen albernen Streit verunsichern. Wir hatten ihm erzählt, dass er gemeinsam mit Mama Urlaub in Obsthofen machen durfte. Die zuletzt recht eisige Annika lächelte mich einladend an. Ich gab ihr einen Test-Kuss. Sie erwiderte ihn, ohne zuzubeißen.

„Dann ist also wieder alles in Ordnung?", fragte ich skeptisch. Ich brauchte Gewissheit.

„Ja, aber unter einer Bedingung ..."

Ihr Tonfall machte mich nervös. Wir brachten Timo zu meinen Eltern, damit wir ungestört reden konnten.

„Also wenn die Bedingung ist, dass ich sowas nie wieder mache, dann kannst du dich darauf verlassen.“

„Das ist schön“, antwortete Annika. „Aber das reicht mir nicht. Versprochen hast du mir das vorher auch schon.“

Was zum Teufel kam denn jetzt?

„Dass ein verlobter Familienvater zweimal hintereinander eine Telefonsexnummer anruft, ist doch nicht normal, Marco. Und du bist auch noch angehender Lehrer!“

„Annika“, stammelte ich völlig von der Rolle. „Jetzt lass mal die Kirche im Dorf. Ich hatte mich in meinem Trainingslager-Rausch verwählt.“

„Genau das ist das Problem …“, machte sie unerbittlich deutlich.

„Dass ich zu blöd zum Wählen bin?“

„Nein, dass du ständig Ausflüchte suchst.“

„Aber das ist keine billige Ausrede. Du kannst mich gern als dumm und unfähig bezeichnen. Den Vorwurf muss ich mir gefallen lassen. Oder dass ich nach drei Jahren immer noch nicht in der Lage bin, am Biertisch mit den Franken mitzuhalten. Das auf jeden Fall. Aber ich wollte dich anrufen und habe mich verwählt. Und dann bin ich eingeschlafen.“

Annika schüttelte nur den Kopf.

„Die Nummer ist schon aus meinem Verlauf entfernt, damit mir Tollpatsch sowas nicht nochmal passieren kann. Willst du nachsehen?“

„Nein. Ich möchte, dass du eine Therapie machst. Ich habe die erste Stunde bereits für nächsten Montag gebucht.“

Fassungslos blickte ich in ihr Gesicht. *Eine Therapie? Das ist doch ein schlechter Scherz, oder?* Aber sie wirkte todernst.

„Echt jetzt? Weil ich zu schwach war, um dem Gruppenzwang meiner Mannschaftskollegen zu widerstehen, und mich dann später betrunken verwählt habe?“

„Meinst du es wirklich ernst mit dem Anbau und der Hochzeit? Dann bitte ich dich, diese Therapie zu machen. Wenigstens die erste Sitzung. Dann sprechen wir darüber, was es dir gebracht hat, und sehen weiter."

Ich seufzte. Wie konnte man wegen einem kleinen Malheur so übertreiben? Aber wenn das der Preis war … Ich liebte sie. Und ich wollte meinen Timo wieder bei mir haben. Wir bauten aus. Unsere geplante Hochzeit rückte immer näher. So unnötig die Idee auch war … *Ich kann doch wegen einer Therapiesitzung nicht all das aufs Spiel setzen! Manchmal muss man im Leben eben über seinen eigenen Schatten springen.*

„Einverstanden!", sagte ich schließlich, und Annika fiel mir um den Hals und gab mir einen dicken Kuss.

„Ich freu mich. Timo hat dich sooo vermisst!" Sie zwinkerte mir verführerisch zu: „Und ich übrigens auch."

Ich kannte diesen Blick. Er brachte meine Lenden zum Kochen. Und während Timo oben mit Oma und Opa Lego spielte, fiel Annika mit einer heißblütigen Inbrunst über mich her, dass man glauben konnte, sie hätte die letzten drei Jahre in einem Kloster verbracht.

Als sie mit mir fertig war, lagen wir eng umschlungen nackt im Bett. Mein Oberkörper sah fast so schlimm aus wie der von Kevin nach seiner heißen Affäre mit der Punker-Wildkatze. Die Kratzwunden brannten wie Feuer. Doch es war ein gutes Gefühl.

„Ein bisschen Staub wischen hättest du aber schon können, Marco", meinte Annika vorwurfsvoll.

„Da bin ich gespannt, mit welchen Tricks du diesen Staub loswirst. Du hast leicht reden. Du warst ja nicht da, als sie den Durchbruch gemacht haben."

„Was meinst du, warum ich so lange mit der Versöhnung gewartet hab?", grinste sie schelmisch.

Aber auch sie sollte noch ein Stück vom staubigen Kuchen abbekommen. Oh ja! Ich hatte fest daran geglaubt, dass mit dem Durchbruch der große Dreck überstanden war. Von wegen!

Die Elektriker kannten keine Gnade, als sie die Stromkreise aus dem Altbau mit dem Anbau verbanden. „Wir schlagen heute ein paar Schlitze“ hatte sich für mich nach einer kleinen Standardaufgabe für Elektriker angehört. Ich hatte den Durchbruch überstanden. Ein paar läppische Schlitze ... Was sollte mich noch schocken?

Dann schalteten sie die Schlagbohrmaschinen an. Von vorher abdecken hatten sie offenbar nichts gehört. Die Putz-und Steinbrocken knallten nur so von den Wänden. Der Staub zog in dicken Wolken durch unsere Wohnung. Es war zum Heulen. Selbst wenn noch Schuhe oder andere Gegenstände unterhalb ihrer Arbeitszonen auf dem Boden lagen, machten die Elektriker keine Gefangenen. Es hagelte Staub und Gestein. Ohne Ende. Ohne Gnade.

Annika war total verzweifelt. Sie wischte. Sie putzte. Sie lüftete. Es war alles vergebens.

Unser Elektrikermeister war trotzdem bester Laune. Seine Wohnung war es ja nicht. Er war ein ganz besonders fränkisches Original. Wie einer der Rohbauer, konnte er kein einziges Wort Hochdeutsch. Egal was er mir erklärte, ich verstand ihn einfach nicht. Er vermischte mir unbekannte Fachausdrücke aus der Elektrikerbranche mit einem so tief-fränkischen Dialekt, dass mir der Typ ein absolutes Rätsel blieb.

Aber eins war mir relativ schnell klar. Ich hatte einen ganzen Kerl vor mir. Wo normale Menschen einen isolierten Schraubenzieher verwendeten, der aufblinkte, wenn man ihn in eine funktionierende Steckdose hielt, testete unser Elektrikermeister den Strom mit seiner Zunge.

„Machen das andere Elektriker auch so?“

„Nein, in der Berufsschule lernen die kleinen Jungelektriker, dass man nach einem Stromschlag eigentlich zur Kontrolle ins Krankenhaus soll.“

„Und warum nimmst du dann deine Zunge? Tut das nicht weh?“

Der Bär von einem Mann zuckte nur mit den Achseln, als wäre es das Normalste von der Welt, mit der Zunge den Strom zu testen. „Weil ich es kann!“

Sie hatten letzten Endes unsere Wohnung in einem solchen Chaos hinterlassen, dass wir am Sonntag vor dem Fußball beschlossen, ein Familienessen im McDonald's zu wagen. Schließlich war ich kein geborener Franke und konnte auch ohne den obligatorischen Sonntags-Kloß Fußball spielen. Ich ließ mir meine nicht gerade sportlertaugliche Mahlzeit schmecken und machte mich dann auf den Weg zurück nach Weiherfelden. Annika setzte mich direkt vor dem Sportheim ab.

Ich war früh dran. Die zweite Mannschaft hatte gerade Treffpunkt. Eine Ansammlung von jungen Spielern, die am Vortag sichtlich zu viel gefeiert hatten. Die Truppe stand vor dem Eingang und beäugte belustigt unseren Spielleiter Willi, der aufgeregt vom einen zum anderen stolzierte und dabei hektisch mit den Händen fuchtelte.

Wir hatten ein Personalproblem. Am Morgen hatte Willi gleich drei schlechte Nachrichten erhalten. Drei Spieler der zweiten Mannschaft hatten ihm kurzfristig für das heutige Spiel abgesagt.

Normalerweise bediente sich die zweite Mannschaft in solchen Fällen bei der Altherrenmannschaft. Die erfahrenen Haudegen freuten sich immer, wenn sie die jungen Spieler unterstützen konnten. Sie waren in der Regel noch relativ fit, nüchtern (was man von den jungen Spielern nicht immer behaupten konnte), und gaben mit ihrer unaufgeregten Spielweise zusätzliche Stabilität.

Diesmal aber hatte Willi einen schweren Stand. Die Altherrenmannschaft befand sich auf einem Mannschaftsausflug, wo sie sich bei einer Floßfahrt mit anschließender fränkischer Brotzeit vergnügten. Während der verzweifelte Willi wie ein Nervenbündel durch das Sportheim fegte und sein letztes Hemd dafür gegeben hätte, irgendwie elf Spieler zusammen zu bekommen.

Es war 12.30 Uhr. Ein schlechter Zeitpunkt, um die zweite Mannschaft spontan zu verstärken oder wenigstens aufzufüllen.

Eine Stunde zuvor hätte er vielleicht noch Erfolg gehabt. Am Sonntagvormittag versammelten sich zahlreiche Weiherfeldener nach dem morgendlichen Kirchgang im Sportheim und machten gemeinsam Frühschoppen. Der Frühschoppen war zwar eine laute Ansammlung vieler mehr oder weniger sinnloser Streitgespräche. Aber in der Regel tranken die meisten Frühschoppenbesucher nicht mehr als zwei oder drei Glas Bier und kehrten kurz vor 12 pünktlich zum Mittagessen zu ihren Familien zurück.

Eine halbe Stunde später blieb nur der klägliche Rest übrig. Man traf auf die üblichen Verdächtigen, die auch unter der Woche jeden Nachmittag das Sportheim zierten. Sie hatten keine Frauen, folglich kein Mittagessen, zogen generell drei Glas Bier mehr einem fränkischen Sauerbraten mit Klößen vor, und waren um 12.30 kaum noch in der Lage gegen einen Fußball zu treten. Willi kannte seine Pappenheimer natürlich. Verbittert ließ er seinen wissenden Blick durch die Runde schweifen und spielte in seinem Kopf die Konsequenzen der wenigen Alternativen durch.

Er konnte die zweite Mannschaft mit nur zehn Mann ins Rennen schicken. Doch die Kollegen hatten einen starken Gegner zu Gast. 90 Minuten zu zehnt gegen diese Mannschaft zu spielen würde bedeuten, das Spiel kampflos herzuschenken. Dazu war Willi nicht der Typ.

Nachdenklich betrachtete er den Regisseur. Beinahe hätte seine Verzweiflung einen Impuls in ihm ausgelöst, den Regisseur tatsächlich zu bitten, sich ein Trikot des TSV überzustreifen. Just in jenem Moment aber griff der vermeintliche Retter in der Not nach seinem Bierglas, verfehlte das anvisierte Ziel um eine Handbreite und verschüttete das schaumige Getränk über den kompletten Tisch. Das leicht zu erklärende Missgeschick katapultierte den armen Willi zurück in die Realität. Nein, der Regisseur war wahrlich keine Alternative.

Willi drehte den Kopf nach links, nach rechts, bis sein Blick schließlich auf dem Don ruhte. Der Wirt war vermutlich der nüchternste Mann im gesamten Sportheim. Eine interessante Option.

In seinem bunten Hawaiihemd machte er einen relativ fitten Eindruck. Willi war kurz davor, sich einen Ruck zu geben und den Don zu verpflichten. Da warf der Don mit missmutigem Gesicht dem fluchenden Regisseur ein Geschirrtuch zu, damit der sein ausgeschüttetes Bier aufwischen konnte.

„Früher haben die getrunken, die es vertragen haben!“, grummelte der Don missbilligend. Die Szene rief Willi die alte, berühmte Fehde zwischen dem Don und dem Regisseur ins Gedächtnis. Mit der Erinnerung an den spektakulären Wettlauf der beiden Streithähne schwand Willis Begeisterung, den Don aufs Feld zu schicken. Nur zu gut konnte er sich an dessen unrühmlichen Auftritt bei dem legendären 400-Meter-Lauf erinnern, bei dem der favorisierte Don wahrlich keine gute Figur gemacht hatte. Nein, da wäre selbst der Regisseur noch eine bessere Alternative gewesen.

Unruhig trat Willi von einem Fuß auf den anderen. Den beleibten Norbert Heiland zog er gar nicht erst in Betracht. Es war zum Verrücktwerden. Hilflos blickte er suchend um sich.

In diesem Augenblick öffnete sich die Sportheimtür und ein kleiner Mann mit mächtigem Brustkorb und breiten Schultern kehrte zurück an seinen Platz. Das Unikat, das gerade von der Toilette zurückgekehrt war, hieß Gerhard Uhrmacher und hatte vor etwa fünfzehn Jahren selbst für die zweite Mannschaft gespielt. Er hatte nicht den Ruf, ein großer Techniker oder ein guter Fußballer gewesen zu sein. Aber er konnte gegen einen Ball treten, war in der Lage zu verstehen, wo er sich auf dem Platz positionieren musste, und er wirkte im Vergleich zu den anderen Sportheimbesuchern nicht ganz so angeschlagen. Willi grübelte. Er suchte nach dem Haken. Aber es schien, als wäre Gerhard Uhrmacher seine beste Alternative. Also gab sich unser Spielleiter einen Ruck: „Hey Uro, hast du nicht Lust, heute ein bisschen die Fußballschuhe zu schnüren?“

Gerhard Uhrmacher schaute ihn mit großen Augen an. „Was, ich? Ist das dein Ernst?“

„Wir haben nur zehn Spieler. Grippewelle."

„Grippewelle … Sowas gab's früher auch nicht! Sind das Luschen heutzutage! Diesen Jungspunden zeig ich doch gern mal, wie wir früher Fußball gespielt haben", antwortete Gerhard Uhrmacher mit einem verwegenen Grinsen.

Ein erleichterter Willi dankte seinem Retter und machte sich auf den Weg in die Kabine. Uhrmacher trank sein Bier aus und folgte dem Spielleiter. Willi wirkte nicht sicher, dass dies wirklich eine gute Idee war, aber welche Optionen hatte er noch? Es war allemal besser als der Don oder der Regisseur. Uhrmacher würde zumindest einem gegnerischen Spieler im Weg stehen und so einen der elf Kontrahenten binden. Mehr konnte man von einem Mann nicht erwarten, der seit fünfzehn Jahren keinen Sport mehr getrieben hatte. Den Rest mussten die zehn Mannschaftskollegen allein regeln.

Beim Aufwärmen wirkte Gerhard Uhrmacher etwas ungelenk. Aber nach fünfzehn Jahren Pause konnte man auch einfach ein wenig eingerostet sein. Sein erster Probetorschuss ging knappe zehn Meter über das Tor, der zweite Versuch nur noch fünf Meter. *Wer weiß, vielleicht wird sein erster Torschuss im Spiel ja ein Treffer.* Aber dazu sollte es nicht kommen.

Klein und robust, beinahe breiter als lang, entpuppte sich der spontane Ersatz als waschechte Kampfmaschine. Mir gefiel das. Ich war selbst ein defensiver Mittelfeldspieler, bekannt für meine Kampfstärke und meinen Einsatzwillen. Deshalb hatte ich Respekt vor jedem, der es mir gleich tat.

Schon in der zweiten Spielminute aber fegte Uhrmacher seinen Gegenspieler mit einer brutalen Inbrunst von den Beinen, die, nun ja, nichts mehr mit Einsatzwillen zu tun hatte. Der Ball war nicht wirklich in der Nähe gewesen. Zumindest nicht mehr zu dem Zeitpunkt, als der Spieler in den Boden gestampft wurde.

Glücklicherweise für den TSV hatte man in der zweiten Mannschaft regelmäßig sehr skurrile Schiedsrichter. Der alte Mann in Schwarz mit dem schneeweißen kurzen Haar ermahnte Gerhard

Uhrmacher und bat ihn, doch bitte etwas langsamer zu Werke zu gehen. Eine milde Entscheidung, wenn man bedachte, dass vermutlich 90 Prozent der Schiedsrichter eine knallrote Karte gezückt hätten. Dem gegnerischen Trainer blieb nichts weiter übrig, als lautstark über den Unparteiischen zu schimpfen („Na das fängt ja schon wieder gut an!“), einen boshaften Fluch in Richtung Uhrmacher auszusprechen und ein Stoßgebet zum Himmel zu schicken, dass doch bitte alle seine Spieler diesen Platz lebend verlassen.

Der zweite Ballkontakt, halt nein, Beinkontakt. Nur eine kurze Minute später warf sich Uhrmacher erneut rustikal zwischen Ball und Gegner, traf dabei kein Leder, sondern nur Haut und Knochen. Zurück blieben ein gellend schreiender Gegenspieler, ein fassungsloser Schiedsrichter und eine Horde besorgter Gästezuschauer.

Diesmal kam der Unparteiische trotz aller Milde nicht um eine gelbe Karte herum. Niemand hätte sich zu diesem Zeitpunkt über eine zweite rote Karte für Gerhard Uhrmacher beschweren können. Der Übeltäter selbst hingegen verstand die Welt nicht mehr. Er hatte noch zu einer Zeit das Fußballspielen erlernt, als es noch keine Karten gab, und als es vor allen Dingen noch gang und gäbe war, einem technisch überlegenen Gegenspieler einfach in die Beine zu treten. Ohne Rücksicht auf Verluste!

Ich machte mir ernsthaft Sorgen. Zum einen um unsere zweite Mannschaft, die dieses Spiel vermutlich trotz des kurzfristig gefundenen Ersatzspielers nicht mit elf Mann beendete. Aber auch um unsere Gegner, die eine so barbarische Gangart nicht verdient hatten. Gegen diesen Uhrmacher wirkte selbst ein Gennaro Gattuso, der den Fußballsport auch eher als Vollkontaktsportart interpretiert hatte, wie ein schmusendes Lämmchen.

Die gegnerische Mannschaft versuchte, sich bestmöglich auf diese ungewöhnliche Spielweise einzustellen. Da Uhrmacher im zentralen Mittelfeld wütete, verlagerten sie ihr Spiel auf die

Flügel. So gelang es ihnen, zumindest für ganze drei Minuten, dem als Fußballspieler verkleideten Berserker zu entrinnen.

Doch auch das war lediglich eine kurze Momentaufnahme. Denn irgendwann kam natürlich auch unsere Mannschaft wieder an den Ball. Sie passten zu Gerhard Uhrmacher, der genug Platz hatte, den Ball in Ruhe anzunehmen, da inzwischen alle gegnerischen Spieler einen großen Bogen um ihn machten. Aber er zeigte ein unglaubliches Unvermögen, den Ball zu kontrollieren. Das Leder sprang ihm fünf Meter weit vom Fuß. Direkt zu einem Gegenspieler, dem eine verzweifelte Frage ins Gesicht geschrieben stand: Warum ausgerechnet ich?

Und er stellte diese Frage nicht zu Unrecht. Denn es dauerte nur einen Bruchteil einer Sekunde, bis Gerhard Uhrmacher die schützende Distanz überwunden hatte und mit zwei gestreckten Beinen den hilflos aufschreienden Gegner zu Boden knüppelte.

Unter den tobenden Zwischenrufen der gegnerischen Fans und den bangen Blicken des verzweifelten Trainers sprach der Schiedsrichter eine Zeitstrafe aus. Fünf Minuten für unsere armen, bemitleidenswerten Gegner, in denen sie sich erholen konnten, ohne mit voller Wucht von den Beinen gefegt zu werden.

„Eine Zeitstrafe? Ist der nicht ganz dicht? Dieser Spieler hat doch Blut gesoffen! Der muss jetzt endlich vom Platz! Schiedsrichter, du musst doch unsere Spieler auch mal beschützen!“, brüllte der Trainer in seiner nachvollziehbaren Rage.

Mit zornesrotem Kopf stapfte Gerhard Uhrmacher wie ein kleiner Giftzwerg vom Feld. Einige Zuschauer diskutierten, ob es laut aktuellem Regelwerk des DFB überhaupt noch Zeitstrafen gab. Aber der Schiedsrichter schien von seiner Interpretation eines groben Foulspiels auf einer Wellenlänge mit Uhrmacher zu sein. Sie waren beide vom alten Schlag. Und zu der Zeit, als man noch hemmungslos alle Gegenspieler ummähen durfte, waren Zeitstrafen anscheinend noch eine angesagte Alternative zu einer roten Karte gewesen.

Ungeduldig tigerte Uhrmacher an der Seitenlinie auf und ab. Er wirkte wie ein Boxer in der Pause zwischen zwei Runden, der darauf brannte, einem sichtlich angeschlagenen Gegner endlich den Garaus zu machen. Oder nein, vielmehr wirkte er wie ein blutrünstiger Kampfhund, der in seinem Zwinger auf und ab streifte, die Zähne fletschte und darauf wartete, dass sich die Tür zu seinem Käfig plötzlich öffnete. Gerhard Uhrmacher machte mir langsam aber sicher Angst.

„Kippe!“, kommandierte der verrückt gewordene Aushilfsspieler. Und der Don griff in seine Brusttasche und reichte Uhrmacher eine Zigarette. Gerhard steckte die Zigarette an und vertrieb sich seine fünfminütige Zeitstrafe mit Rauchen. Rauchen im Trikot bedeutete laut Strafenkatalog eine satte Geldstrafe. Aber Rauchen im Trikot an der Seitenlinie eines laufenden Fußballspiels, während man eine Zeitstrafe wegen dreimalig rotwürdigen groben Foulspiels absaß … Sowas stand nicht mal in Weiherfelden im Strafenkatalog. Doch ein Aushilfsspieler, der kein offizielles Mitglied der Mannschaft war, musste keine Geldstrafen bezahlen. Und so zog Uhrmacher genüsslich an seiner Zigarette, die er zwischen Daumen und Zeigefinger hielt wie ein bedrohlicher Auftragsmörder in einem Hollywood-Thriller, und niemand hegte einen Zweifel daran, dass er nicht mindestens genauso gefährlich war.

Mit sorgenvoll gerunzelter Stirn trat Spielleiter Willi an den von ihm rekrutierten Spieler heran. Sein Ziel, die Mannschaft aufzufüllen und nicht zu zehnt gegen diesen starken Gegner ins Rennen zu schicken, war gründlich schief gegangen. Vielleicht taten ihm sogar die Gäste leid, auch wenn der streitsüchtige Willi ansonsten nicht viel für gegnerische Spieler und Trainer übrig hatte. Aber Willi war ein guter Organisator und hatte stets ein Ass im Ärmel: „Gerhard, wenn die Zeitstrafe vorbei ist, gehst du bitte wieder aufs Feld, machst einfach gar nichts und achtest darauf, ja jedem Zweikampf aus dem Weg zu gehen, damit du kein Foul mehr spielst. Alles klar?“

Gerhard Uhrmacher nickte.

„Ich habe gerade den Helmut angerufen. Der hat ja letztes Jahr in der Altherrenmannschaft aufgehört und ist nicht beim Ausflug dabei. Er ist schon auf dem Weg in die Kabine, zieht sich noch schnell um, dann wechseln wir ihn für dich ein. Verstanden?"

„Verstanden", murmelte Gerhard Uhrmacher.

Ein Raunen ging durchs Publikum, als der Schiedsrichter signalisierte, dass die Zeitstrafe abgelaufen war. Er schwor Uhrmacher noch ein letztes Mal darauf ein, dass beim nächsten groben Foul das Spiel für ihn beendet wäre. Uhrmacher nickte.

„Vergiss nicht, was ich dir gesagt habe! Jedem Zweikampf aus dem Weg gehen! Kein Foul mehr! Nur noch auf dem Feld herumstehen und nichts machen. Wir wechseln dich gleich aus!", schärfte Willi seinem Sorgenkind noch einmal eindringlich ein. Gerhard Uhrmacher nickte.

Der Schiedsrichter pfiff das Spiel wieder an. Der Ball wurde im Mittelfeld hin und her gepasst. Rumms! Es hatte keine zehn Sekunden gedauert. Mit einem krachenden Schlag hatte Uhrmacher den nächsten Gegenspieler von den Beinen gedroschen. Wie ein auf den Rücken gedrehter Käfer lag der gefällte Spieler im Gras und schrie vor Schmerzen. Die Zuschauer tobten. Der Trainer raste. Willi verzweifelte. Und Uhrmacher grinste verwegen. „Solche Nüssla!"

Nun endlich hatte der Schiedsrichter keine Wahl mehr. Er zeigte Gerhard Uhrmacher die Ampelkarte. Uro zuckte mit den Schultern, so als wollte er sagen: Ich hab doch gar nichts gemacht! So viele üble Schimpfwörter, die Uhrmacher auf dem Weg zum Kabinengang von Seiten der Gästezuschauer begleiteten, hatte ich selbst aus dem Mund des guten alten Willi noch nicht gehört. Auf der Treppe traf Uhrmacher seinen vermeintlichen Ersatz Helmut, den er gleich wieder mit in die Umkleidekabine nahm, da sein Einsatz sich nun doch erledigt hatte.

Eine kleine Portion von Gerhard Uhrmachers Robustheit hätte uns im darauf folgenden Spiel der ersten Mannschaft auch nicht geschadet. Denn es ging gegen den SC Hohenstein. Den robustesten Gegner der Kreisklasse Nord.

Die baumlangen Berchgnordzn machten uns wie immer mit ihrer harten Gangart das Leben schwer. Wir versuchten dagegenzuhalten. Mit aller Kraft. Aber es war ein hoffnungsloses Unterfangen.

Noch dazu fehlte uns der junge Kevin Mai, dessen Dynamik und Schusskraft uns auf dem linken Flügel so gut getan hätte.

„Was ist denn mit ihm los?"

„Brotmaschine", brummte Willi.

„Er hat eine neue Brotmaschine und kann deshalb nicht spielen?", fragte ich verdutzt. Und erntete mal wieder zahllose Blicke, die mir signalisierten, dass es manchmal besser wäre, einfach die Klappe zu halten.

„Nein, er hat sich mit der Brotmaschine in den Finger geschnitten, Herr Lehrer!"

„Oh Mann, wie kann sowas denn passieren", murmelte ich kopfschüttelnd. Und erntete noch mehr von diesen Blicken, als wäre ich der naivste Idiot unter der Sonne.

„Marco, wie lang wohnst du jetzt schon in Franken?"

„Bald werden es vier Jahre", antwortete ich stolz.

„Das ist wahrscheinlich die häufigste nächtliche Verletzung in Franken!"

„Wieso das denn?"

„Jetzt überleg mal", erklärte Kapitän Harald geduldig. „Was trinken Franken den ganzen Tag?"

„Bier."

„Na siehst du. Und was bekommt man von zu viel Bier?"

„Einen Rausch!"

„Ein Preuße wie du schon. Wir Franken nicht. Was bekommt man noch?"

„Keine Ahnung. Hunger?"

„Genau! Und worauf?"

„Auf Brotzeit?“, riet ich. Die Fragen wurden ja immer schwerer.

„Cleveres Kerlchen! Und was passiert, wenn ein Betrunkener zur Brotmaschine greift?“

„Okay, ich hab's verstanden.“

„Na siehst du. Das ist glaub ich jedem von uns schon mal passiert.“

„Wenn du am Sonntagnachmittag in die Notaufnahme gehst, sitzen da fast nur Kerle mit schmerzverzerrten Gesichtern in Fußballtrikots rum“, ergänzte Niklas. „Wenn du hingegen an einem Samstag morgens um drei in eine fränkische Notaufnahme gehst, halten sie sich alle ihre blutenden Finger.“

So hatte ich also wieder was dazugelernt. Doch wir vermissten Kevin schmerzlich. Wir gewannen auch dieses Spiel nicht, trennten uns 2-2. Es war enttäuschend. Zwar hatte Hohentannen auch nicht gewonnen, aber wir hatten eine erneute Chance liegen lassen, den Abstand auf Platz drei zu vergrößern. Und der SC Weinsburg fuhr einen Dreier ein und vergrößerte das Polster auf seine Verfolger.

Ich hätte mich in Grund und Boden ärgern können. Langsam musste ich mich mit dem Gedanken anfreunden, nächste Saison für Obsthofen aufzulaufen. Aber ich war viel zu froh über die Rückkehr von Annika und Timo, um mir von einem verpatzten Fußballnachmittag die Laune verderben zu lassen.

Erst am späten Abend begann ich in einer ruhigen Minute zu grübeln. Aber nicht wegen dem Unentschieden gegen Hohenstein. Nein, es war der anstehende Termin bei meinem neuen Therapeuten, der ein ganz und gar unbehagliches Gefühl in mir auslöste.

SpVgg Fahrten - TSV Weiherfelden (23. Spieltag)

Mit einem mulmigen Gefühl stand ich am Montag nach der Arbeit vor der Adresse, die Annika mir genannt hatte. Ich hatte keine Lust auf eine Therapie. Misstrauisch musterte ich das Haus in der Innenstadt von Forchheim. Unten im Erdgeschoss befand sich ein Beauty-Shop. Ich vermutete, dass sich darüber eine kleine psychologische Praxis befinden musste. Aber warum hatte der Therapeut dann kein Schild an der Tür angebracht?

Ein junger, dunkelhaariger Mann steuerte energisch direkt auf mich zu. Er sah überhaupt nicht aus, wie man sich einen Therapeuten vorstellte. Im Gesicht trug er mindestens zehn Piercings, die seine filzigen Rastalocken bestens zur Geltung brachten. Wo zum Teufel war ich denn hier gelandet?

Lächelnd streckte er mir die Hand entgegen: „Bist du Marco?“

„Ja“, stammelte ich überrascht. Noch konnte ich mir keinen Reim aus alledem machen.

„Ich bin Nick. Annika hat mir schon viel von dir erzählt.“ *Aha, na großartig ...*

„Und du bist mein Therapeut?“, fragte ich ungläubig, und hoffte inständig, dass er nur eine extravagante männliche Form der Empfangsdame war.

Er zwinkerte mir lachend zu: „Wenn du es so nennen möchtest ...“

Geheimnisvoll ... sehr geheimnisvoll.

Eine düstere Vorahnung breitete sich in meinem Körper aus, als ich Nick in den Beauty-Shop folgte. Zielstrebig steuerte er auf das Zimmer am Ende eines Ganges zu. Selbst ein naiver Tropf wie ich konnte sich nicht vorstellen, dass ein seriöser Therapeut sein Behandlungszimmer mitten im Beauty-Shop hatte. Wie ein Lämmchen, das zur Schlachtbank geführt wurde, dackelte ich brav hinter ihm her.

„Ziehst du dich bitte aus und setzt dich dort auf die Liege?“

„Alles?“

„Na klar, was denkst du denn?“, wunderte sich Nick mit einem diabolischen Grinsen. Was für eine Therapie war das eigentlich? Eine hinterlistige Vergewaltigung im Hinterzimmer eines Beauty-Shops? So pervers war selbst Annika nicht.

Aber meine erste Ganzkörper-Entwachsung war trotzdem nur eine Stufe darunter. Es war grauenvoll. Ich starb tausend Tode. Und Nick ließ bis auf meinen Kopf keine Stelle aus. Wirklich keine.

Haarlos und gebrochen kehrte ich nach Weiherfelden zurück. Annika grinste mich zuckersüß an der Tür an. „Na, Therapie überstanden? Lass mal sehen ...“

Es brannte. Und es begann bereits an einigen Stellen zu jucken wie verrückt. „Putzig. Glatt wie ein Babypopo!“ *Diese Teufelin! Ich hätte es wissen müssen.* Annikas Rache war wie immer süß.

„Und damit ist jetzt alles wieder gut?“, fragte ich geschlagen.

„Ja, Schatz. Jetzt hast du genug für deine Sünden gebüßt. Apropos Sünden. Jetzt wo du noch so schön haarlos bist ... Komm mit ins Schlafzimmer. Ich hab eine Überraschung für dich.“

Das ließ ich mir natürlich nicht zweimal sagen.

Am darauf folgenden Morgen hatte ich einen Tag frei genommen. Als Referendar war es noch möglich, einen Tag außerhalb der Ferien zuhause zu bleiben. Schließlich hatte ich noch keine Klasse, die ich selbst unterrichten musste. Es war ein spannender Tag: Timo hatte einen Schnuppertag im Kindergarten.

Annika und ich waren nervöser als unser Sohnemann. Wie zwei aufgescheuchte Hühner hasteten wir durch die staubige Wohnung und bereiteten alles vor. Dann war es endlich so weit. Timo stand, umringt von anderen Eltern und Kindern, mit Tränen in den Augen im Kindergarten und klammerte sich an unseren Händen fest. Wir begleiteten ihn hinein. Dann nahm die Kindergärtnerin

Gabi Timo in ihre Obhut. Es war ein eigenartiges Gefühl. So endgültig. Der erste Schritt in eine neue, selbstständigere Welt.

„Bekomme ich noch einen Kuss?“, fragte ich.

Ich beugte mich zu Timo hinab und bekam einen feuchten Kuss von ihm. Die Kindergärtnerin lächelte.

„Und ich?“, fragte Annika erwartungsvoll.

„Nein, Mama. Du hast gestern dem Papi sein Pipi im Mund gehabt.“ Nun lächelte die Kindergärtnerin nicht mehr.

Oh mein Gott! Das hat er jetzt nicht wirklich gesagt! Ich wäre am liebsten im Boden versunken. Mit hochroten Köpfen machten wir, dass wir wegkamen. Besonders Annika leuchtete wie eine Tomate. Und es war gar nicht so leicht, ihr die Schamesröte ins Gesicht zu treiben.

Es war uns so peinlich, dass wir am Mittag beinahe meine Eltern zum Abholen geschickt hätten. Aber an seinem ersten Kindergarten-Schnuppertag wollten wir Timo nicht im Stich lassen. Wir hatten nicht bemerkt, dass er offenbar kurz ins Schlafzimmer gekommen war und uns gesehen hatte. Das hätte niemals passieren dürfen. Doch nun konnten wir nur noch gute Miene zum bösen Spiel machen und so tun, als wäre nichts gewesen.

Die neugierigen Blicke der Kindergärtnerinnen empfingen uns. So ein Fauxpas verbreitete sich in einem Dorf wie Weiherfelden wie ein Lauffeuer. Zu ihrer Verteidigung muss man jedoch sagen, dass sie zumindest versuchten, sich nichts anmerken zu lassen. Wir begrüßten Timo, der uns aufgeregt in die Arme sprang. Mit seinen kleinen Händen umklammerte er noch immer einen großen, gelben Plastikbagger.

„Mit heimnehmen!“, rief er aufgeregt und wedelte mit dem Gefährt herum.

„Den können wir nicht mit heimnehmen, Timo.“

„Warum?“

„Der gehört doch dem Kindergarten.“

„Dann klauen wir ihn halt!“

Verzweifelt blickte ich Annika an. Auch das noch! Jetzt waren wir die kranken sexbesessenen Eltern mit dem kleptomanisch veranlagten Kind. *Na prima!* Dabei wollten wir Timo doch unbedingt zuhause in Weiherfelden in den Kindergarten schicken. Ich schämte mich in Grund und Boden. Und unsere einzige Hoffnung war, dass dieser denkwürdige Tag bis zum Kindergartenstart im Sommer in Vergessenheit geriet.

Wenigstens lenkte uns die Baustelle ein wenig von diesem rabenschwarzen Tag im Kindergarten ab. Wir hatten eine Menge zu tun. Auch wenn kein Durchbruch und keine schlitzschlagenden Elektriker mehr auf dem Programm standen, machten die Bauarbeiter bei den Arbeiten am Innenausbau ganz schön viel Dreck. Saugen und Wischen war sozusagen ein Hobby von uns geworden. Irgendwie waren einige Handwerker darauf getrimmt, ihren Schutt nicht selbst mitzunehmen.

Und so mussten wir jeden zweiten Tag zum Wertstoffhof fahren. Natürlich trennten unsere Bauarbeiter den Müll nicht. Reste wurden einfach in einen Eimer gestopft. Und ich durfte mich jedes Mal dem strengen Aufseher des Wertstoffhofs stellen, der zwar kein Wort sprach, aber dafür alles mit Argusaugen beobachtete und knurrte wie ein Hund. Und so musste ich jedes Mal in die Mulde klettern, wo ich alle Dinge aufsammelte, auf die er mit seinem Greifarm zeigte. Und wir wussten beide, dass ich es am nächsten Tag wieder versuchen würde. Ein nervenaufreibender Schlagabtausch. Als am Donnerstag auch noch drei Kaffeetassen auftauchten, zweifelte ich langsam, ob unsere Handwerker noch ganz dicht waren. Da boten wir ihnen schon Kaffee an, und dann warfen sie die gebrauchten Tassen in den Schutt, anstatt sie wieder bei uns aufs Tablett zu stellen? Waren die denn von allen guten Geistern verlassen? Kopfschüttelnd musste ich einmal mehr feststellen, dass alle Geschichten, die man über das Bauen hörte, sogar noch untertrieben waren.

Im Weiherfeldener Sportheim hingegen neigte man zur maßlosen Übertreibung. Es herrschte Hochstimmung. Norbert

Heilands Scheidung hatte sich offenbar zu einer wahren Schlammschlacht entwickelt. Und der Heiland spülte seinen Frust mit noch mehr Bier herunter, als er es ohnehin schon in den vergangenen Monaten zelebriert hatte.

Mit der Inbrunst eines Verzweifelten feierte er jeden Tag ein rauschendes Fest. Wenn man abends nach dem Training das Sportheim betrat, war der Wirtschaftsraum mit Luftschlangen und Konfetti übersät. Der Don hatte die Musik laut aufgedreht und trug einen skurrilen Hut, den ihm der kreative Norbert Heiland aus Alufolie gebastelt hatte. Der Regisseur und der Heiland saßen mit ihren Kumpanen am Biertisch. Sie lallten und grölten zu der lauten Musik des Don. Und sie alle trugen mit Luftschlangen geschmückte Hüte aus Alufolie mit eingebautem Mikrofon und Antenne. *Die spinnen, die Franken!*

Es war ein eigenartiges Spektakel. Vor allem, weil es nicht einmalig an einem ausgelassenen Wochenende, sondern an jedem Tag und zu jeder Stunde stattfand. Langsam aber sicher machte der Heiland mir Angst.

Die Feierstimmung schien sich auch auf einige Spieler zu übertragen, die in der Mannschaftssitzung vor dem Spiel bei der SpVgg Fahrten gehörig über die Stränge schlugen. Wenn man in der halben Stunde zwischen Trainingsende und Teambesprechung vier Bier reinschüttete (inkl. Duschen, versteht sich), dann konnte sich die Zunge schon mal ein wenig lockern.

„In Fahrten müssen wir unbedingt einen Dreier einfahren! Wir können uns keine weiteren Punktverluste erlauben.“ Plötzlich flog die Tür auf, und der Regisseur führte eine wankende Polonaise durch den Saal, wo unsere Sitzung stattfand. „Genau das mein ich“, fluchte Karl. „Konzentriert euch, und lasst euch von diesen Durchgeknallten da draußen nicht von unseren Zielen abbringen!“

Simon Hahn meldete sich zu Wort. Mit mürrischem Blick forderte Karl ihn mit einem knappen Kopfnicken auf, seine Meinung zu äußern. Der Coach mochte es gar nicht, wenn er gleich zu Beginn seiner Ansprache unterbrochen wurde.

„Jetzt sag ihnen doch endlich mal, dass sie gescheit spielen sollen!“

Verdutzt runzelte Karl die Stirn, bedachte Simon mit einem genervten Seitenblick und fuhr schließlich mit seiner Ansprache fort: „Und lasst euch nicht aus der Ruhe bringen, wenn sie sich wieder mit Mann und Maus hinten reinstellen. Die werden uns bestimmt nichts schenken und sicher keinen offenen Schlagabtausch suchen. Da könnt ihr euch gleich drauf einstellen. Das wird kein Zuckerschlecken! Da hilft nur eins: dagegenhalten!“

Wieder sauste Simon Hahns Zeigefinger in die Höhe. Wie in der Schule meldete er sich fingerschnippend zu Wort. Karl seufzte: „Simon, was gibt es denn noch?“

„Trainer, jetzt sag ihnen doch endlich, dass sie dieses Wochenende mal gescheit spielen sollen!“

Und das aus Simons Mund, der seit über zwanzig Jahren Fußball spielte, und noch nie über die Ersatzbank der zweiten Mannschaft hinausgekommen war. Kopfschüttelnd ignorierte Karl den unqualifizierten Kommentar und erläuterte sein Konzept für das kommende Wochenende: „Wir versuchen es wie gewohnt über die Flügel. Wenn sie dort dicht machen, stellen wir bereits nach zehn Minuten um. Georg zieht dann in die Mitte. Dort kannst du mit deiner Ruhe die Bälle verteilen.“

Ungeduldig rutschte Simon Hahn auf seinem Stuhl hin und her. Seine Hand schnellte in die Höhe, und er begann unwirsch zu zappeln.

„Simon, hast du noch irgendetwas Sinnvolles beizutragen?“, wollte der Trainer mit sichtlichem Unmut in der Stimme wissen.

„Ja!“, lallte Simon selbstbewusst. „Sag ihnen doch bitte endlich mal, dass sie endlich mal gescheit spielen sollen!“

Sein Selbstvertrauen hätte ich gerne gehabt, als ich am Samstag vor dem Spiel bei der SpVgg Fahrten mein eigenes legendäres Geschick unter Beweis stellen durfte. Die Versöhnung zwischen Annika und mir war im letzten Moment erfolgt. Denn eine Woche länger, und wir hätten aufgrund der unklaren Situation den Trauringschmiedekurs in Nürnberg absagen müssen.

Annika und ich hatten uns entschieden, nicht einfach beim Juwelier Trauringe auszusuchen. Nein, wir wollten sie selbst schmieden. Von Hand. Es war ein riskantes Unterfangen, wenn man mein unglaubliches handwerkliches Talent in Betracht zog. Ich fühlte mich stets wie das genaue Gegenteil von Bob dem Baumeister, dem Idol meines Sohnes Timo. Ich war zufrieden, wenn ich einen Schraubenzieher, einen Hammer oder eine Feile richtig herum halten konnte. Die Ringe selbst zu schmieden war Annikas Idee gewesen. Es war günstig. Und es war etwas Individuelles, Besonderes. An sich fand ich die Idee nicht schlecht. Aber ich hatte Angst davor, mir meinen eigenen Ring zu schmieden. Schließlich musste ich das missratene Teilchen dann viele Jahre lang tragen.

Die Sorge wandelte sich schnell in Schadenfreude. Annika war davon ausgegangen, dass sie sich selbst einen wunderschönen Ring schmiedete. Sie war wirklich geschickt in solchen Dingen. Als sie hörte, dass ihr ungeschickter Zukünftiger für ihr Schmuckstück zuständig war, spiegelte sich die pure Verzweiflung in ihrem Blick wieder.

Der Kursleiter war erfahren und erkannte sofort, was in Annika vorging. „Keine Sorge. Ich bin ja auch noch da. Bisher haben wir noch jeden Ring rund bekommen."

In den folgenden Stunden hämmerten wir, brachten das Gold und Platin zum Glühen, pressten, polierten und feilten, bis meine zarten Studentenhände aufgeraut waren und an einigen Stellen bluteten.

Annikas Ergebnis konnte sich sehen lassen. Es war ein schön geschwungener, wie angegossen passender Ring. Mein Erzeugnis sah aus wie eine verklumpte in Form gepresste Masse, so dass unser Kursleiter noch eine volle Stunde damit verbrachte, meine zahllosen handwerklichen Fehler auszubügeln.

Am Ende sahen beide Ringe perfekt aus. Der Kursleiter nahm die kostbaren Unikate an sich, um sie zum Gravieren zu bringen und Annikas Steinchen einsetzen zu lassen. Es war geschafft. Endlich gingen die Hochzeitsvorbereitungen weiter. Ich hoffte nur, dass mir dabei nicht alles so zäh von der Hand ging wie das Schmieden der Ringe.

Wenigstens auf dem Rasen hatte ich alles im Griff. Unser Gastspiel in Fahrten war trotz Simon Hahns Zweifeln erfolgreich. Die abstiegsbedrohten Gastgeber kämpften wie die Löwen. Aber trotzdem hatten sie unserer offensiven Wucht nichts entgegenzusetzen. Durch Tore von Kevin, Michael und Karl gewannen wir ungefährdet mit 3-0.

TSV Weiherfelden – 1. FC Leimbach (24. Spieltag)

Ich freute mich auf den Ausflug. Es war das erste Mal seit meiner eigenen Schulzeit, dass ich mit einer Schulklasse mit dem Bus zu einem Museum über den Zweiten Weltkrieg fuhr. Als Kind hatte ich solche Busreisen mit meinen Klassenkameraden stets geliebt. Es war eine willkommene Abwechslung zum stoischen Schulalltag. Und die Kinder genossen jede Sekunde der aufregenden Busfahrt.

Herr Boll, dessen Mathematikunterricht ich im Rahmen meiner Hospitation beiwohnte, hatte die Fahrt organisiert und angeboten, dass ich ihn unterstützend begleitete. Sein zweites Fach neben der Mathematik war Geschichte, und er wollte der achten Klasse die Schrecken des Nationalsozialismus durch den Besuch des Museums bildhaft vor Augen führen.

Wir beide saßen ganz vorn im Bus und unterhielten uns prächtig. Herr Boll war vor fünfzehn Jahren auch ein begeisterter Fußballer gewesen und kannte den TSV Weiherfelden noch aus dieser Zeit.

Die Klasse war überraschend ruhig. Und wir waren so sehr in unser Gespräch vertieft, dass uns diese Tatsache nicht misstrauisch stimmte. Plötzlich drehte sich der Busfahrer zu uns um: „Das da hinten sollten Sie sich mal ansehen."

Was meinte er mit „das da hinten"? Wir lauschten, ehe wir unsere Köpfe drehten. Es war alles ruhig. Worauf genau wollte er uns denn aufmerksam machen?

Seufzend erhob sich Herr Boll von seinem Platz und schlenderte durch den engen Gang, um sich zu vergewissern, dass in der letzten Reihe, wo traditionell die halbstarken Möchtegern-Coolen der Klasse thronten, alles in Ordnung war.

Als er zurückkam, runzelte er verwundert die Stirn. Fragend blickte ich in an. Aber er ignorierte mich und richtete das Wort an den Busfahrer. „Wie lange folgen uns die beiden Wagen schon?"

Mein Pulsschlag beschleunigte sich. Was war denn hier schon wieder los? Wer verfolgte eine Schulklasse auf dem Weg in ein Museum?

„Der eine vielleicht so eine Viertelstunde", überlegte der Busfahrer. „Ich habe mir zuerst nichts dabei gedacht. Kann ja Zufall sein. Aber vor fünf Minuten ist der zweite Wagen dazugekommen. Und seitdem kleben sie an uns wie die Kletten."

Herr Boll schüttelte fassungslos den Kopf. „Ich verstehe das nicht. Was wollen die von uns?"

„Wer denn?", erkundigte ich mich ungeduldig. Sie begannen, mich zu beunruhigen.

„Uns folgen zwei Polizeiwagen", fasste mein Kollege knapp zusammen.

Herr Boll schritt entschlossen zum Mikrofon, das der Busfahrer zur Begrüßung der Klasse verwendet hatte. „Hört kurz zu, bitte. Es gibt keinen Grund zur Panik. Wir werden von zwei Polizeiautos verfolgt. Wenn irgendjemand von euch irgendetwas gemacht hat, das ihre Aufmerksamkeit auf uns gelenkt haben könnte, dann sagt es mir bitte jetzt."

Stille.

„Hat vielleicht jemand einen vorbeifahrenden Autofahrer beleidigt? Oder ihm den nackten Hintern aus dem Fenster gestreckt? Was auch immer … Ich möchte es wissen, bevor mich die Polizei darauf anspricht."

Die Klasse schüttelte kollektiv den Kopf und zuckte mit den Schultern. Ich runzelte besorgt die Stirn. Das war nicht gut.

„Sagt mal, das Schild hast du aber wieder weggelegt, oder?", grübelte ein Schüler aus der letzten Reihe plötzlich.

„Mist, haben wir das vergessen?"

„André? Klaus? Welches Schild?", fragte Herr Boll scharf.

Kleinlaut brachte ein unschuldig aussehender dunkelhaariger Junge namens Holger einen kleinen Pappkarton nach vorn zu seinem Lehrer. Mit weit aufgerissenen Augen starrte Herr Boll auf das provisorisch gebastelte Schild.

„*Hilfe wir werden entführt!* Seid ihr noch ganz dicht?", polterte er außer sich. „Wo war dieses Schild?"

„An der Rückscheibe", stotterte Holger.

„Und wie lange?"

„Seit einer Stunde vielleicht."

Mit hochrotem Kopf versuchte Herr Boll, einen Wutausbruch zu unterdrücken.

„Wir müssen das den Polizisten erklären, ehe sie am Ende noch mehr Verstärkung anfordern", stellte ich in einem seltenen Geistesblitz fest.

Herr Boll nickte abwesend. Er zermarterte sich den Kopf, wie wir das drohende Unheil am besten abwenden konnten.

„Fahren Sie bitte beim nächsten Parkplatz raus", bat er den nervösen Busfahrer.

„Ich hab fei keine Lust, dass die Polizei mir in einem Kugelhagel meinen schönen Bus durchsiebt", murmelte der kreidebleiche Mann.

„Auf einen Bus zu schießen, der voller mutmaßlich entführter Kinder ist, wäre aus Sicht der Polizei sicher etwas kontraproduktiv", stellte ich trocken fest.

Endlich kam die nächste Parkplatzausfahrt. Mit zittrigen Händen lenkte der Busfahrer seinen Bus auf den Parkplatz. Die beiden Polizeiwagen folgten uns. Wir hielten an.

Herr Boll und ich sahen uns unsicher an. Was sollten wir jetzt tun? Die Polizisten blieben zunächst in ihren Autos sitzen.

„Warum kommen die nicht?“, wunderte ich mich.

„Wenn wir wirklich Entführer wären, können sie ja schlecht an die Bustür klopfen und sagen: Wir sind's. Lasst uns bitte schnell eure Kinder befreien.“

Herr Boll hatte sicher einen guten Punkt. Aber was sollten wir dann tun? Irgendwie mussten wir die Situation doch aufklären.

„Öffnen Sie bitte die Tür“, bat Herr Boll. Nervös trat er von einem Fuß auf den anderen.

Die Türen öffneten sich. Und der tapfere Lehrer stieg aus dem Bus. Langsam bewegte er sich auf unsere Verfolger zu.

Die Polizisten öffneten ihre Autotüren. Doch sie liefen nicht auf Herrn Boll zu. Nein, stattdessen verschanzten sie sich hinter ihren geöffneten Türen. Es war wie in einem Krimi. Herr Boll wurde ganz blass um die Nasenspitze.

„Nehmen Sie bitte die Hände über den Kopf und treten Sie langsam an unser Auto heran!“, hallte es aus dem Lautsprecher des Polizeiwagens.

Herr Boll folgte der Aufforderung. Langsam trat er auf die Polizisten zu. Schließlich wurde der Mathematiklehrer von den misstrauischen Polizisten überwältigt und in Handschellen gelegt. Der arme Kerl musste an diesem Vormittag einiges mitmachen.

Es dauerte volle fünfzehn Minuten, zwei Telefonate mit dem Busunternehmen und einen Anruf beim Schuldirektor, bis seine Identität bestätigt, die Harmlosigkeit der Situation aufgeklärt und er wohlbehalten zurück in Freiheit war.

Kochend vor Wut rieb er sich die Handgelenke, die rote Ränder von den Handschellen aufwiesen. Ich wollte ihn aufmuntern, hätte ihm gern gesagt, dass es immerhin keine rosafarbenen

Plüschhandschellen gewesen waren. Aber das hätte so viele Fragen aufgeworfen, die ich ihm nicht beantworten wollte.

„Das wird nicht billig. Das SEK hat sich bereits auf den Weg gemacht. Und der Hubschrauber, den sie angefordert haben, war auch schon seit zwei Minuten in der Luft. Das werden die dafür verantwortlichen Schüler bezahlen müssen."

„Wohl eher ihre Eltern", murmelte ich. „Da wird sicher Freude aufkommen!"

Die Schulklasse stand völlig verstört auf dem Parkplatz und schnappte erstmal frische Luft. Bei den Worten „Hubschrauber", „SEK", „teuer" und „Eltern bezahlen" wurden die fünf Chaoten aus der letzten Reihe plötzlich mucksmäuschenstill. „Komm mit, Marco. Wir werden uns jetzt diese fünf Vollidioten vorknöpfen!", kündigte Herr Boll mit pulsierenden Schläfen an.

„Haben sie euch ins Hirn geschissen?", polterte Herr Boll ungehalten. Das war etwas deutlicher, als es die Schüler erwartet hatten. Die einen wirkten geschockt, die anderen überrascht, die nächsten kleinlaut und einer von ihnen machte beinahe den Eindruck, als wollte er auch noch trotzig widersprechen. „Wie kommt man denn auf so eine Schnapsidee?"

„Wir haben das mal in einer Simpsons-Folge gesehen", erklärte einer der Jungs, die wie ein Häuflein Elend vor uns standen.

„Bei den Simpsons gesehen ...", schnaubte Herr Boll.

„Und wir dachten, es wäre lustig", fügte der Junge namens Holger hinzu.

„Das werden wir sehen, ob eure Eltern die Rechnung lustig finden."

Die Führung durch das Museum war interessant, wurde aber natürlich von den turbulenten Ereignissen bei der Busfahrt überschattet. Die Mitschüler amüsierten sich köstlich über die Dummheit der fünf obercoolen Klassenclowns. Und ich war mir sicher, dass ich meinen ersten Schulausflug als Lehrer nie vergessen würde. Von Herrn Boll ganz zu schweigen. Wann wurde man schließlich schon mal von der Polizei verfolgt und in Handschellen gelegt?

Zu allem Überfluss fühlte ich mich auch zuhause manchmal wie im Kindergarten. Nicht wegen Timo. Und auch nicht wegen Annika. Nein, es waren die Bauarbeiter, die sich in bestimmten Situationen aufführten wie kleine unmündige Kinder.

Aufgrund der Verzögerungen durch die freudigen Wasserspiele unseres Heizungsbauers, hinkten wir dem ursprünglichen Plan noch immer hinterher. Und so waren die Elektriker und die Verputzer zeitgleich am Werk. Alle fünf Minuten kam einer von beiden angelaufen.

„Ich muss da jetzt verputzen, wo der Elektriker seine Leiter aufgestellt hat“, jammerte der Verputzer.

Ein deftiges „Dann mach's Maul auf und red mit ihm!“ lag mir auf der Zunge, aber ich kannte diese beiden Experten inzwischen gut genug, dass sie es nicht ohne meine Schlichtung auf die Reihe bekamen. So führte ich den entrüsteten Verputzer zum ahnungslosen Elektriker und fragte: „Könntest du deine Leiter bitte drei Meter nach links schieben?“

„Na klar doch.“

Problem gelöst. So einfach kann das Leben sein.

Doch nur fünfzehn Minuten später kam der Elektriker angelaufen.

„Der Verputzer steht auf meiner Leiter.“

Na und? „Kann er die denn nicht benutzen?“

„Doch, an sich schon. Aber ich bräuchte sie mal kurz.“

Und warum sagst du ihm das nicht einfach, du Schlaumeier?

Also lief ich geduldig, wie man als Bauherr nun mal sein muss, zum Verputzer und fragte ihn, ob der Elektriker nicht gnädigerweise seine Leiter zurückhaben kann.

„Ich muss das hier noch schnell fertig machen“, überlegte der Verputzer angestrengt. „Kann er nicht kurz meine Leiter nehmen?“

Auch in Ordnung. Redet doch einfach miteinander!

Den Höhepunkt lieferten die beiden aber am nächsten Nachmittag. Zuerst beobachtete der Elektriker interessiert den ganzen Tag lang unseren Holzbauer, wie er in schweißtreibender Arbeit Holzbretter in den Anbau trug und sorgfältig in eine freie Ecke schlichtete. Als der Holzbauer nach Stunden seine Vorbereitungen für den Folgetag beendet hatte und die Baustelle verließ, wandte sich der Elektriker schließlich an mich. Er polterte entrüstet unverständliches Zeug in tiefstem Fränkisch. Aber die Geräuschkulisse in dem Raum war nicht auszuhalten, so dass ich kein Wort verstand.

Durch den Leitertausch am Vortag hatte ich Hoffnungen gehegt, dass die kommunikativen Unzulänglichkeiten des Elektrikers und Verputzers doch nicht so tief verwurzelt waren. Aber ich wurde schnell auf den enttäuschenden Boden der Tatsachen zurückgeholt.

Es standen zwei Baustellenradios im Raum. Direkt nebeneinander. Bei voller Lautstärke. Und das Gedudel war so konfus, dass man sein eigenes Wort nicht verstand. Der Elektriker und der Verputzer hatten sich nicht auf ein gemeinsames Radioprogramm einigen können. Vermutlich hatten sie es nicht mal versucht. Der eine hörte stur Bayern 1. Und der andere lauschte fröhlich der Musik von Bayern 3. Damit das musikalische Kauderwelsch komplett war, hatten die beiden Experten ihre Baustellenradios nur einen halben Meter voneinander entfernt aufgestellt. Ein Hoch auf die Kommunikation auf deutschen Baustellen. *Die spinnen, die Franken!*

Ich erlaubte mir, die beiden nervtötenden Baustellenradios ein wenig leiser zu drehen. Am liebsten hätte ich sie aus dem Fenster gefeuert. Und die Handwerker gleich mit.

„So, nochmal von vorn bitte. Wo drückt der Schuh?“

„Was ist denn das hier für eine Scheiße? So ein alter Depp!“

„Wer? Warum?“

„Da wo der Holzbauer das ganze Holz hingeschlichtet hat, muss ich morgen unbedingt Kabel einziehen!“, echauffierte sich der Elektriker.

„Hast du ihm das denn gesagt?“

Der Elektriker schüttelte schnaubend den Kopf und zog von dannen. Er hatte mich als seinen Bauherrn informiert. Nun musste ich die Suppe für ihn auslöffeln. Am liebsten hätte ich ihm eines der Holzbretter über den Kopf gezogen. Warum zum Teufel schaute er dem Holzbauer den ganzen Tag dabei zu, wie er die Bretter dorthin schlichtete, wo er am Folgetag arbeiten musste, ohne auch nur ein Sterbenswörtchen zu sagen? Ich konnte es einfach nicht verstehen.

Wo die einen zu wenig kommunizierten, trieben es die anderen auf die Spitze. Am darauf folgenden Samstag sollten wir schnell feststellen, dass Schweigen auch manchmal Gold sein kann. Denn als wir unsere Wunsch-Location für die Hochzeitsfeier begutachteten, war die Wirtin ganz besonders redselig aufgelegt.

Von dem Moment an, als sie ihren mächtigen Vorbau durch die Tür geschoben hatte, für den sie im ganzen Landkreis berühmt und berüchtigt war, textete uns die korpulente, energische alte Dame ununterbrochen zu. In einem rabiaten Redeschwall von zehn Minuten erzählte sie uns, wie wir die Gäste setzen sollten, wo wir welche Deko brauchten, was wir zu essen machten und welchen Fixpreis sie uns pro Gast anbieten konnte.

Auf der einen Seite war ich ihr fast ein wenig dankbar. Schließlich profitierten wir von ihrer Erfahrung mit solchen Veranstaltungen und sparten uns viele eigene Überlegungen. Auf der anderen Seite hätte ich aber am liebsten schreiend den Raum verlassen. Annikas Gesicht wurde immer finsterer.

Sie war eine Frau. Sie mochte es gar nicht, wenn ihr ein Wirtshaushaus-Drachen vorgeben wollte, wie sie ihre Gäste setzen und ihre Hochzeit dekorieren sollte. Da verstanden die Damen keinen Spaß.

Ich versuchte zu moderieren, damit sich die beiden Kontrahentinnen nicht am Ende die Augen auskratzten. Aber dabei begab ich mich auf dünnes Eis. Der Saal gefiel uns. Er war hell, groß und gemütlich eingerichtet. Es war so, wie wir es uns vorgestellt hatten. Außer dass die Wirtin als Domina große Karriere in Hamburg hätte machen können.

Erst nachdem Annika ihre Tochter kennengelernt hatte, war sie etwas beschwichtigt. Die freundliche junge Frau winkte augenrollend ab, um uns zu signalisieren, dass es jedem so ging, der mit ihrer rustikalen Mutter zu tun hatte. Sie versicherte uns, dass wir das schon unseren Wünschen entsprechend hinbekämen.

„Ist das ein Drachen!“, schimpfte Annika, sobald wir wieder im Auto saßen.

„Wer im Glashaus sitzt ...“, grinste ich, und erntete einen Blick, der mich gut und gerne hätte töten können.

„Ist doch wahr!“

„Aber der Raum ist schon super, oder?“

„Und der Preis auch. Das Essen und das Bier haben einen sehr guten Ruf. Auch wenn sich alles in mir dagegen sträubt, dieser Hexe nur einen einzigen Cent in den Rachen zu werfen: Lass es uns machen, Marco!“

Dem hatte ich nichts mehr hinzuzufügen. Besonders ihre Begründung für die preiswerte Rundum-sorglos-Pauschale („Auf Hochzeiten wird ja sowieso nicht mehr so viel getrunken“) hatte es mir angetan. Schließlich stand ein Großteil meiner Fußballmannschaft inklusive Max Hölzelein auf der Gästeliste. *Die wird sich noch wundern!* Aber von Kommunikation hatte ich für dieses Wochenende ein für alle Mal genug.

Am Ende der Woche war ich froh, als endlich Sonntag war. Ein normaler Tag auf dem Fußballplatz. Dort fühlte ich mich pudelwohl.

Kevin kam wie gewohnt mit einer schillernden Schönheit zum Treffpunkt. Diesmal sah sie aus wie eine Elbin aus dem Herrn der Ringe.

„Mensch, wie hast du die denn schon wieder rumgekriegt?"

„Sag jetzt bloß nicht, du bist in der Videothek über eine *Herr-der-Ringe*-DVD gestolpert, und bist zufällig auf eine Elfe gestürzt!"

„Naja, eigentlich ist eher sie beinahe gestürzt."

„Der Kerl macht mich noch wahnsinnig!"

„Ich kann doch auch nichts dafür. Sie ist in der Forchheimer Fußgängerzone mit ihrem Stöckelschuh im Gully hängengeblieben. Da hab ich ihr halt geholfen."

Niklas hatte dafür nur ein ironisches Lachen übrig. „Nicht zu fassen."

Willi wollte nichts mehr von Kevins Frauengeschichten hören. Er war bereits eine Stunde vor dem Anpfiff aufgeregt und angriffslustig, da es gegen den verhassten 1. FC Leimbach ging, den er auf den Tod nicht ausstehen konnte. Karl missbilligte in seiner fokussierten Art Kevins laszive Küsse vor dem Sportheim und hielt im Kabinentrakt eine feurige Ansprache.

„Wir sind auf Schlagdistanz mit der Tabellenspitze! Da kommen uns die Leimbacher gerade recht! Lasst sie uns zerschmettern, Jungs! Zeigt, was ihr könnt!"

Alles war in bester Ordnung. Wenigstens auf dem Fußballplatz lief alles nach Plan. Vom Anpfiff weg zeigten wir eine konzentrierte und couragierte Leistung. Die Abwehr stand felsenfest. Das Mittelfeld lief wie ein Uhrwerk. Auf den Flügeln wirbelten Raldo und der „Neireider" wie entfesselt. Und der Angriff präsentierte sich robust und treffsicher.

Wir zerlegten den 1. FC Leimbach mit 4-1. Und es hätte noch höher ausgehen können. Zu unserer großen Freude hatte die Konkurrenz aus Hohentannen gepatzt. Vom dritten Platz hatten wir uns also etwas abgesetzt. Nun konnten wir unseren vollen Fokus auf die Tabellenspitze richten. Die Jagd auf den SC Weinsburg war eröffnet!

Spielfrei
(25. Spieltag)

Ich hätte es wissen müssen!

Wann sonst hätten diese Chaoten meinen Junggesellenabschied planen sollen, wenn nicht am spielfreien Wochenende.

Vor diesem Tag hatte ich mich schon lange gefürchtet. Ich kannte Weiherfelden gut genug, um mir auszumalen, was mir blühte.

„Annika, ich glaube, morgen ist es soweit", stellte ich am Freitagnachmittag entsetzt fest.

„Auch das noch." Ihre Stimme klang besorgt.

„Vielleicht wird es ja gar nicht so schlimm", versuchte ich, mir selbst einzureden.

Sie zog nur spöttisch ihre Augenbrauen nach oben.

„Ein bisschen Soccer-Golf spielen am Nachmittag. Und dann abends etwas Essen gehen und gepflegt einen über den Durst trinken. Nichts Besonderes."

„Das glaubst du doch selbst nicht, Marco!"

Annika hatte es so gut. Die Mädels machten einfach einen Wellness-Tag mit ein wenig Likör und ein paar witzigen Spielen. Beneidenswert.

„Denk an deine Therapie bei Nick, wenn sie dir eine Stripperin kommen lassen! Ich habe meine Augen und Ohren überall."

Sie hätten mir die Stripperin nackig auf den Bauch binden können. Beim bloßen Gedanken an die Entwachsungskur bei Nick war ich brav wie ein Lämmchen.

Am Samstagmorgen öffnete ich die Augen. Und zuckte sofort zusammen. Wie zum Teufel waren Niklas, Harald und Stefan in unser Schlafzimmer gekommen? Annika seufzte und versteckte sich unter der Bettdecke.

„Frühstück!", grinste Niklas und wedelte mit einem kleinen Fläschchen Jägermeister vor meinem Gesicht herum. Am liebsten hätte ich ihn zur Begrüßung angekotzt. Mit zusammengekniffenen

Augen würgte ich das „Frühstück“ herunter und verfluchte meine Minuskumpels aufs Übelste.

„Du brauchst dich gar nicht anzuziehen. Da wo wir hingehen, sind Klamotten überflüssig!“, lachte Niklas neckisch.

Meine impulsive Zukünftige schleuderte umgehend ein Kissen nach ihm.

„Sei froh, dass ich nicht die Lampe geworfen hab, du Vogel! Und bringt ihn mir bloß wieder heil zurück!“, rief sie meinen Freunden hinterher, als sie mich schließlich packten und aus dem Schlafzimmer zerrten.

Vor dem Haus parkte ein Kleinbus. Es fühlte sich an wie eine Entführung. Wir blieben also nicht in Weiherfelden. So viel stand fest. Dominik saß hinter dem Steuer und blinzelte mir diabolisch zu. *Zumindest gibt es keine Spur von Max,* freute ich mich. Der extreme Hölzelein hätte mir an so einem Tag gerade noch gefehlt.

Als ich die Bustür öffnete, traf es mich wie ein Schlag. Max lag auf dem Rücksitz. Seine Augen waren halb geöffnet. Er versuchte, mit zittrigen Fingern eine Bierflasche zu öffnen. Max stank wie ein wildes Tier im Schnapsladen. Sie mussten ihn direkt aus irgendeiner Kneipe abgeholt haben. Na prima. Das konnte ja heiter werden.

„Wo geht es denn eigentlich hin?“

„Lass dich überraschen“, grinsten meine Freunde verwegen. Niklas rieb sich diebisch die Hände. Meine Angst kannte keine Grenzen mehr.

Als ich meine Furcht mit dem zweiten Bier heruntergespült hatte, achtete ich etwas mehr auf den Weg. Wir hatten das gelobte Franken gerade verlassen, und Dominik steuerte den Kleinbus zielstrebig weiter nach Norden. Ein böser Verdacht regte sich in mir.

„Jungs, wir fahren jetzt aber nicht nach Hamburg, oder?“

„Schlaues Kerlchen“, zwinkerte Niklas und prostete mir zu.

Der Tag würde schlimmer werden, als ich es befürchtet hatte. Hamburg war ein hartes Pflaster. Vor allem mit diesem feierwütigen Trupp wildgewordener fränkischer Aufstiegsaspiranten.

In Hamburg angekommen, warfen wir achtlos die Koffer in das Hotelzimmer und stürzten uns sogleich ins Getümmel. Es war Schlager-Move, eine Art Loveparade für Schlager-Fans. Unzählige durchgeknallte Menschen mit ausgeflippten Klamotten und bunten Perücken zogen feiernd durch die Straßen. An jeder Ecke gab es Bier. Da sagten wir natürlich nicht nein.

Nach einer Stunde in diesem verhängnisvollen Milieu stießen auch noch Kai und Lasse dazu, meine beiden besten Kumpels aus alten Hamburger Tagen. Ich hatte sie schon seit einem Jahr nicht mehr gesehen. Max hatte sich inzwischen nüchtern getrunken und konnte wieder ohne fremde Hilfe gehen.

Es wurde ein lustiger Nachmittag, bis sie mich schließlich in ein pinkfarbenes Cowboy-Kostüm steckten, das hinten ausgeschnitten war und meinen Po entblößte. Zu allem Überfluss musste ich noch einen getigerten String-Tanga darunter anziehen.

„Stefan, ist das deiner vom Trainingslager damals?"

„Na klar. Und immer noch ungewaschen."

Dutzende wildgewordene Mädels unterschrieben mit Edding auf meiner Brust, meinem Rücken, meinen Wangen - und meinen beiden Pobacken. Naja, solange sie nicht wieder „Stricher" auf meinen Körper schmierten, war alles in bester Ordnung.

Nach einem kurzen Abendessen, bei dem mehr getrunken als gegessen wurde, stürzten wir uns in das Hamburger Nachtleben. Es war ein armseliger Anblick. Wir alle waren sturzbetrunken. Die Kleidung hing zerlumpt und zerknittert an unseren Körpern. Ich selbst sah in meiner pinkfarbenen Cowboy-Hose und den vielen Unterschriften lächerlich aus. Die dilettantischen Versuche, gesellige Lieder anzustimmen, endeten in einem völlig chaotischen, fränkisch-plattdeutschen Kanon. Aber wir hatten unseren Spaß. Das war schließlich Sinn der Sache.

Die ersten Verluste hatten wir zu beklagen, noch ehe wir unser Ziel, die Große Freiheit, erreichten. Mein alter Freund Lasse war die hohe Schlagzahl meiner fränkischen Fußballmannschaft nicht gewohnt. Er taumelte durch die Gegend. Fiel auf den Boden. Und legte sich an Ort und Stelle schlafen. Wir versuchten alles, aber wir bekamen ihn einfach nicht mehr wach. Zu allem Überfluss hatten an dieser Ecke zwei Rettungssanitäter ihren Wagen geparkt. Sorgenvoll schielten sie zu uns herüber und schlenderten auf uns zu.

„Lasse, jetzt reiß' dich zusammen. Sonst darfst du die Nacht noch im Krankenhaus oder in der Ausnüchterungszelle verbringen."

Doch Lasse regte sich nicht.

Inzwischen hatten uns die beiden Rettungssanitäter erreicht. „Braucht ihr Hilfe, Jungs?"

„Nein, nein", riefen wir in einer Inbrunst im Chor, dass es beinahe an die Szene aus „Das Leben des Brian" erinnerte, in der die als Männer verkleideten Frauen enthusiastisch versicherten, dass kein Weibsvolk bei der Steinigung anwesend war.

Die Sanitäter rollten genervt mit den Augen und bückten sich zu Lasse hinab.

„Der ist ja total weggetreten. Den können wir nicht so liegen lassen", diagnostizierte der Sanitäter und nickte seinem Kollegen stirnrunzelnd zu.

„Also gut, nehmen wir ihn mit", erwiderte dieser.

Entsetzt sahen wir zu, wie die beiden Sanitäter Lasse zu ihrem Rettungswagen schleppten.

Aber Max wollte das nicht auf sich sitzen lassen. Er torkelte den Rettungskräften hinterher. Sie hatten Lasse gerade in ihren Wagen gelegt, als Max plötzlich neben ihnen stand.

„Komm schon, ihr könnt ihn doch hier bei uns lassen. Ich übernehme die Verantwortung. Ich passe höchstpersönlich auf ihn auf!"

Doch im Augenblick seiner vollmundigen Ankündigung verlor Max das Gleichgewicht, kippte vornüber, und stürzte mitten in den Rettungswagen hinein. Dort wälzte er sich auf den Rücken und lag hilflos da wie ein Käfer. Oder wie ein „geprellter Frosch", wie die Franken sagten. Und es war offensichtlich, dass er auf niemanden mehr aufpassen würde.

Aber der dumpfe Schlag, als Max neben ihm landete, holte Lasse wieder in das Reich der Lebenden zurück. Er riss die Augen auf, reckte die Arme in die Höhe und sang: „In einer Kneipe am Ende der Straße …"

„Seht ihr, den beiden geht es doch schon wieder prächtig. Es gibt also keinen Grund zur Sorge", argumentierte Niklas, dessen freches Mundwerk zum ersten Mal, seit ich ihn kannte, nützlich war. Er redete fünf Minuten lang mit Engelszungen auf die armen Sanitäter ein, bis sie genervt nachgaben und Max und Lasse wieder in unsere Obhut zurückgaben. Wir konnten unser Glück nicht fassen und machten, dass wir davon kamen.

Auf dem restlichen Weg zur Großen Freiheit schmiedeten wir Pläne für den folgenden Tag. Am Nachmittag würden wir zurückfahren. Aber wir wollten den Sonntagvormittag noch in Hamburg verbringen.

„Wenn wir heute Morgen noch einigermaßen fit sind, sollten wir euch unbedingt noch den Fischmarkt zeigen!", schlug Kai vor.

„Fischmarkt? Heute Morgen? Da können wir sowieso nichts mehr sehen", meinte Max. Er wusste, wie seine Abende endeten.

„Ich sage euch: Das muss man gesehen haben!", drängte auch Lasse.

In dem Moment traten wir in die Große Freiheit ein. „Nein", meinte Niklas wie in Trance und leckte sich fasziniert über die Lippen. „DAS muss man gesehen haben!"

Unsere Blicke folgten dem seinen, und wir starrten die leicht bekleideten Damen an, die nur darauf warteten, für teures Geld ihre Liebesdienste zu verrichten.

„Marco, was dort passiert, bleibt in Hamburg. Wenn du heute ein letztes Mal mit einer anderen heißen Braut ins Bett möchtest …“

Aber ich wollte nicht mit irgendeiner Prostituierten ins Bett. Ich wollte Annika. Sie reichte mir. Und der bloße Gedanke an Annikas Rache für den harmlosen versehentlichen Anruf bei einer Telefonsex-Hotline ließ meine zarte Haut wieder von neuem jucken. Nein, das war nichts für mich.

Also verschlug es uns stattdessen in den Nachtclub Safari. Unser Erscheinungsbild war inzwischen erbärmlich. Lasse hatte von seinem Sturz eine dicke Beule auf dem Kopf. Kai hatte sich bereits selbst auf die Füße gekotzt. Und niemand von uns konnte seine Augen länger als zwei Minuten am Stück offen halten. Lallend bezahlten wir den Eintritt und rumpelten an einen freien Tisch. Wir warfen das Wechselgeld achtlos auf die Tischplatte, setzten uns, und die meisten schliefen sofort ein.

Eine rustikale, leicht bekleidete Bedienung kam an unseren Tisch: „Jungs, steckt euer Geld weg. Ihr seid hier am Kiez!“

Die Bauern in der großen Stadt … Wir wachten lange genug auf, um eine sündhaft teure Runde Bier zu bestellen. Max hatte noch den Geistesblitz, einen Private Dance für unseren Tisch zu arrangieren. Sie sah aus wie eine von Kevins Gespielinnen. Langsam entblößte sie ihre vollen Brüste, und als sie erkannte, dass ich der Junggeselle war, durfte ich Jägermeister von ihren Zehen trinken, den sie von ihren schlanken langen Beinen rinnen ließ. Das war das Letzte, an das ich mich erinnerte. Die Welt wurde schwarz. Und als ich wieder aufwachte, fühlte ich mich zerquetscht von einer zentnerschweren Last. Ein bestialischer Gestank drang in meine Nase. Mein Magen rebellierte.

Vorsichtig blinzelnd öffnete ich die Augen. Beine und Körper lagen über mir. Was zum Teufel war passiert? Ich betrachtete die prallen, behaarten Schenkel in meinem Gesicht näher. Zumindest waren es keine Frauenbeine. Ich schien Annika selbst im größten Filmriss treu geblieben zu sein.

Nein, es waren meine Minuskumpels. Wir hatten insgesamt vier Doppelzimmer belegt. Aber wie es auch immer dazu gekommen war, wir lagen alle acht gemeinsam in einem Doppelbett. Aufeinandergestapelt wie die Bremer Stadtmusikanten versuchten wir in dieser höchst unbequemen Position verzweifelt, unseren krassen Rausch auszuschlafen.

Am Ende erwachten schließlich doch alle aus ihrem volltrunkenen Tiefschlaf. Ächzend und stöhnend reckten wir unsere geschundenen Glieder. Nie in meinem Leben hatte ich acht Menschen in einer so unbequemen Position schlafen sehen. Wir zogen uns in die anderen Zimmer zurück und lüfteten erst einmal kräftig durch. Denn das war bitter nötig. Es war furchtbar hell. Schimpfend kniffen wir die schmerzenden Augen zusammen. Ich fühlte mich wie ein alkoholisierter Vampir.

„Kommt, wir gehen in den Bademänteln zum Frühstück!“, schlug Harald plötzlich vor.

Wir fuhren geschlossen mit dem Aufzug nach unten, um gemeinsam frühstücken zu gehen. An Treppensteigen war noch nicht zu denken. Meine Kopfschmerzen malträtierten mich schlimm genug, ohne dass wir uns unnötig bewegten.

Das Frühstücksangebot war recht karg. Von einem Hotel war man normalerweise mehr gewohnt. Wir mussten uns sogar unsere Kaffeetassen und Teller selbst von einem Sideboard holen.

„Alter, so ein Saftladen“, grummelte Niklas.

„So eine billige Absteige war das doch gar nicht.“

Verwundert schnitten wir die vertrockneten Brötchen auf, schmierten das bisschen Butter drauf, das wir zusammenkratzen konnten, und mampften die wenig schmackhafte Mahlzeit in uns hinein. Der Kellner, der uns Kaffee brachte, den wir sichtlich brauchten, bedachte uns mit einem eigenartigen Seitenblick. Vielleicht waren die Bademäntel doch etwas extravagant. Die anderen Hotelgäste, die am Frühstücksraum vorbei liefen, warfen uns auch irritierte Blicke zu. Sahen wir wirklich so heruntergekommen aus?

Erst als wir überlegten, was wir mit dem angebrochenen Vormittag anfangen wollten, verstanden wir die verwunderten Blicke. Denn die Uhr zeigte 14:00. Eine recht ungewöhnliche Frühstückszeit in deutschen Hotels …

„Sightseeing Hamburg fällt somit aus, oder?“, fragte Niklas.

„Ich denke schon. Wir haben noch einen langen Weg vor uns. Trotzdem war es schön, Jungs. Zumindest das, woran ich mich erinnern kann“, erwiderte ich.

Und so machten wir uns schließlich auf den Heimweg. Es war wirklich schön gewesen, Hamburg und meine alten Freunde wiederzusehen. Aber am Ende des Tages war ich heilfroh, dass ich meinen Junggesellenabschied überstanden hatte, noch am Leben war, Annika offensichtlich keinen Grund zur Eifersucht gegeben hatte und endlich zuhause in meinem Bett lag. Und, dass ich außer mit Annika und Timo mit niemandem mein Bett teilen musste.

TSV Weiherfelden – Viktoria Settenheim (26. Spieltag)

Wir waren froh, nach diesem harten Wochenende zurück auf dem Trainingsplatz zu stehen. Die ersten Schritte auf dem Rasen waren nach so einem Ausflug surreal. Die Luft flimmerte. Jeder Schritt fühlte sich an, als hätte Willi einem ein zentnerschweres Gewicht um die Knöchel gebunden. Aber nach dem Training war der Körper gereinigt.

Es waren nur noch fünf Spieltage. Fünf Spieltage, bei denen es um alles ging. Der Bierdeckel in meinem Nachttisch geriet immer mehr in Vergessenheit. Platz zwei war noch nicht gesichert. Der 1. FC Hohentannen saß uns weiterhin im Nacken. Aber wir schielten auf den ersten Platz, den der SC Weinsburg hielt. Das Ziel war klar: der direkte Aufstieg ohne die lästige Relegation.

Gegen die Viktoria Settenheim durften wir uns also keinen Ausrutscher mehr leisten. Patzer wurden in dieser Phase der Saison bitter bestraft. Karl Adler peitschte uns im Training zu

Höchstleistungen an. Jeder wollte spielen. Um jeden Preis. Und insbesondere unsere beiden Torhüter Andreas und Alf waren bis in die Haarspitzen motiviert. Doch dieses Training forderte meist auch seine Opfer. Zunächst verpasste Max mir einen Schlag auf den Mittelfuß. Es tat höllisch weh. Aber ich hätte weiterspielen können. Es war keine schwere Verletzung.

„Schmarrn, wir gehen kein Risiko ein. Wir brauchen dich in den nächsten Wochen. Geh duschen und setz dich ins Sportheim. Ich möchte, dass du am Sonntag topfit bist", meinte der Coach.

Als ich fertig war, sah ich noch ein wenig beim Training zu. Todesmutig warf sich Alf nach einem Eckball ins Getümmel. Ohne Rücksicht auf Verluste, pflückte er umzingelt von Gegen- und Mitspielern das Leder aus der Luft. Im Kampf mit Andreas um den Stammplatz im Tor des TSV kitzelte er das Letzte aus sich heraus. Als sich die unübersichtliche Situation auflöste, blieb er am Boden liegen. Dann schrie er vor Schmerzen auf.

„Verdammt nochmal!", schimpfte Karl frustriert.

Unsere Mitspieler führten den Verletzten vom Platz. Er fluchte und hielt sich seine malträtierte Hand, die sofort böse anschwoll.

„Marco, kannst du Alfred bitte zur Kontrolle ins Krankenhaus fahren?", fragte Willi besorgt.

„Na klar. Komm schon, Alf."

Er schimpfte und zeterte die gesamte Fahrt mit zusammengebissenen Zähnen. Gerade jetzt konnte er sich keine Verletzung erlauben. Jeder wollte doch Teil der Aufstiegshelden sein, zu denen sich der TSV Weiherfelden dieses Jahr berufen fühlte.

Im Krankenhaus angekommen, ließ man uns, obwohl im Wartezimmer der Ambulanz gar nicht so viel los war, volle zwei Stunden warten.

„Dann sei mal froh, dass du keine lebensbedrohliche Verletzung hast", scherzte ich in dem plumpen Versuch, den geknickten Alf ein wenig aufzuheitern.

Sein finsterer Blick riet mir, besser den Mund zu halten.

Am Ende wurden wir doch zu einer jungen Assistenzärztin gerufen. Sie war hübsch, sah müde und abgeschlagen aus und betrachtete Alfs Finger mit skeptischer Miene.

„Tut das weh?“, fragte sie und tastete an seinem Finger entlang.

„Natürlich, sonst wäre ich ja nicht da!“, entgegnete Alf übellaunig.

Ich rollte mit den Augen und blickte die junge Ärztin entschuldigend an.

„Wir sollten das erstmal röntgen.“

„Jetzt reiß dich mal zusammen“, fuhr ich Alf an, als die Ärztin nach dem Röntgen kurz aus dem Zimmer gegangen war. „Du klingst ja schon wie Gruffy aus der Gummibärenbande.“

Sein verständnisloser Blick sagte mir, dass unser aufstrebender Torwart zu jung war, um die gute alte Gummibärenbande zu kennen. Diese Jugend heutzutage war schon armselig. Dabei war er doch nur ein paar Jahre jünger als ich …

Die Ärztin kehrte zurück und hielt einen Verband in den Händen.

„Ich glaube nicht, dass etwas gebrochen ist. Hundertprozentig ausschließen kann man es nicht, da die Hand schon stark angeschwollen ist. Aber es sieht mir eher nach einem Kapselriss aus. Ich werde deine Hand bandagieren, damit der betroffene Finger schön ruhiggestellt ist. Dann sollte es in ein paar Tagen besser werden.“

Vorsichtig schmierte sie eine Salbe auf die geschwollene Stelle und setzte den Verband an.

„Haben Sie so etwas schon mal gemacht?“, erkundigte sich Alf besorgt.

Nun war es die Ärztin, die mit den Augen rollte: „Nein, eigentlich bin ich hier nur die Putzfrau. Aber weil es momentan Ärztemangel gibt, hängen sie uns in der Abendschicht immer Ärztekittel um und lassen uns auf die jungen, naiven Fußballer los, die ihr freches Mundwerk nicht unter Kontrolle haben.“

Ich kicherte. Alf knurrte mich mit finsterem Blick an.

Es war schon spät, als ich an diesem Abend nachhause kam. Annika wartete im Wohnzimmer auf mich.

„Was zum Teufel ist denn das? Mach das bitte sofort aus!“, rief ich schockiert, als mir eine grausame Musik in die Ohren drang.

„Das war die CD!“, prustete Annika.

Verständnislos sah ich sie an. *Welche CD?*

„Das ist die Demo-CD von dieser One-Man-Band.“

„Der Typ, der uns geschrieben hat, dass er sich explizit nicht als Alleinunterhalter bezeichnen möchte, da es seiner musikalischen Klasse nicht gerecht wird?“

Annika nickte. „Genau der.“

„Wow, da könnten wir ja gleich *Biersaufesel* engagieren.“ Ich war fassungslos. Ich hatte seine Mail noch vor Augen. „Schade, als er uns angeschrieben hat, habe ich gedacht, er wird die Welt einreißen.“

Annika nickte und kicherte. „Grausam, oder?“

Ich hatte noch nie etwas Schlechteres gehört. „Dann lass uns doch den DJ buchen. Live-Musik ist sicher schöner, aber wir sind so spät dran, dass wir, denke ich, nur die kläglichen Reste abbekommen. Bei einem DJ hören sich die Lieder wenigstens so an, wie sie sollen.“

„Okay, ich ruf den DJ morgen an.“

Ein weiterer Punkt auf unserer Liste war damit abgehakt. Zufrieden legte ich mich schlafen. Morgen wollten noch die Verputzer kommen, dann würde unsere Baustelle im Altbau, wo gerade renoviert wurde, auch bald zu Ende sein. Ich freute mich schon auf eine saubere, neue und staubfreie Wohnung. Und mit diesem Traum schlief ich ein.

Als ich nach einem anstrengenden Schultag von der Schule nachhause kam, folgte das böse Erwachen. Wie naiv war ich schon wieder gewesen? Zu glauben, dass nach dem Durchbruch der große Dreck schon vorbei war … Zu hoffen, dass zumindest nach dem Schlitzschlagen der Elektriker endlich der große Dreck und Staub hinter uns lag … Und dann kam der Verputzer im Altbau … Ich konnte kaum die Tür zu unserer Wohnung öffnen, so viele Steinbrocken lagen noch in unserem Flur herum. Schaufel und Besen hatte der Verputzer offensichtlich noch nie gesehen.

„Was ist denn hier passiert?“

Unser Flur sah aus wie eine bombardierte Ruine, wie man sie von Fotos aus dem Zweiten Weltkrieg kannte. Geschichtslehrer Boll hätte gewiss Gefallen daran gefunden, wenn ihn nicht gerade die Polizei abführte.

„Er hat mir noch zugerufen, dass du das am besten schnell noch zusammenkehrst. Er musste dringend weg. Und außerdem wird er nach Stunden bezahlt. So können wir uns ein bisschen Geld sparen.“

„Hat der Typ einen Vogel?“

„Aufregen können wir uns später. Machen wir uns schnell ans Werk, bevor es dunkel wird.“

Vergangene Woche hatten wir die Steckdosen freigelegt, damit der Verputzer alles verputzen konnte. Der Strom war abgeschaltet. Wir hatten nur im Anbau Licht und mussten uns deshalb beeilen, den Flur wieder in einen einigermaßen akzeptablen Zustand zu bekommen, ehe es zu dunkel wurde.

Ich war heilfroh, als endlich Wochenende war und keine Handwerker mehr in unserer Wohnung wüteten. Das Ende der Baustelle nahte, aber die letzten Meter kosteten unheimlich viel Kraft.

„Aufs Bad aussuchen hab ich mich schon lange gefreut“, träumte Annika beim gemeinsamen Frühstück am Samstagmorgen. „Es geht doch nichts über eine Wohlfühldusche, eine kuschelige große Badewanne, ...“

„Verdammt, war das heute?“

„Ja, wir haben in einer Stunde den Beratungstermin.“

„Verflucht, und ich wollte mit Niklas und Max das Fotobuch vom Junggesellenabschied abholen.“

Das interessierte Annika natürlich brennend. „Ach, ich kann das für euch unter der Woche abholen", schmunzelte sie unschuldig.

„Von wegen. Ehrenkodex! Das wird niemandem gezeigt, der nicht dabei war."

„Hast du wieder was zu verbergen? Nick hat bestimmt einen spontanen Termin frei."

„Nee, lass mal", antwortete ich rasch. „Wir gehen heute Bäder anschauen."

Ich rief Max und Niklas an und düste gleich los, damit wir das Fotobuch noch schnell vor dem Badtermin abholen konnten. Pünktlich auf die Minute war ich zurück und gabelte Annika auf, die bereits ungeduldig im Hof wartete. Und erstarrte, als sie auf die Rückbank blickte.

„Was macht ihr beiden Pappnasen denn noch hier?"

„Ach, Marco, deine Obsthofener Zukünftige ist immer so freundlich zu uns", beschwerte sich Max.

„Wir haben beschlossen, dass ihr unsere Beratung beim Bäderkauf braucht", kündigte Niklas vollmundig an.

„Von euch beiden?", prustete Annika.

„Na klar. Von wem denn sonst?"

„Na von mir aus, Marco. Dann nehmen wir einfach das Gegenteil von dem, was deine beiden Experten sagen, dann wird's schon passen."

Also traten wir mit Max und Niklas im Schlepptau unseren Beratungstermin an.

„Ich seh mich schon mal aweng um, solange ihr plaudert", sagte Niklas und schlenderte los.

„Ich auch", stöhnte Max. „Alter, mein verdammter Magen! Irgendwie vertrag ich keinen Jägermeister mehr."

Und so tigerten sie in unterschiedliche Richtungen los, um sich ein umfassendes Bild von den verfügbaren Bäder-Designs zu machen.

„Dann haben wir wenigstens unsere Ruhe“, murmelte ich kopfschüttelnd und konzentrierte mich auf die emsige Beraterin.

Eine Viertelstunde später hatten wir einen guten Überblick.

„Schaut euch am besten mal auf eigene Faust um“, schlug die Beraterin vor. „Wenn euch was anspricht, holt ihr mich dazu, und wir gehen das im Detail durch.“

„Alles klar.“

Plötzlich kam Max auf uns zugelaufen. Er sah verwirrt aus und machte ein so auffällig unschuldiges Gesicht, dass irgendetwas vorgefallen sein musste.

„Was ist denn los?“, zischte ich genervt.

„Wir sollten gehen, Stricher.“

„Nichts da. Wir haben uns ja noch gar nicht umgesehen.“

„Doch, Marco. Wir sollten gehen!“

„Alter, was hast du denn gemacht?“

„Ich kann auch nichts dafür. Du weißt schon, die Jägermeister … Das Zeug vertrag ich irgendwie nicht mehr.“

„Hast du irgendwo in die Ecke gekotzt, oder was?“

„Nein.“

„Na also. Dann stell dich nicht so an.“

„Aber ich musste so dringend aufs Klo.“

„Na und?“

„Naja, da war auch eins. Also hab ich … du weißt schon.“

„Was willst du denn von mir, Max?“

„Da war keine Spülung!“

„Warum war da keine Spülung?“

„Das Klo war nicht angeschlossen.“

„Wo zum Teufel warst du denn?“

Max zeigte nach links zum Ende des Ganges. „Da drüben.“

„In der Toilettenausstellung?“

„Ja“, raunte er kleinlaut.

„Du hast in der Toilettenausstellung …?“, fragte ich ungläubig.

„Ja, verdammt!“

Ich wollte ihn zusammenstauchen. Aber um ehrlich zu sein, fehlten mir die Worte. „Vielleicht merkt es ja keiner“, hoffte ich.

„Glaub mir, Marco. Sobald jemand die Ausstellung betritt, merken sie es garantiert.“

Seufzend versuchte ich, Annika zu erklären, dass wir die Auswahl unserer Badeinrichtung verschieben mussten. Sie war natürlich wahnsinnig begeistert. „Ich rufe heute bei der anderen Firma an und mach uns einen Termin“, zeterte sie. „Und wenn du diese beiden Doldis nochmal mitbringst, dann zieh ich ihnen einen Pack Fliesen über den Kopf!“

Niklas zuckte respektvoll zusammen.

Das Spiel gegen die Viktoria Settenheim war genauso zäh wie unsere Baustelle. Sie waren nicht zum Fußballspielen gekommen. Sie standen einzig zum Verteidigen auf dem Platz. Wer sollte es ihnen verdenken. Sie spielten diese Saison gegen den Abstieg. Und ihre einzige Chance gegen uns war, das 0-0 so lange zu halten wie nur möglich.

Am Treffpunkt hatte sich Kevin diesmal selbst übertroffen. Es liefen nicht ein, nicht zwei, sondern drei Mädels beim Treffpunkt auf, als stolzierten sie einen Laufsteg entlang. Ich weiß nicht, wie er es schaffte, mit seinen zwei Händen alle drei Granaten auf einmal zu befummeln. Aber es gelang ihm.

Als er unsere lüsternen Blicke sah, reagierte der Coach sofort. Fünf Minuten früher als üblich schickte er uns hinunter in die Kabine. „Ihr sollt euch auf euer Spiel konzentrieren!“

Kevin schnappte sich seine Sporttasche und drückte der lässigen Brünette, der barbiehaften Blondine und dem blassen Schneewittchen mit den pechschwarzen Haaren noch einen letzten dicken Schmatzer auf die Lippen.

„Kevin, du bist ein elender Bastard“, schimpfte Niklas neidisch.

„Reißt euch zusammen und lasst euch nicht von diesen Weibern ablenken!“, polterte der völlig aufgeregte Willi und hüpfte wie von der Tarantel gestochen in der Umkleidekabine auf und ab. Das konnte heiter werden, wenn sich Willi schon vor dem Spiel in einem solchen Zustand befand. Uns schwante Böses.

„Ich hoffe, du zahlst diese Ablenkung deiner Mitspieler mit einer großartigen Leistung zurück", forderte Karl.

Settenheims ausgelassenes, verrücktes Publikum gackerte wie gewohnt bei jedem gewonnenen Zweikampf wie die Hühner. Sie hoben ihr Maskottchen, die Henne Luisa, stolz in die Höhe wie einen göttlichen Schrein.

Zur Halbzeit stand es 0-0. Als wir frustriert in den Kabinengang schlichen, konnten wir das Gezeter des Settenheimer Publikums hören. Wir mussten grinsen. Willi, dieser Teufel! Er hatte sich einen ganz besonderen Scherz erlaubt. Anstatt des üblichen Bratwurstverkaufs in der Halbzeitpause gab es an diesem Sonntag eine kulinarische Köstlichkeit. Willi hatte eine Brathähnchenbude bestellt.

„Das ist die Revanche für die Aktion mit dem Hennenkostüm damals", kicherte Willi.

Die zweite Halbzeit begann mit einem Schock. Wir standen noch nicht mal richtig auf dem Platz, waren vermutlich in Gedanken noch woanders, als Settenheim einen absoluten Sonntagsschuss aus dreißig Metern Entfernung in die Maschen zimmerte. Wir lagen mit 0-1 zurück. Und das gegen einen Gegner, der mit Mann und Maus verteidigte.

Es wurde eine zähe Partie. Und Willi lief am Spielfeldrand zu Höchstform auf. Das Publikum provozierte uns nach der Aktion mit den Brathähnchen umso mehr. Ganz Settenheim gackerte wie die Hennen. Sie wedelten mit ihrem Maskottchen vor Willi herum, der ihnen wie wildgeworden androhte, die heilige Luisa zu entwenden und sie dem Grillmeister zum Schlachten zu übergeben. Es war eine hitzige Atmosphäre.

Karl peitschte unsere Mannschaft immer wieder nach vorn. Jetzt zeigte der Spielertrainer seinen wahren Wert. Er forderte die

Bälle, setzte sich gegen zwei oder drei Gegenspieler auf einmal durch, spielte seine ganze Erfahrung und Klasse aus.

Die erste Großchance nach feinem Pass von Karl versemmelte Michael Meister kläglich.

Drei Minuten später zog Kevin Mai dynamisch vom Flügel nach innen und donnerte das Leder mit seinem linken Hammer an die Querlatte.

Mir schwante Böses. Ich kannte solche Spiele, wo man beste Torchancen nicht verwertete und am Ende wieder mit einem vermeidbaren Punktverlust dastand.

Doch dann bereitete der Coach in der 72. Spielminute das erlösende 1-1 vor. Stefan köpfte die punktgenaue Flanke unhaltbar in die Maschen.

Kurz vor dem Schlusspfiff tanzte Karl im Stile von Diego Maradona fünf Gegenspieler aus und schob den Ball abgeklärt ins Tor. Wir hatten den abstiegsbedrohten Gegner mit Ach und Krach bezwungen.

Jetzt war alles angerichtet für den Showdown. Die Revanche beim SC Weinsburg war das große Ziel. Nächste Woche hatten wir die Chance, mit einem Auswärtssieg beim Spitzenreiter die Tabellenführung zu übernehmen.

SC Weinsburg - TSV Weiherfelden (27. Spieltag)

Das absolute Spitzenspiel der Saison lag vor uns. Das Hinspiel hatten wir knapp verloren, waren aber nicht die schlechtere, sondern die glücklosere Mannschaft gewesen. Wir wollten Revanche. Wir wollten aufsteigen. Wir wollten den Meistertitel!

Ein Spiel Erster gegen Zweiter vier Spieltage vor dem Ende der Saison ist immer etwas ganz Besonderes. Die Aufregung war groß. Die Zuschauer überschlugen sich vor Vorfreude. Wir hatten beim Training mehr Besucher als bei manch einem Heimspiel.

Es war generell eine Woche der Höhepunkte. Denn nicht nur auf dem Fußballplatz erwarteten wir einen Lichtblick. Nein, auch zuhause wollten wir wieder Licht erblicken. Wenn man drei Wochen in einem Flur und zwei Schlafzimmern ohne Licht und übersät von Steinbrocken, Malervlies und ausgerissenem Laminatboden gehaust hatte, wusste man selbstverständliche Dinge wie Strom, einen Lichtschalter oder ein sauberes Zuhause erst richtig zu schätzen. Die vergangenen Wochen hatten Kraft und Nerven gekostet.

Am Freitag vor dem Kräftemessen in Weinsburg war der große Tag der Renovierungsarbeiten im Altbau gekommen. Wir wollten rasch die Steckdosen freiklopfen, die sich unter dem Putz befanden, und dann endlich wieder das Licht einschalten.

Der Verputzer hatte es uns so einfach erklärt: „Ich stopfe einfach ein bisschen Zeitungspapier in die Lichtschalter. Dann putze ich über alles drüber. Und hinterher macht ihr die Stellen wieder auf, nehmt das Zeitungspapier raus und macht die Sicherungen rein."

Ich stand vor der Wand und starrte sie an. Und starrte. Und starrte. Und starrte. Ratlos stand ich im Flur und kratzte mich am Kopf. Und wo waren nun diese verdammten Stromanschlüsse? Es war ja alles verputzt. Jeder Zentimeter Wand sah gleich aus.

Wie es naive Heimwerker-Dilettanten wie ich in solch aussichtslosen Lagen tun, rief ich verzweifelt meinen Vater um Hilfe.

„Habt ihr denn keine Fotos gemacht?"

„Nein, warum sagst du das erst jetzt?"

„Muss man als Lehrer nicht auch ein bisschen im Leben mitdenken können?", seufzte mein Vater. „Wie viele Lichtschalter und Steckdosen suchen wir denn eigentlich?"

Ich schüttelte nur ratlos den Kopf.

„Na prima", schnaufte mein alter Herr. Wenn er gedacht hatte, dass er in Situationen wie diesen mit seinem Sohnemann Gespräche führen konnte, bei denen er zufriedenstellende Antworten erhielt, dann hatte er sich getäuscht. Wer war hier naiv?

„So kommen wir nicht weiter, Marco. Habt ihr denn mal Bilder von der Baustelle gemacht? Aus Nostalgiegründen, für ein Fotobuch, was auch immer?“

„Klar.“

„Dann starten wir doch mal damit: Du durchsuchst eure ganzen Bilder, auf denen die alte Wohnung abgebildet ist. Dann kopierst du das in einen eigenen Ordner. Und den schauen wir uns gemeinsam an und überlegen uns, wie viele Steckdosen es sein müssen. Kriegst du das hin?“

„Ich bin Lehrer. Kopieren ist mein zweiter Vorname.“

Gesagt, getan. Eine Stunde später hatte ich 83 Bilder vom Altbau in einen Ordner abgelegt. Nach mühevollen Untersuchungen konnten wir insgesamt elf Steckdosen und sechs Lichtschalter ausfindig machen.

„Also gut, packen wir's an!“, meinte mein Vater enthusiastisch. Er war guter Dinge. Denn das Fotomaterial war gut. Er war noch naiver, als ich dachte.

Es war faszinierend, wie vielfältig der Klang einer Mauer sein konnte, wenn man genau hin hörte. Und an jeder Stelle, die auch nur im entferntesten nach Hohlraum klang, hielten wir inne. Auf diese Weise legten wir die ersten vier Steckdosen und zwei Lichtschalter frei. *Na also. Geht doch!*

„Hier irgendwo muss es sein“, schätzte ich mit einem Blick auf das Foto auf dem Notebook. Vorsichtig klopften wir die Stelle ab.

„Klingt schon etwas hohl, oder?“

Mein Vater kniff nachdenklich die Augen zusammen. „Aber nicht so deutlich, wie die anderen.“

Besorgt runzelte ich die Stirn. „Und jetzt?“

„Wir wissen es erst, wenn wir ein Loch in die Wand machen. Soll ich?“

„Bleibt uns was anderes übrig?“

Fünf Minuten später hatten wir die frisch verputzte Wand im künftigen Kinderzimmer von Timo in ein Trümmerfeld verwandelt. Mein Vater blickte schweißgebadet auf die etwa vierzig

Krater. Ich war kreidebleich. Annika würde uns beide umbringen. Oder den Verputzer, wobei ich ihr gerne behilflich war.

Fluchend wählte ich die Nummer des Übeltäters: „Können Sie noch einmal vorbeikommen? Wir haben die eine Wand wirklich übel zugerichtet … Ja, auf der Suche nach einer Steckdose … Schon, aber der Winkel auf dem Bild war nicht gut. Wir haben an einer ganz falschen Stelle gesucht.“

Mein Vater blickte mich fragend an: „Meint er, da kann man noch was machen?“

„Er kommt nochmal. Aber man wird die Ausbesserungen sehen. Er hat uns geraten, beim nächsten Mal so spezielle Abdeckdosen zu verwenden. Die haben so ein Fähnchen. Da kann er drum herum putzen und man sieht sofort, wo sich die Anschlüsse befinden.“

„Und das sagt er euch jetzt? Das ist doch nicht sein Ernst!“, donnerte mein Vater.

„Zu uns hat er gesagt, wir machen das mit Zeitungspapier.“

„Nicht zu fassen! Diese Handwerker! Nicht zu fassen!“

„Ich seh schon wieder die Sauerei, wenn der Typ nochmal unsere Wohnung betritt“, jammerte ich.

Trotzdem konnte mir an diesem Tag niemand meine gute Laune verderben. Draußen dämmerte es bereits, als Annika und ich feierlich zum Sicherungskasten schritten. Wir hatten alle Steckdosen und Lichtschalter montiert. Die Zeit der dunklen Nächte war vorüber.

„Es werde Licht!“, rief ich feierlich, griff die Finger meiner künftigen Frau, und gemeinsam legten wir den Schalter der Sicherung um.

Denkste! Nichts passierte …

Ratlos blickte ich Annika an, in der unbegründeten Hoffnung, dass sie wusste, warum unser Licht nicht funktionierte. Und Annika starrte mindestens genauso ratlos zurück. Es war zum Schreien.

Wir schwärmten aus, betätigten alle Lichtschalter und testeten alle Steckdosen im gesamten Altbau. Nichts! Niente! Wir hatten keinen Strom.

Es folgte eine weitere Nacht in bitterer Dunkelheit, bis schließlich am Samstagvormittag der Elektriker zu einem Noteinsatz bei uns vorbeikam.

„Und was macht man da jetzt?“

„Da wir nicht wissen, wo genau der Stromkreis unterbrochen ist, wäre es am besten, die Wände aufzumachen und alle Leitungen und Schaltstellen zu überprüfen.“

„Ist das Ihr Ernst? Das Verputzen hat Tausende Euro gekostet! Wir können das doch jetzt nicht alles wieder einreißen!“

Der Elektriker verstand unser Dilemma. Grübelnd legte er den Zeigefinger an seine Schläfe.

„Wir könnten eine neue Erdung am Türrahmen entlang ziehen und so eine Verbindung nach draußen zum Sicherungskasten bohren … Ja, das müsste klappen.“

Es war kreativ, sah etwas behelfsmäßig aus, aber er versicherte uns, dass das keine Rolle mehr spielte, sobald die Türzargen wieder eingesetzt waren.

Am Samstagmittag hatten wir also endlich Licht. Ohne Feierlichkeiten, ohne Zeremonie. Der Elektriker drückte einfach auf den Schalter, und die Glühbirne erstrahlte in gleißend hellem Licht. Und in jenem Moment war es der schönste Anblick der Welt. Unser Wochenende war gerettet. Nun musste die Kür mit einem Sieg beim SC Weinsburg folgen. In meinen Gedanken sah ich mich schon, wie ich mit demonstrativem Grinsen bei der nächsten Obsthofener Familienfeier den Bierdeckel auf den Tisch knallte. Ich würde mein TSV-Weiherfelden-Aufstiegs-T-Shirt tragen. Und mich zur Feier des Tages gnadenlos betrinken. Wir mussten dieses wichtige Spiel ganz einfach gewinnen!

Beim Treffpunkt merkte man den Spielern ihre Nervosität an. Wo ansonsten flapsige Gespräche stattfanden, herrschte angespannte Stille. Die einen knabberten an ihren Fingernägeln.

Andere durchwühlten zum zehnten mal ihre Sporttaschen, weil sie befürchteten, die Schienbeinschoner vergessen zu haben. Und wer glaubte, mit dem Betreten des Platzes wäre die Anspannung verflogen, der hatte sich getäuscht.

Es waren 800 Zuschauer auf dem Sportplatz. Und 300 waren die Schlachtenbummler aus Weiherfelden. Die Stimmung kochte. Trommeln erklangen. Der Duft nach frisch gemähtem Gras und fetttriefenden, gegrillten Bratwürsten stieg in meine Nase. Ein elektrisiertes Knistern lag in der Luft. Das waren die Spiele, für die sich die harte Schinderei in der Vorbereitung lohnte.

Der SC Weinsburg hatte Heimvorteil und die Vorentscheidung im Kampf um die Meisterschaft auf dem Fuß. Uns wiederum würde eine Niederlage zurückwerfen. Dann war sogar der zweite Platz in Gefahr. Doch bei einem Sieg winkte die Tabellenspitze. Und genau das war unser Ziel!

In der Umkleidekabine ging Karl behutsam vor. Wir waren aufgeregt und motiviert genug. Der Coach versuchte vielmehr, die Nervosität in den Griff zu bekommen.

„Wir haben nichts zu verlieren, Leute. Wir haben eine gute Saison gespielt. Heute können wir sie vergolden. Aber machen wir uns nichts vor: Weinsburg ist der Favorit. Sie können heute den Sack zumachen. Sie spielen zuhause. Also stehen sie mindestens genauso unter Druck wie wir."

Er machte eine kurze Pause. Blickte eins nach dem anderen in die ernsten Gesichter. „Wenn wir unsere Leistung abrufen, können wir hier bestehen. Lasst uns konsequent über die Flügel attackieren. Wenn sie sich darauf einstellen, stellen wir nach 30 Minuten um. Niklas wird dann etwas weiter vorrücken, und Georg orientiert sich mehr in die Mitte und soll die Bälle nach vorne schleppen. Heute wird es auf deine Erfahrung ankommen, Schorschi. Und auf deine Spritzigkeit auf dem Flügel, Kevin. Zeigen wir ihnen, dass wir besser sind als sie. Dass wir den Aufstieg mehr verdient haben!"

Die vielen Zuschauer sollten nicht enttäuscht werden. Es war ein spannendes, hochklassiges Kreisklassen-Spiel, in dem es keiner Mannschaft gelang, die Oberhand zu gewinnen.

Die Gastgeber spielten zögerlich. Aber im Sturm lauerten zwei brandgefährliche Angreifer, die unseren Abwehrspielern und Torhüter Andreas Stieler höchste Konzentration abverlangten. In der Defensive standen sie kompakt, verschoben geschickt und stellten taktisch klug die Räume zu.

Doch wir waren ein ebenbürtiger Gegner. Unsere Abwehr warf sich engagiert in jeden Zweikampf. Georg und Karl führten die Mannschaft mit ihrer geballten Erfahrung. Kevin wirbelte auf der linken Seite, hatte aber noch kein Glück im Abschluss. Und Michael Meister und Stefan Schmidt ackerten im Sturm wie die Verrückten. Sie warfen sich in jeden Ball und arbeiteten defensiv bis tief in die eigene Hälfte mit.

Es stand außer Frage: Beide Mannschaften hätten die Meisterschaft redlich verdient gehabt. Wie gingen mit einem 0-0 in die Pause. Auf den Zuschauerrängen herrschte gespannte Erwartung auf die zweite Hälfte des dramatischen Spiels.

„Merkt ihr es?“, rief Karl in der Kabine. „Die sind keinen Deut besser als wir! Wenn wir so konzentriert weiterspielen, haben wir nichts zu befürchten. Die machen noch einen Fehler. Das sag ich euch. Und dann müssen wir da sein!“

Die zweite Halbzeit begann mit einem Paukenschlag. Nur sechs Minuten nach dem Anpfiff passierte es. Weinsburg startete einen Angriff über den rechten Flügel. Ihr Außenverteidiger nahm Tempo auf. Er legte sich den Ball vor. Aber da rauschte Kevin heran. Der pfeilschnelle Youngster eroberte energisch das Leder und brach unaufhaltsam auf dem linken Flügel durch. Dynamisch zog er nach innen. Sein Markenzeichen! Er überlief zwei verzweifelte Gegenspieler. Und passte scharf in die Mitte. Dort stand Karl Adler. Unser Spielertrainer. Der Kopf der Mannschaft. Und er schob eiskalt zum 1-0 Führungstreffer ein.

Die Zuschauer tobten. Willi hoppelte begeistert am Spielfeldrand auf und ab wie ein Flummi. Trommeln und Tröten dröhnten über den gegnerischen Sportplatz. Und das Weiherfeldener Vereinslied erschallte aus dutzenden durstigen Kehlen. Die Hoffnung auf den Aufstieg war nicht mehr zu bändigen.

Der SC Weinsburg reagierte mit wütenden Angriffen auf den Rückstand. Und wir versuchten zu kontern. Karl zog Georg nach hinten auf den Liberoposten. „Du musst mit deinen punktgenauen Pässen das Spiel öffnen, sobald wir einen Ball erobert haben."

Weinsburg stand nun unter Druck. Mit jeder verstrichenen Minute mussten sie weiter aufmachen. Und wir setzten unsere Nadelstiche.

Georgs erster langer Pass landete bei Stefan. Ein schneller Haken des wendigen Angreifers. Und er stand völlig frei vor dem Tor. Aber der Weinsburger Torwart, dieser Teufelskerl, bugsierte das Leder mit der Fußspitze ins Aus.

Sechs Minuten später kam dann mein großer Moment. Georg bediente Karl, der umringt von drei Gegenspielern kein Durchkommen sah. Mit perfekter Übersicht legte er den Ball mit der Hacke zurück. Ich preschte heran und zog ab. *Ja, der kommt gut! Tor!* Flink wie eine Katze reckte sich der Torwart nach dem unhaltbaren Ball. Und lenkte ihn mit den Fingerspitzen über den Winkel. *Verdammt, das wär's gewesen!*

Weinsburg warf nun alles nach vorn. Sie schnürten uns in unserer eigenen Hälfte ein. Bissig warf ich mich in jeden Zweikampf, stopfte Löcher, rannte und grätschte. *Nur noch zwölf Minuten. Wir müssen standhalten!*

Niklas wirkte platt. Ein ums andere Mal brandete eine Angriffswelle über den von ihm bewachten rechten Flügel heran. Er wollte die Flanke abblocken. Aber er kam zu spät. Der scharfe Ball segelte in den Strafraum. Georg schraubte sich in die Luft. Doch er war zu klein. Kopfball! Gehalten von Andreas Stieler.

Mit einem weiten Abschlag überbrückte unser Torwart das Mittelfeld. Karl düpierte seinen Gegenspieler und zog allein aufs

Tor. Ein trockener Flachschuss in die lange Ecke. *Das gibt es doch nicht!* Die Wahnsinns-Paraden des Weinsburger Torwarts brachten uns beinahe um den Verstand.

Sieben Minuten vor dem Ende merkte man beiden tapfer kämpfenden Mannschaften die Erschöpfung an. Ein messerscharfer Pass aus dem Mittelfeld hebelte unsere ansonsten sattelfeste Abwehrreihe aus. Ein großgewachsener, bulliger Stürmer der Gastgeber brach durch. Technisch brillant nahm er den Ball in vollem Lauf mit und hämmerte ihn mit viel Risiko am machtlosen Andreas Stieler vorbei in die Maschen. Es stand 1-1. Der Vorsprung und die Tabellenführung waren verspielt.

Nun schaltete Weinsburg auf eine defensive Ausrichtung um. Das Unentschieden reichte ihnen aus. Kevin, Stefan, Michael und Karl kämpften wie die Löwen. Mit vereinten Kräften versuchten sie alles, um die gut organisierte gegnerische Abwehr noch einmal zu überwinden. Aber es sollte nicht sein. Nach einem großartigen, packenden und abwechslungsreichen Spiel trennten sich der SC Weinsburg und der TSV Weiherfelden 1-1.

Die Zuschauer klopften uns dennoch auf die Schultern. Sie hatten ein fantastisches Spiel ihrer Mannschaft gesehen. Und der ebenbürtige Gegner hatte den Punkt genauso verdient wie wir. Selbst Nachwuchs-Klugscheißer Bernd Hagen hatte ein „Tolles Spiel, Jungs! Große Klasse!“ für uns übrig.

Aber auch wenn wir ein sehr gutes Spiel gezeigt hatten, war die Enttäuschung groß. Es standen nur noch drei Spieltage auf dem Programm. Wir lagen zwei Punkte hinter dem SC Weinsburg. Aus eigener Kraft konnten wir den Meistertitel nicht mehr erringen.

TSV Weiherfelden – VfB Rüsselberg (28. Spieltag)

Ich stand in der Kirche und wippte von einem Fuß auf den anderen. Eine dezente Weihrauchnote lag in der Luft. Ein Festtag. Das Räuspern und Hüsteln der Gäste hallte durch den hohen, mit Statuen und bunten Bildern verzierten Raum. Ich wusste, dass sie mich alle anstarrten, spürte die vielen Blicke förmlich in meinem Rücken. Das Herz klopfte mir bis zum Hals.

Endlich erschallte der erste Ton. Laut und durchdringend, dröhnend und mächtig. Ich schloss die Augen und stellte mir vor, wie Annika in ihrem Brautkleid wohl aussah. Die Gäste tuschelten. Sie störten den zauberhaften Moment der Vorfreude. *Warum halten sie nicht einfach mal die Klappe?*

Ich hörte die Schritte über den Steinboden hallen. Sie klangen energisch, wild entschlossen. Annikas Einzug vor den Traualtar hatte ich mir graziler ausgemalt. Plötzlich stieg mir der Duft eines billigen Aftershaves in die Nase und überdeckte die sanfte Weihrauchnote. *Aftershave? Moment mal ...*

Langsam drehte ich den Kopf. Dann setzte mein Herz einen Schlag aus. Neben mir stand nicht Annika. Sondern ihr Onkel „Hardy". Er trug einen Trainingsanzug des SV Obsthofen. Dann nahm er seinen Schal vom Hals, legte ihn mir feierlich um die Schulter. „Jetzt gehörst du uns! In guten, wie in schlechten Zeiten!" Zu allem Überfluss gab er mir auch noch einen Kuss.

„Aber ... wo ist Annika? Wir wollten doch heute heiraten?"

„Annika will dich nicht heiraten!", polterte Hardy. „Die hier kannst du heiraten!"

Mit einem gehässigen Grinsen reichte er mir ein Handy. Langsam führte ich es zu meinem Ohr und lauschte.

„Oooh, mein Hengst!", stöhnte eine verführerische Stimme. „Sobald du für Obsthofen dein erstes Tor geschossen hast, werde ich dich vernaschen, du kleiner Lustmolch!"

Schweißgebadet wachte ich auf. *Diese verflixten Albräume!* Es waren nur noch vier Wochen bis zu unserer Hochzeit. Mein Anzug hing bereits im Schrank. Die Gäste waren eingeladen, der DJ gebucht, das Wirtshaus mit der resoluten Wirtin reserviert. Der bloße Gedanke daran, vor einer prall gefüllten Kirche Annika das Ja-Wort zu geben, jagte ein Kribbeln durch meinen Körper. Man heiratete bestenfalls nur einmal im Leben. Sie war die Frau meiner Träume. Und damit begannen die Zweifel. Was, wenn sie es anders sah? Im letzten Moment kalte Füße bekam, wie in diesem blöden Albtraum?

Das viele Grübeln hatte erst ein Ende, als wir zuhause wieder etwas zu tun hatten. Nachdem alle frisch verputzten Wände weiß gestrichen waren, konnten wir endlich den Boden in Angriff nehmen. In den Schlafräumen verlegten wir einen modernen braunen Laminatboden. Unter Anleitung meines Vaters war das eine Tätigkeit, bei der selbst ich mit meinen beiden linken Händen mithelfen konnte.

„Die Leisten macht dann die Firma hin, wenn sie den Parkettboden im Anbau einbauen", erklärte ich, als wir ein leckeres Feierabendbier tranken.

„Dann könnt ihr heute sogar schon wieder in eurem Schlafzimmer übernachten."

„Ja, das stimmt. Sollen wir die Kommoden schon reinstellen? Dann stehen sie im Flur nicht im Weg herum."

„Komm, das machen wir noch schnell", meinte mein Vater enthusiastisch.

Wir schleppten die Kommoden ins Schlafzimmer.

„Aber einfach so stehen lassen solltet ihr die nicht. Nicht, dass sie noch umfallen. Der Timo rennt ja auch viel im Schlafzimmer herum. Das ist ganz schön gefährlich, wenn er alle Schubladen auf einmal aufmacht. Dann kippen die Kommoden nach vorne."

„Aber wenn wir die Kommoden jetzt schon in der Wand verankern, kommt der Bodenleger doch nicht mehr zur Wand, um die Leisten hinzumachen", warf ich ein.

„Dann kleben wir eben schnell die Leisten rein. Das ist doch kein Problem. Der Kleber steht ja schon da. Und hinter den Kommoden sieht's sowieso keiner."

Gesagt, getan. Die Leisten waren rasch verlegt, die Kommoden an der Wand verankert. Und so genehmigten wir uns ein zweites Feierabendbier.

Am nächsten Tag kam die professionelle Firma, um den Rest des Bodens zu verlegen. Es war ein sündhaft teurer Parkettboden, so dass wir uns entschieden hatten, dass die Profis das übernehmen sollten. Doch die Profis bewegten sich durch die frisch renovierte Wohnung wie Elefanten im Porzellanladen.

Allein beim Reintragen der Parkettbodendielen rumpelten sie so ungeschickt durch die Wohnung, dass sie mit den schweren eckigen Paketen vier Löcher in unsere frisch verputzte und gestrichene Wand rammten. Annika würde sie umbringen. Und ich war nicht in Stimmung, sie daran zu hindern.

Als sie den Boden verlegt hatten, kümmerten sie sich um die Leisten. Vielleicht wollte der Handwerker die vielen Dellen im Putz wieder gutmachen. Auf jeden Fall ging er sehr motiviert zu Werke. Noch ehe ich ihm sagen konnte, dass wir hinter den beiden Kommoden im Schlafzimmer schon die Leisten verlegt hatten, riss er schon so rabiat an den Kommoden herum, dass sich diese aus ihrer Verankerung lösten. Und die nächsten tiefen Löcher in der frisch verputzten Wand hinterließen.

Als sie den Schaden begutachtet hatte, griff Annika wie eine Furie zum Telefon.

„Der Kerl spinnt wohl!", blaffte sie die Geschäftsführerin der Firma an.

„Dann müsst ihr eben nochmal verputzen lassen. Ich kenne viele Baustellen, wo nach dem Boden verlegen ein zweiter Einsatz eines Verputzers eingeplant ist. Eine Macke in der Wand kann immer mal passieren."

„Eine Macke? Der Typ hat schon beim bloßen Hinschauen Löcher in die Wand gemacht!"

Diese elenden Halunken! Es war doch nicht zu fassen! Wir konnten doch nicht nach jedem Arbeitsschritt neu verputzen! Annika donnerte das Handy in die Ecke. „Diesem Miststück kratz ich die Augen aus!“

Ich liebte sie in Momenten wie diesen. Vorsichtig drängte ich meine Wildkatze ins Schlafzimmer, damit sie sich ein wenig abreagieren konnte.

Als wir endlich wieder Boden unter den Füßen hatten, gab es für mich nur noch ein Ziel: Wir durften im Fernduell mit Weinsburg nicht an Boden verlieren.

Das Heimspiel gegen den VfB Rüsselberg hätte eigentlich ein Selbstläufer sein müssen. Doch in unserer Situation gab es keine Selbstläufer. Die abstiegsbedrohten Mannschaften wehrten sich gegen überlegene Teams mit kompromissloser Entschlossenheit. Abstiegskampf war ein hartes Geschäft. Und wir hassten den defensiven Spielstil unserer Gegner. Ein frühes Tor war mal wieder ein Muss.

Schon am Treffpunkt hatten wir ein schlechtes Gefühl. Zum einen war es übelst heiß. Wenn am Spielfeldrand Eimer mit kaltem Wasser bereitgestellt werden, wissen erfahrene Fußballer, was los ist. Wir würden in der sengenden Nachmittagssonne brutzeln. Keine tollen Aussichten, vor allem wenn man sich auf ein Spiel gegen einen kampfstarken und laufintensiven Gegner einstellen musste.

Und dann kann das nächste schlechte Omen: Kevin Mai schlenderte zum Sportheim. Allein. Ohne Begleitung. Ohne die obligatorische Gespielin. Das letzte Mal hatte er grottenschlecht gespielt, wenn er sich am Abend zuvor nicht ausgiebig ausgetobt hatte. Und unser Selbstvertrauen sank in den Keller.

„Was ist denn heute los mit dir, Kevin? Kein Damenbesuch?“, fragten wir besorgt.

Kevin machte ein zerknirschtes Gesicht. „Meine Mutter hat ihren 50. Geburtstag gefeiert. Nur Verwandtschaft anwesend. Keine Chance, Leute!“

Während Karl ein missmutiges „Du wirst es mal überleben, Junge“ knurrte, zeigte sich Niklas sehr verwundert: „Ich kann es gar nicht glauben, dass jemand wie du davor zurückschreckt, seine eigene Cousine flachzulegen.“

Zu allem Überfluss war auch noch Stefan erkältet. Er nahm für den Notfall auf der Auswechselbank platz.

Der Coach setzte alles daran, die vielen schlechten Omen vergessen zu machen und das Team auf Sieg einzuschwören. Die Tatsache, dass Weinsburg in Hohentannen spielen musste, war eine große Chance für uns. Die beiden stärksten Konkurrenten stahlen sich womöglich gegenseitig die Punkte. Und wir wären dann wieder dick im Geschäft.

Die ersten dreißig Minuten liefen noch holprig. Die mörderische Hitze setzte uns zu. Keiner wollte den Ball haben. Bei einem Wetter, bei dem man eigentlich Ball und Gegner laufen lassen sollte, versteckten wir uns kollektiv.

Und dann stolperte noch so ein völlig blinder Stürmer nach einer Ecke mit mehr Unvermögen als Können den Ball in unser Tor. Rumpelstilzchen Andreas schimpfte wie ein Rohrspatz: „Aufsteigen wollen wir? Und dann lassen wir uns von dem einen einschenken? Der kann ja nicht mal geradeaus laufen! Absteigen sollten wir stattdessen. Damit wir endlich in der Klasse spielen, die wir verdient haben!“

Der 0-1 Rückstand brachte uns sichtlich aus dem Tritt. Die Spieler erfrischten sich mit den kühlen Wassereimern. Jeder hausierte auf seine Weise mit seinen Kraftreserven und bewegte sich auf dem Platz nur das Nötigste. Die Sonne brannte. Wir fühlten uns wie in einer Wüste. Der staubtrockene Platz war schmerzhaft, wenn man zu Boden ging. Jeder von uns wäre bei diesem Wetter lieber ins Freibad gegangen, als auf dem Fußballplatz durch die flirrende Hitze zu rennen. Aber es ging um die Meisterschaft. Da war kein Platz für Schwäche!

Der jähe Rückstand goss zusätzlich Öl ins Feuer und lähmte unsere Beine. Die Gastgeber kontrollierten nun mit der beruhigenden Führung im Rücken mit minimalem Aufwand das Spiel.

Im Sturm spielte an diesem Tag ein junger Perspektivspieler aus der zweiten Mannschaft. Sein Name war Erich. Er musste spontan für Stefan einspringen. Erich war engagiert und motiviert, der Einzige, der trotz des vernichtenden Wetters und des bitteren Rückstands weiter über den Platz rannte wie ein Verrückter. Das war auch kein Wunder, schließlich hatte er die ganze Saison in der zweiten Mannschaft gespielt. Dort hatte er solide Leistungen geboten, war aber nun zum ersten Mal von Beginn an bei der ersten Mannschaft dabei. Es war seine große Chance!

In unserer unter der Hitze leidenden Mannschaft machte sich die Tendenz breit, die Bälle in eine Region des Spielfelds zu spielen, die möglichst weit weg von der eigenen Position war. Dadurch hatte man die Verantwortung weitergeschoben, konnte stehen bleiben, sich ausruhen, die Zeit totschlagen und beten, dass der Ball die nächsten fünf Minuten nicht mehr in die eigene Nähe kam. Bei so einem Wetter spielte man normalerweise kurze Zuspiele, versuchte, den Mitspielern in den Fuß zu passen anstatt sich mit weiten Bällen aufzureiben, die man erst noch erlaufen musste.

Nur einer bot sich immer steil an: Erich.

Als wir das spitz bekommen hatten, nutzten wir diesen Umstand schamlos aus. Wir verzichteten auf Kurzpassspiel. Wir hatten schließlich einen besseren Weg gefunden, unsere Kräfte zu schonen. Von da an spielten wir jeden Ball lang und weit auf den armen Erich. Und Erich rannte. Er rannte wie Forrest Gump im gleichnamigen Film: sinnlos, schnell, unermüdlich, ohne nachzudenken.

Es dauerte keine dreißig Minuten, da sah Erich aus, als würde sein hochroter Kopf bald platzen. Er hechelte. Schweiß rann in Strömen über sein Gesicht. Aber er hatte anscheinend immer noch nicht genug. Mit dem kopflosen Übereifer eines Spielers, der an seine große Chance glaubte, arbeitete er akribisch auf den ersten Hitzeschlag seiner noch jungen Karriere hin. Er machte uns das Leben insofern leicht, dass wir nicht mal ein schlechtes Gewissen haben mussten, da er nicht einfach nur den von uns lang und weit gespielten Bällen hinterherrannte. Nein, er bot sich sogar immer wieder an, startete von sich aus in die Tiefe und rief noch laut und deutlich, dass er frei war und wir ihn doch bitte steil schicken sollten.

Nach einer Stunde hatte Trainer Karl endlich ein Einsehen. Er wechselte Erich aus Gründen des Selbstschutzes aus und brachte den angeschlagenen Stefan Schmidt. Von da an mussten wir dann doch wieder auf Kurzpassspiel umstellen. Stefan würde uns mit seiner Erkältung gewiss nicht den Gefallen tun und 25 Steilpässe erlaufen.

Mit dem Kurzpassspiel kam wieder Linie in das zerfahrene Spiel. Karl wirbelte hinter den Spitzen. Und in Anbetracht meines wiederkehrenden Albtraums schwang ich mich zum Antriebsmotor aus der Defensive auf. Unermüdlich schleppte ich die Bälle nach vorn und bediente unsere beiden Außenspieler.

Ein eleganter Schlenzer von Georg glich das spannende Spiel wieder aus. Vier Minuten später drehte Karl höchstpersönlich die Partie, indem er meinen Pass mit dem Außenrist mitnahm und gnadenlos aus sechzehn Metern vollstreckte.

Nun musste der VfB Rüsselberg zwanzig Minuten vor dem Ende seine tief stehende Abwehr auflösen und versuchte sich verzweifelt an ungelenken Angriffsbemühungen. Wir nutzten die Gelegenheit und zerlegten sie mit unserer überlegenen Technik und rasanten Geschwindigkeit. Michael und Stefan erzielten binnen zehn Minuten drei weitere Treffer, so dass wir einen ungefährdeten und wichtigen 5-1 Heimsieg nachhause brachten. Kevin hingegen hatte diesmal kein Tor geschossen. Ihm schien die lieblose Nacht nicht gut bekommen zu sein.

Nun hieß es warten. Wie war das Topspiel zwischen Weinsburg und Hohentannen ausgegangen?

Eine halbe Stunde später ereilte uns die Nachricht, dass all unsere Träume in Erfüllung gegangen waren. Hohentannen und Weinsburg hatten sich mit 1-1 getrennt. Wir waren also tatsächlich punktgleich mit dem SC Weinsburg. Da das Torverhältnis, wenn es um den Aufstieg oder die Meisterschaft ging, im Amateurbereich nicht zählte, lief es auf ein Entscheidungsspiel auf neutralem Platz heraus. Wir mussten lediglich unsere beiden Spiele gewinnen. Und der Abstand zu Hohentannen betrug bereits vier Punkte. Rang zwei war uns damit so gut wie sicher. Endlich lag alles wieder in unseren eigenen Händen. Nun wollten wir mehr!

BSC Elsen - TSV Weiherfelden (29. Spieltag)

Als ich am Sonntag nach dem 5-1 gegen Rüsselberg zuhause ankam, packte ich zuerst meine Sporttasche aus. Ich öffnete den Reißverschluss. Plötzlich fiel mir eine kleine Kartonschachtel ins Auge. *Was ist das denn schon wieder?* Sie lag ganz oben, auf den Fußballschuhen. Jemand musste die Schachtel nach dem Spiel dort hereingelegt haben, während ich im Sportheim noch ein Bier getrunken hatte. *Aber wer? Und warum?* Neugierig zog ich den Karton aus der Tasche und untersuchte ihn. Mein Herz schlug schneller. Mit zittrigen Fingern öffnete ich die Schachtel. Es war ein Schwangerschaftstest. Er war positiv.

Aufgeregt stürmte ich zu Annika und nahm meine Zukünftige in die Arme. Ich liebte meinen Sohn Timo abgöttisch. Und auch wenn der Gedanke, ein zweites Kind genauso lieb zu haben wie ihn, noch unvorstellbar war, freute ich mich riesig.

Wir setzten uns an einen Tisch, erzählten Timo, dass er ein Geschwisterchen bekam, was ihn nicht sonderlich interessierte. Er wollte lieber Eisenbahn spielen. Also sah ich ihm zu, wie er unermüdlich die Loks über die Holzschienen schob, und schwelgte gemeinsam mit Annika in Erinnerungen an die erste Geburt.

„Ich hoffe, diesmal bist du nicht ganz so aufgeregt wie beim letzten Mal. Das war ja nicht auszuhalten mit dir“, lachte Annika.

Ich wusste genau, worauf sie anspielte. Das Betreten des Kreißsaals hatte auf mich den gleichen Effekt gehabt, wie wenn unser alter Trainer Andreas Dietner einen Fußballplatz betrat. Von einer Sekunde auf die andere war alles vergessen, was ich im Geburtsvorbereitungskurs gelernt hatte.

Beim ersten Versuch, ruhig zu wirken, indem ich der Hebamme und Annika ein Glas Wasser anbot, schüttete ich den beiden das sprudelnde Wasser versehentlich ins Gesicht. Was hatte ich innerlich geflucht. Die Hebamme rollte wissend mit den Augen. Anscheinend war ich kein Einzelfall.

Als Nächstes stolperte ich über Annikas Kliniktasche und küsste den Linoleumboden des Kreißsaals. Es war eine armselige Darbietung. Als ich dann auch noch bei Annikas nächster Wehe der Hebamme im Weg rumstand, war das Fass übergelaufen.

„Junger Mann, Sie sind mir aweng zu aufgeregt. Wir müssen was dagegen unternehmen.“

„Bekomme ich etwa ein Beruhigungsmittel?“

Sie bedachte mich mit einem mitleidigen Seitenblick: „Nein, komplett ruhigstellen wollen wir dich auch nicht. Später brauchen wir dich noch. Aber nicht in dieser Verfassung.“

„Und was heißt das?“

„Ich hätte da eine bessere Idee.“

Fragend sah ich sie an. Ich hatte keine Ahnung, worauf sie hinaus wollte, traute mich aber auch nicht, zu fragen. Hebammen konnten während einer Geburt sehr furchteinflößend sein.

„Gegenüber vom Krankenhauseingang ist eine kleine Wirtschaft. Da setzt du dich rein, trinkst in Ruhe zwei Bier, und dann kommst du wieder zurück. Okay?“

„Aber …“, stammelte ich verwundert. „Dann verpasse ich ja die Geburt meines Kindes …“

„Der Muttermund ist gerade mal halb offen. Wenn du keine vier Stunden für deine zwei Glas Bier brauchst, wirst du mit

Sicherheit nichts verpassen. Und wenn es doch schneller geht: Annika hat bestimmt deine Handynummer, oder?“

Ich war zu verstört, um mich mit der Hebamme zu streiten. Offenbar war ich in meiner aktuellen Verfassung keine große Hilfe für die Mutter meines Kindes. Also folgte ich dem Rat der Hebamme, gab Annika noch einen Kuss und begab mich in das kleine, ruhige Wirtshaus.

Der Wirt, ein großgewachsener Mann Mitte fünfzig mit lichtem Haar, beobachtete mich ein paar Minuten, ehe er zu meinem Tisch kam und die Bestellung aufnahm.

„Na, was wird es denn?“

Ich war perplex. „Steht irgendwo ‚werdender Vater‘ auf meine Stirn geschrieben?“

„Hildegard?“

Ich überlegte einen kurzen Augenblick, was er meinte.

„Wer hat dich denn geschickt?“, fügte er erklärend hinzu.

„Ach so, unsere Hebamme heißt Hildegard. Ja.“

Er nickte wissend und klopfte mir mitleidig auf die Schulter. „Dann hat sie dir bestimmt zwei Bier verordnet, oder? Du bist nicht der Einzige, keine Sorge. Aber mein Gebräu hat noch jeden hysterischen werdenden Vater kuriert.“

„Woher wissen Sie denn, dass mich die Hebamme geschickt hat?“

„Hast du dich auf der Straße mal umgesehen? Außer dem Krankenhaus und ein paar Einfamilienhäusern gibt es hier nichts. Wenn nicht gerade ein hyperaktiver Vater den Kreißsaal verwüstet, ist am helllichten Tag in meinem Wirtshaus total tote Hose. Wenn der Kreißsaal nicht wär, könnte ich die Wirtschaft vor 19 Uhr zusperren.“

Nachdenklich schüttelte ich den Kopf und nippte an meinem schmackhaften Gerstensaft. „Ach so ist das …“

Eine dreiviertel Stunde und zwei Bier später ging es mir wirklich besser. Ich atmete ein letztes Mal tief durch. Der freundliche

Wirt wünschte mir viel Glück. Und ich kehrte gestärkt in den Kreißsaal zurück.

Das Bild, das ich dort vorfand, war verstörend. Annika war ansonsten immer so taff. Aber nun lag sie brüllend vor Schmerzen auf der Liege, klammerte sich mit zitternden Händen an allem fest, was ihr in die Finger kam, und bettelte nach einer PDA. Bei diesem Anblick wurde mir ganz anders. Aber ich war jetzt ruhiger. Und damit eine echte Hilfe.

Ich redete ihr gut zu, massierte zwischen den Wehen ihr Kreuzbein, diente als Stütze und ließ mir von ihren verkrampften Händen beinahe die Finger brechen. Am Ende hielt ich stolz und glücklich den schreienden Timo in den Armen und war fertiger als die tapfere Mutter.

„Da wird sich der Wirt aber freuen, wenn er wieder Kundschaft hat“, lächelte ich in Erinnerung an diesen denkwürdigen Augenblick.

„Vielleicht schaffst du es diesmal ja auch ohne die zwei Bier, den Kreißsaal nicht ganz auf den Kopf zu stellen.“

„Solange ich nicht nochmal mit zu dem Geburtsvorbereitungskurs mit muss, wo die Hebamme euch vorstöhnt wie ein wildes Tier, ist mir alles recht.“

Annika war ebenfalls glücklich und zufrieden. In derselben Woche wurde auch noch die neue Küche in den Anbau geliefert. Wir hatten einen Lauf.

Zum Wochenbeginn hatte ich dann auch ich in der Schule Grund zum Jubeln. Es war eine einmalige Chance. Die Kollegin Frau Schneider kam am Dienstagmorgen auf mich zu. „Herr Tanner, ich hätte da eine Aufgabe für Sie.“

„Für mich?“

„Ja. Ich denke, das ist ideal für einen Sportreferendar.“

„Ich bin ganz Ohr.“

„Am Freitag findet ein kleines Sommerfest in der Schule statt.“

„Ja, das hab ich mitbekommen.“

„Genau. Und dort sollen ja alle Klassen etwas aufführen, gestalten oder anbieten."

Ich nickte gespannt.

„Mit den anderen Klassenlehrern der 7. Klassen habe ich abgestimmt, dass wir einen Tanzwettbewerb ausrufen."

„Einen Tanzwettbewerb?", wiederholte ich skeptisch. Das war gar nicht meine Welt. Unter Sport verstand ich etwas anderes.

„Sie klingen nicht so begeistert. Ich hatte gehofft, dass Sie mit den Jungs von der 7B etwas einstudieren könnten. Die Mädels übernehme ich."

„Mit der 7B?" Meine Augen begannen zu funkeln.

„Ja, das ist meine Klasse."

„Also gut, weil Sie es sind, Frau Schneider", lächelte ich freundlich, um meine plötzliche Aufregung zu überspielen.

„Vielen Dank, Herr Tanner. Sie sind ein Schatz!"

Und Sie erst!, dachte ich und rieb mir in Gedanken die Hände.

„Gibt es irgendein Thema? Eine Liedauswahl? Einen Rahmen?"

„Ja, natürlich", sagte Frau Schneider und überreichte mir ein gefaltetes Blatt Papier. „Hier ist unser Grobkonzept. Da ist alles genau beschrieben."

Den Dienstagabend verbrachte ich stundenlang vor dem PC. Ich recherchierte im Internet. Und das Ergebnis war brillant.

Am nächsten Tag traf ich mich mit meiner „Lieblingsklasse" in der Turnhalle.

„Ach neee, der schon wieder …"

Was für eine nette Begrüßung.

„Jammert nicht, Jungs. Wir müssen üben. Euch steht ein harter Wettbewerb bevor!"

„Ein Wettbewerb?"

Ich erzählte ihnen vom Tanzwettbewerb der 7. Klassen. Ihr Ehrgeiz war geweckt. „Meinen Sie, wir können den gewinnen?"

„Wenn ihr diesmal richtig mitmacht, warum nicht …"

Und so begannen wir zu üben. Ich erklärte ihnen die Bewegungen. Nach wenigen Minuten sahen sie mich misstrauisch an.

„Und Sie sind sich sicher, dass das so richtig ist?“

„Na klar!“

„Aber besonders cool ist das ja nicht.“

„Sorry, Leute“, antwortete ich mit verständnisvoller Miene. „Ich kann’s nicht ändern. Steht alles hier in den Vorgaben von der Schulleitung.“ Ich wedelte zur Verdeutlichung mit dem zusammengefalteten Blatt Papier, das ich von Frau Schneider erhalten hatte.

Also übten wir weiter. Bis zum Umfallen.

Am Freitag war dann der große Tag gekommen. Zahlreiche Zuschauer versammelten sich, um den spektakulären Tanzwettbewerb der 7. Klassen zu verfolgen. Ein brodelnder Hexenkessel wie bei einem wichtigen Fußballspiel.

„Wir beginnen mit dem Wettbewerb der Jungs“, kündigte Frau Schneider aufgeregt an. „Danach kommen die Mädels dran.“

Die Reihenfolge wurde ausgelost. Wir waren als Erste dran. Die legendäre 7B. Mit flehenden Blicken starrten mich die Schüler an. Dann startete auch schon die Musik. Es gab kein Zurück mehr.

„Eins, zwei und drei, rühr ihn gut, den Zauberbrei, ...“

Die Blicke der Zuschauer erstarrten. Mit weit aufgerissenen Augen lauschten sie den Klängen des Kindergartenliedes, das beim Cluburlaub gerne in der Mini-Disco der Kinderanimation gespielt wurde.

In albernen Bewegungen tanzten meine Siebtklässler den Kindertanz für Fünfjährige, hopsten unbeholfen über die Bühne und zogen zum Refrain mit ihren Armen ausladende Kreise, als der besungene Zauberbrei gerührt wurde.

„Gut gemacht, Jungs“, lobte ich mit teuflischem Grinsen. „Genau wie wir es geübt haben.“

Doch die ungläubigen Blicke der anderen Schüler bohrten sich in meine Schützlinge, die sich sichtlich verunsichert in der Menge versteckten.

Die Spannung stieg. Die 7D war als Zweites dran. Mit einer mega-coolen Performance zu einem Song von *Eminem* fegten sie über die provisorisch errichtete Bühne. Nach der 7D war die 7A am Zug. Ihnen gelang es sogar, den zweiten Tanz noch zu toppen. Zu *Footloose* von *Kenny Loggins* brachten sie das Publikum zum Kochen. Die 7C wiederum mischte den Laden völlig auf. *AC/DC* dröhnte aus den Boxen. Und sie rockten die Show in kreativen Schuluniformen im Stile von *Angus Young*.

Ich ignorierte die fragenden Blicke von Klassenlehrerin Frau Schneider und formte meinem Freund mit den vielen Namen ein gehässiges „Rache ist süß“ mit den Lippen.

Fünf Minuten später fing mich der Direktor höchstpersönlich auf dem Flur ab. Ich wollte noch flüchten und tat so, als hätte ich ihn nicht gesehen. Aber seine Stimme hallte durch den langen Gang: „Na, na, na … Herr Tanner, in Ihnen steckt ja ein wahrer Pädagoge.“

„Meinen Sie wirklich?“, fragte ich dümmlich. „Das freut mich aber.“ Etwas Besseres fiel mir beim besten Willen nicht ein.

Er starrte mich an und zog eine Augenbraue nach oben: „Was für ein phänomenaler Tanz. Da können die Schüler ja ganz schön stolz auf ihren versierten Sportlehrer sein.“

Unruhig trat ich von einem Fuß auf den anderen. „Sie wissen ja gar nicht, wie ich dieses Lied als Kind geliebt habe.“

Es war gar nicht so einfach, seinem stechenden Blick auszuweichen. „Wollen Sie mich jetzt auch noch für dumm verkaufen, Herr Tanner?“

Mein konsequentes Schweigen war Antwort genug.

„Hier an dieser Schule machen wir uns keinen Spaß daraus, unsere Schüler bloßzustellen. Haben wir uns verstanden?“

Ich nickte stumm. Das Herz pochte mir bis zum Hals.

„Dann ist's ja gut." Wie ein Verschwörer sah er links und rechts über seine Schulter. Plötzlich zwinkerte er mir verschmitzt zu. „Nun ja, ich hatte die 7B auch schon in einer Vertretungsstunde." Schmunzelnd klopfte er mir auf den Rücken und ging seiner Wege.

Völlig von der Rolle schüttelte ich den Kopf und atmete tief aus. Da war meine Racheaktion ja nochmal gut gegangen. In allen Lebenslagen lief es gerade perfekt. Nun musste nur noch ein Dreier beim BSC Elsen her.

„Wir haben uns den aktuellen Tabellenstand hart erarbeitet. Jetzt ist alles offen. Wir haben den Ausgang dieser Saison selbst in der Hand. Lasst uns etwas daraus machen, Jungs!"

Die Worte des Trainers waren eindringlich. Wir hätten vor Selbstbewusstsein und Elan nur so strotzen müssen. Aber stattdessen waren wir verunsichert. Spielten fahrig. Die Nervosität lähmte die verkrampften Beine. Man merkte uns den Druck deutlich an.

Die BSC Elsen machte sich das zunutze. Für die Gastgeber ging es um nichts mehr. Sie waren im gesicherten Mittelfeld, konnten maximal noch zwei Plätze nach oben oder nach unten rutschen. Diese Mannschaften waren am gefährlichsten, wenn es bei einem selbst nicht so lief. Sie spielten befreit auf. Die Unbekümmertheit war ihre größte Waffe. Sie führten rasch mit 1-0. Der Treffer gab ihnen weiter Auftrieb. Sie nutzten unsere Unsicherheiten eiskalt aus und erhöhten auf 2-0.

In der Halbzeitpause war die Stimmung am Tiefpunkt. Wir begannen, uns gegenseitig Vorwürfe zu machen.

„Geht mal hinten gscheit in die Zweikämpfe!", attackierte Michael Meister die Defensivabteilung. „Die führen euch ja vor!"

„Vielleicht würden wir stabiler stehen, wen ihr nicht jeden Ball postwendend verliert!", giftete Martin Kruse aufgebracht zurück.

Dann beendete Karls polternde Stimme das kollektive Gemecker: „Seid ihr denn von allen guten Geistern verlassen?" Langsam wanderte sein vorwurfsvoller Blick von einem zum anderen. Schließlich ruhte er auch auf mir. Brannte sich in meine Seele. Er hatte hohe Erwartungen an seine Mannschaft. „Dass ihr nervös seid, kann ich verstehen. Dass unsere Leistung unter der Anspannung leidet, kann ich auch verstehen. Aber hilft es uns weiter, wenn wir uns hier zerfleischen?“ Er ließ die Worte im Raum stehen. Die Kabine fühlte sich plötzlich eng an. Wir Spieler wichen seinem Blick aus. Starrten betreten zu Boden. Es war still. So still, dass man zuhören konnte, wie sich die Atmung eines jeden Spielers beruhigte.

„Keiner von uns hat gut gespielt“, fuhr der Trainer fort. „Wir alle haben Fehler gemacht. Wir sollten uns also mehr mit uns selbst beschäftigen, anstatt die anderen Mitspieler für den Rückstand verantwortlich zu machen! Ich kann nicht von euch verlangen, dass ihr eure Aufregung einfach abschaltet. Aber was ich von euch verlangen kann ist, dass ihr mit allem, was in euch steckt, kämpft.“

Wir begannen zu nicken. Karl hatte Recht! So kamen wir nicht weiter. Wir mussten zusammenhalten.

„Kämpfen kann man immer! Auch wenn es mal technisch nicht so gut läuft. Wenn ihr euch auf dem Platz zerreißt, euer Bestes gebt, kann uns niemand einen Vorwurf machen, auch wenn wir hier und heute die Meisterschaft verspielen!“

Und wir kämpften. Wir kämpften wie die Löwen.

Vom Anstoß weg spürte Elsen, dass dies eine völlig andere zweite Halbzeit werden würde. Wir suchten die Zweikämpfe. Wir hielten dagegen. Wir setzten uns durch. Und auf dieser Basis begannen wir endlich auch, wieder Fußball zu spielen.

In der 59. Spielminute tanzte Anführer Karl drei Gegenspieler aus und tauchte allein vor dem Elsener Gehäuse auf. Er lupfte den Ball über den Torwart hinweg. An die Latte.

Vier Minuten später düpierte Georg Weiler seinen unerfahrenen Gegenspieler. Er flankte scharf in den Strafraum. Michael Meister köpfte. Neben das Tor.

Die Einstellung stimmte. Doch das Glück war uns nicht hold.

Aber wir gaben nicht auf. Karls feurige Rede brannte noch in unseren flammenden Herzen. Elsen konterte rasant über den linken Flügel. Mit drei schnellen Pässen stand ihr bulliger Stürmer allein vor unserem Tor. Aber Alf hielt uns mit einer Wahnsinnsparade im Spiel.

Zwei Minuten später zog Karl aus achtzehn Metern ab und drosch den Ball unhaltbar in den langen Winkel. Der Anschlusstreffer.

Jetzt kannte unser Sturmlauf keine Grenzen mehr. Es hagelte Torchancen im Minutentakt. Nur die Tore fehlten. Am Spielfeldrand war Willi sogar zu aufgeregt zum Stänkern.

In der 82. Spielminute war mein großer Moment gekommen. Raldo legte quer in die Mitte. Ich nahm den Ball auf. Blickte mich suchend um. Fand keine Anspielstation. Also fasste ich mir ein Herz, tippte das Leder kurz an, und zog ab. Der Distanzschuss sauste über die Querlatte. Ich konnte es nicht fassen.

Drei Minuten nach meiner verpassten Gelegenheit spielte mir Harald den Ball in den Fuß. Von rechts schrie Georg. Ich hob den Kopf. Sah, wie er auf dem Flügel seinem Gegenspieler enteilte. Plötzlich hörte ich auch Kevin rufen. Ich trat auf den Ball. Drehte mich. Und spielte einen langen Ball auf den linken Flügel. Kevin war schneller als Georg. Und er hatte gehörig Fahrt aufgenommen. Der Ball landete genau in seinem Lauf. Der Youngster nahm die Kugel mit, überrannte den überforderten Verteidiger. Und donnerte den Ball in die Maschen. Der Ausgleich!

Nun wollten wir mehr. Harald und Niklas stürmten mit nach vorn. Wir setzten alles auf eine Karte. Karl hatte den Ball. Legte quer auf Harald. Unser Kapitän hatte einen strammen Schuss. Aber er sah den besser postierten Stefan Schmitt. Spielte das Leder millimetergenau in die Schnittstelle der Abwehr. Stefan fackelte nicht lange. Der Torwart streckte sich vergeblich. Doch der Ball knallte gegen den Pfosten.

Der Abpfiff des Schiedsrichters fuhr uns durch Mark und Bein. Es war bitter. Nun lagen wir wieder zwei Punkte hinter dem SC

Weinsburg. Enttäuscht schlichen wir vom Platz. Wir hatten eine fulminante Aufholjagd hingelegt. Eine beherzte Energieleistung gezeigt. Aber bis auf den Respekt der Zuschauer brachte uns das nicht weiter. Nun waren wir wieder auf Schützenhilfe am letzten Spieltag angewiesen. Und wir wussten, wie stark der Tabellenführer war.

„Manchmal gewinnt man, manchmal verliert man“, tröstete uns der Don, als wir niedergeschlagen im Weiherfeldener Sportheim saßen. „Aber ein Funken Hoffnung ist noch da. Und selbst als Vizemeister könnt ihr noch aufsteigen. Kopf hoch, Jungs! Die Saison ist noch nicht vorbei.“

TSV Weiherfelden – 1. FC Heroldsburg (30. Spieltag)

Privat war der 30. Spieltag die Krönung einer langen, turbulenten und kräftezehrenden Saison. Annika und ich hatten das Kriegsbeil endgültig begraben. Unser zweites Kind war unterwegs. Und wir feierten die Fertigstellung unserer neuen Wohnung.

„Ich kann es gar nicht glauben“, seufzte ich.

„Ja, das stimmt. Nachdem vom ersten Tag an das Budget knapp war, habe ich mit dem Schlimmsten gerechnet.“

„Aber einen Monat länger, und ich wäre reif für die Klapsmühle gewesen!“

Am Montagnachmittag luden wir Annikas und meine Eltern zur Feier des großen Tages ein. Der deftige Duft von Leberkäse und Bratkartoffeln lag in der Luft. Wir ließen uns das Essen gebührend schmecken.

Mein Vater beobachtete lächelnd die Endlosschleife von Baustellenfotos auf dem Fernseher. „Jetzt wissen wir wenigstens, warum die Baustelle pünktlich fertig geworden ist. Mein Sohn mit den beiden linken Händen ist auf keinem einzigen Foto bei der Arbeit zu sehen.“

„Haha, einer muss ja schließlich die Bilder machen.“

Dann ließen wir die Bombe platzen. Freudestrahlend legte Annika die ersten Ultraschallbilder auf den Tisch. Die werdenden Großeltern platzten beinahe vor Stolz.

Als die Gäste gegangen waren, setzten sich Annika und ich bei einem gemütlichen Glas Traubensaftschorle zusammen. Die neue Couch war bequem. Der viele Platz war ungewohnt aber befreiend. Und Timo konnte sich in den großen, weitläufigen Räumen endlich so richtig austoben. Alles war so, wie wir es uns immer gewünscht hatten.

Da passte es perfekt, dass am Mittwoch gleich das nächste Highlight auf uns wartete: unsere standesamtliche Hochzeit. Meine Mannschaftskollegen Niklas, Stefan und Harald waren auch gekommen, was mich sehr freute. Ich rechnete ihnen hoch an, das Feindesland betreten zu haben. Denn der Kompromiss mit Annika war, dass die standesamtliche Trauung in Obsthofen stattfinden musste, wenn wir in der Weiherfeldener Kirche heiraten wollten.

Nervös blickten sich die drei Weiherfeldener Fußballer um. Wie drei Einbrecher, die jederzeit damit rechneten, von der Polizei ertappt und eingebuchtet zu werden.

Was mich besonders wunderte, war die Tatsache, dass meine Kumpels einen Turm aus sechs Kästen Bier mitgebracht hatten. „Eine Rückzahlung, Marco", erklärten sie geheimnisvoll. Doch ich konnte mir keinen Reim daraus machen. *Was für eine Rückzahlung? Und warum gerade sechs Kästen Bier?*

Der großgewachsene, rundliche Bürgermeister mit dem dunklen Schnauzer begrüßte uns lachend. „Du bist also der Kerl, über den sich in Obsthofen alle Junggesellen so aufregen?" Er klopfte mir kumpelhaft auf die Schulter. „Ich bin ja auch verheiratet, aber meine Frau, die mag mich nicht."

Während ich noch überlegte, was er mir damit sagen wollte, ging er bereits zur Begrüßung der anwesenden Gäste über. „Es ist lange her, dass sich das letzte Mal ein Weiherfeldener Halunke in meinen Sitzungssaal gewagt hat", begann der Bürgermeister seine etwas ungewöhnliche Traurede. „Seine Gebeine können in unserem Archiv bewundert werden."

Wie gerne hätte ich über die Pointe gelacht. Aber zum einen war ich zu aufgeregt, und zum anderen war ich mir nach vier Jahren in Weiherfelden gar nicht so sicher, dass es sich wirklich um einen Scherz handelte.

„Dass sich nun auch noch ein Weiherfeldener hier in meiner Regentschaft mit einer gebürtigen Obsthofenerin vermählt, das hätte ich mir bei meinem Amtsantritt nicht vorstellen können. Aber wo die Liebe hinfällt, liebe Annika. Du hast dir den Weiherfeldener ausgesucht. Und nun musst du in unserem Nachbarkaff dein Dasein fristen."

Nun musste ich doch lachen. Ich stellte mir gerade bildlich vor, was passiert wäre, wenn unser Spielleiter Willi zur standesamtlichen Trauung gekommen wäre. Das wäre mit Sicherheit eine Hochzeit gewesen, über die man in ganz Deutschland berichtet hätte.

Am Ende vermählte uns der Obsthofener Bürgermeister trotz seiner Vorbehalte in einem würdigen Rahmen. Die Gäste beglückwünschten uns überschwänglich. Vor der Gemeinde gab es einen leckeren Sektempfang. Und anschließend gingen wir in einem großartigen Restaurant mit zünftiger fränkischer Küche gut essen. Es war ein perfekter Tag.

In einem ruhigen Moment blickte ich meine Traumfrau an und drückte ihr einen spontanen Kuss auf die Lippen. Sie lächelte mich an. Ich hatte es geschafft!

Es war alles so perfekt. Jetzt durfte mir das Schicksal keinen Strich durch die Rechnung machen. Der SC Weinsburg musste einfach sein letztes Punktspiel verlieren. Dann wäre mit einem Sieg zuhause gegen den 1. FC Heroldsburg die Meisterschaft unter Dach und Fach. Alles andere wollte ich mir nicht vorstellen. Den Bierdeckel von Annikas Onkel hatte ich bei dem ganzen Bau- und Hochzeitsstress lange verdrängt. Vor dem letzten Spiel der Saison war er wieder allgegenwärtig. Ich wollte nicht in

Obsthofen spielen müssen. Weiherfelden war mein Zuhause. Wir mussten um jeden Preis gewinnen.

Am Treffpunkt herrschte betretenes Schweigen. Man konnte jedes Räuspern hören. Jedes unsichere Scharren mit den Füßen. Das tiefe, langsame Ausatmen vor dem Gang in den Kabinentrakt. Es war ein warmer Tag. Der sanfte Wind wehte eine leichte Prise von feuchtem Gras zu uns. Ich atmete den vertrauten Duft tief ein. Bald würde er sich mit dem Geruch der brutzelnden Bratwürste vermischen. Ab dem Moment mussten wir voll da sein!

Dann kam Kevin. Und unsere angespannten Mienen wichen dem puren Erstaunen. Er kam in Begleitung. Das beruhigte uns. Denn bisher hatte er immer am besten gespielt, wenn er eine feurige Liebesnacht hinter sich hatte. Diesmal war es keine Sexbombe wie an den sonstigen Heimspielen. Sie hatte eine normale Figur, ein süßes Gesicht, und ein freundliches, offenes Lächeln. Anstatt seine Partnerin am Treffpunkt gierig zu befummeln, hielt er zurückhaltend ihre Hand und blickte ihr verträumt in die Augen.

„Bleibst du noch zum Spiel und schaust mir zu?“, hauchte er leise. Wir hörten es trotzdem. Und wenn wir daran dachten, wie er die Telefonnummern der heißesten Bräute achtlos in den Mülleimer warf, standen unsere Münder weit offen.

„Kaum haben sich die Jungs an seine Gespielinnen gewöhnt, lenkt er sie plötzlich mit seiner Turtelei ab“, raunte Karl Willi missmutig zu. Auf dem Weg in die Kabine passte der Coach seinen linken Flügelflitzer an der Treppe ab: „Kevin, ich hoffe, du kannst in deinem Zustand spielen?“

„Was meinst du mit Zustand? Ich bin stocknüchtern.“

„Das glaub ich dir. Aber bist du auch konzentriert?“

„Wir werden schon gewinnen, Trainer.“

„Schaut sie zu?“

„Ich denke schon, ja.“

„Dann hoffe ich, dass du sie beeindrucken willst!“

Dann trat Karl in die Kabine und blickte einen nach dem anderen eindringlich an. „Heute gilt es, Jungs. Die ganze Saison haben wir auf diesem Tag hingearbeitet. Wir haben gut gespielt und gewonnen, gekämpft und verloren. Gemeinsam Blut und Tränen geschwitzt. Wir haben es nicht mehr selbst in der Hand. Das ist mir bewusst. Aber ein Wunder kann nur passieren, wenn wir unseren Teil dazu beitragen."

Wir klatschten lautstark in die Hände. Ich schnaubte wie ein wilder Stier, bevor er in die Kampfarena gelassen wurde.

„Und ich bin felsenfest davon überzeugt, dass der Tüchtige belohnt wird. Schnappen wir uns den Titel! Was Weinsburg macht, ist uns egal. Unser Gegner heute ist Heroldsburg. Die gilt es zu schlagen. Ich will diese drei Punkte haben! Lasst sie uns beackern und bekämpfen! 90 Minuten lang, ohne nachzulassen!"

Seine Stimme hallte durch die enge Kabine. Sie erfüllte den Raum und unsere kampfeslustigen Herzen. „Zerreißt euch auf dem Feld füreinander. Nutzt die Breite des Platzes. Wir setzen auf unser Flügelspiel. Heroldsburg ist ein solider Gegner, aber sie sind nicht die Schnellsten. Kevin und Georg, ihr rennt die Linie auf und ab, bis ihr euch von mir aus die Seele aus dem Leib kotzt! Ich will heute keinen sehen, der nicht von Krämpfen geplagt dieses Spielfeld verlässt! Geht raus und belohnt euch selbst für diese starke Saison!"

Kevin machte an diesem Tag ein großartiges Spiel. Allein in den ersten zwanzig Minuten brach er dreimal auf der linken Seite durch, traf jedoch dreimal Aluminium. Es war wie verhext. Wir spielten dominant und aggressiv. Ließen dem Gegner nicht den Hauch einer Chance. Aber uns wollte ganz einfach kein Tor gelingen. Und so gingen wir mit einem 0-0 in die Halbzeitpause.

Die Zuschauer waren noch nervöser als wir: „Sowas rächt sich, wenn man solche Chancen liegen lässt."

„Meistens wird das bestraft!"

„Ob wir das Spiel noch gewinnen?"

Mit hängenden Köpfen saßen wir in der Kabine.

„Weiß jemand, wie es bei Weinsburg steht?“, fragte Michael Meister in die Runde.

„Das interessiert uns nicht!“, polterte Karl energisch. „Setz dich auf deinen Hintern und halt die Klappe! Wie schauen nur auf uns. Weinsburg ist erst relevant, wenn wir unsere Hausaufgaben gemacht haben!“

Mit zittrigen Knien setzte sich Michael hin.

„Atmet, trinkt, ruht euch aus. Und lasst vor allen Dingen die Köpfe nicht hängen! Brust raus! So gewinnt man Spiele! Es sind noch 45 Minuten. Wir spielen bärenstark, Jungs. Das wird sicher belohnt. Schaut mal, was Kevin abreißt. Wenn du so weiterspielst, kriegst du von deiner Schnecke bestimmt eine Belohnung heute Abend!“

Die Mannschaft musste kollektiv grinsen. Und die Anspannung und Enttäuschung waren mit einem Mal wie verflogen.

„Oder nehmt euch mal ein Beispiel am Marco. Der haut sich in jeden Zweikampf, als ginge es um sein Leben!“

Es ging um mehr als mein Leben. Es ging um einen Bierdeckel!

„Genau so will ich euch sehen. Bissig! Giftig! Raus mit euch! Heute erzwingen wir den Sieg!“

Zu Beginn der zweiten Halbzeit mussten sich unsere Zuschauer mehr darum kümmern, den immer wilder werdenden Willi im Zaum zu halten, als dass sie sich auf das spannende Spiel konzentrieren konnten. Bei jedem Foulspiel explodierte der Spielleiter. Und mit jeder vergebenen Chance stand er am Rande eines Nervenzusammenbruchs.

Dann endlich kam die Stunde von Raldo. Sein fulminanter Antritt teilte die Reihen der Heroldsburger Abwehr wie Moses das Rote Meer. Plötzlich stand er allein vor dem gegnerischen Torwart. Uns stockte beinahe der Atem. Jeder gewöhnliche Spieler hätte den Ball rechts oder links platziert in die Ecke geschoben. Aber Kevin entschied sich für das Spektakel. Er hämmerte das Leder mit vollem Risiko wuchtig in den Winkel. Die Zuschauer atmeten auf, ehe sie jubelten. Willi hatte Tränen in den Augen. Und uns Spielern fiel eine zentnerschwere Last von den Schultern.

Für den Rest des Spiels traten wir etwas defensiver auf. Es war wichtig, die Führung nicht zu gefährden. Eine stabile Abwehr war oberste Priorität. Ohne uns groß um weitere Torchancen zu bemühen, zirkulierten wir den Ball in den eigenen Reihen. Denn solange wir den Ball hatten, konnte Heroldsburg sich keine Gelegenheit erarbeiten.

Und so brachten wir in einer langweiligen Schlussphase den verdienten 1-0 Erfolg nachhause. Der Jubel war verhalten. Die drei Punkte bedeuteten auf jeden Fall Platz zwei. Das Recht, an den Relegationsspielen um den Aufstieg teilzunehmen. Aber wie sollte man sich über den Sieg freuen, wenn es noch unklar war, ob er zum Meistertitel reichte?

Wie vor drei Jahren, als wir uns bis zur letzten Sekunde im Abstiegskampf befanden, hatte Willi seine Spione zum Spiel des SC Weinsburg entsandt. „Dort gibt es auf jeden Fall Empfang. Diesmal habt ihr also keine billigen Ausreden. Enttäuscht mich nicht. Das würde ich euch heute nie verzeihen!“, hatte Willi dem Regisseur und dem Don eingeschärft.

Aufgeregt ging ich in die Hocke. Das bange Warten machte mich wahnsinnig. Es hing so viel vom Ausgang des Spiels ab. Bei einem Unentschieden winkte uns ein Entscheidungsspiel um den Titel. Und im Falle einer Weinsburger Niederlage würden binnen weniger Sekunden Korken knallen und Bierduschen regnen.

Da klingelte Willis Telefon. Angespannt zuckten wir zusammen. Der Klingelton fuhr uns durch Mark und Bein.

„Und?“, fragte Willi knapp.

Einen kurzen Augenblick lang hörte er aufmerksam zu. Dann ließ er fassungslos das Telefon sinken. Sein Gesichtsausdruck wirkte enttäuscht. Hatte Weinsburg gewonnen? Oder spielte er uns einen Streich?

„Nun sag doch was!“, drängten wir.

„Weinsburg hat 4-0 gewonnen“, verkündete Willi mit belegter Stimme.

Es war nicht daran zu denken, unseren Sieg zu feiern. Wir waren am Boden zerstört. Es war so eine gute Saison gewesen. Ich dachte an das harte Wintertrainingslager. Die direkten Duelle gegen den frischgebackenen Meister, in dem uns nur ein Quäntchen Glück gefehlt hatte, um nun an ihrer Stelle an der Spitze zu stehen. Wir hatten starke 61 Punkte errungen. Doch es hatte einfach nicht gereicht.

Die Relegation bedeutete eine weitere Chance. Der ersehnte Aufstieg war noch nicht verloren. Doch ein Spiel gegen den Drittletzten der Kreisliga war kein Selbstläufer. Wir würden auf eine starke Mannschaft treffen, die sich mit allen Mitteln gegen den Abstieg wehrte. Wo Weinsburg bereits ausgelassen feiern durfte, winkte uns ein Zusatzspiel, das sich gewaschen hatte. Unsere Träume waren zerschlagen. Und so standen wir stumm unter der Dusche, ließen das lauwarme Wasser über die erschöpften Körper prasseln und versanken in grenzenlosem Selbstmitleid.

Plötzlich flog die Tür unserer Dusche auf. Ein völlig aufgeregter Willi stürmte herein. Vor lauter Enthusiasmus rutschte er auf den nassen Fliesen aus und schlug einen halben Salto. Krachend donnerte er auf den Boden. Doch er war in einem Zustand, in dem er keinen Schmerz mehr kannte. Seine Augen leuchteten.

Wir starrten ihn an wie einen Geisteskranken. Die bedenklichen Ausbrüche während den Spielen waren nichts Neues. Daran hatten wir uns gewöhnt. Aber dass er so aufgeregt in unsere Dusche polterte, war eine völlig neue Dimension seiner offenkundigen Verrücktheit. Fragend starrten wir ihn an.

„Habt ihr es schon gehört?“ Willis Stimme bebte.

Er blickte in verständnislose Gesichter. Was wollte er von uns?

„Obsthofen hat völlig überraschend ihr letztes Heimspiel gegen den Tabellenletzten verloren. Sie sind auf den Relegationsplatz der Kreisliga abgerutscht!“

TSV Weiherfelden – SV Obsthofen (Relegationsspiel)

Es dauerte zehn Sekunden, bis wir Willis Ankündigung wirklich verstanden hatten. Dann brachen wir alle in grenzenlosen Jubel aus. Die Heroldsburger Spieler standen zwischen uns unter der Dusche und starrten uns an. Willis Auftritt allein musste ihnen schon spanisch vorgekommen sein. Aber dass wir angesichts der nicht erreichten Meisterschaft plötzlich in Jubelstürme ausbrachen, das war für Außenstehende schwer zu verstehen.

Je mehr uns die Tragweite von Willis Worten bewusst wurde, desto mehr freuten wir uns, dass wir nicht direkt aufgestiegen waren. Ein Relegationsspiel gegen den SV Obsthofen. Gab es etwas Größeres und Schöneres in der Karriere eines Amateurfußballers? Wir würden es mit einer Mannschaft zu tun bekommen, die jeder Spieler von uns bis aufs Blut hasste. Und die Abneigung beruhte auf Gegenseitigkeit. Ein Kampfspiel. Ein heroisches Duell. Das Schicksalsspiel für zwei über Generationen hinweg verfeindete Vereine.

„Überlegt mal, Leute … Wir hatten schon mal 2000 Zuschauer beim Derby. In einem normalen Punktspiel, wo es um nicht mehr und nicht weniger als drei Punkte ging!"

„Das ist halt die Mutter aller Derbys!"

„Alter! Da müssen wir ja in einem Stadion spielen, damit wir alle Zuschauer aus der Umgebung unterbringen."

„Die Zuschauer sind mir egal", meinte Harald nachdenklich. „Wenn wir dieses eine Spiel gewinnen, sind wir lebende Legenden in Weiherfelden!"

„Von diesem Spiel wird man am Stammtisch noch in dreißig Jahren erzählen!"

Niklas Augen bekamen einen verträumten Glanz. „Sie werden uns eine Statue bauen!"

Ein Heroldsburger Spieler verfolgte das Gespräch in der Dusche mit großem Interesse. „Und was macht man mit euch, wenn ihr verliert?“

Er blickte in betretene Mienen. Daran hatten wir in unserem Eifer nicht gedacht. Der bloße Gedanke an eine Niederlage jagte uns eine Gänsehaut über den Rücken. Ich schluckte. Für mich stand noch viel mehr auf dem Spiel.

„Teeren und federn wäre vermutlich das Mindeste“, meinte Niklas achselzuckend.

„Wir wären auf jeden Fall für immer die Generation, die gegen den SV Obsthofen den sichergeglaubten Aufstieg verpatzt hat.“

Trainer Karl betrat die Dusche und blickte uns eindringlich an. „Dann sind wir also zum Siegen verdammt, Jungs!“

Doch bevor das wichtigste Spiel meines Fußballerlebens angepfiffen wurde, musste ich noch eine winzige Kleinigkeit hinter mich bringen: meine kirchliche Hochzeit.

Es war ein wunderbarer Samstag. Kaiserwetter, wie man im südlichen Deutschland sagte. Mit wackeligen Knien stand ich allein vor dem Altar. Das Herz hämmerte in meiner Brust. Alle Gäste starrten mich an. Ich konnte es förmlich spüren. Ich schloss die Augen und atmete tief ein und aus. Die dezente Weihrauchnote vermischte sich mit dem lieblichen Duft des Blumenschmucks. Der Geruch machte mir die Bedeutung dieses Tages bewusst.

Die feierliche Musik dröhnte aus den Orgelpfeifen und erfüllte die Kirche mit ihrer durchdringenden Magie. Timo stiefelte voran. Mit bangem Blick auf das rote Samtkissen trug er die Ringe durch den Gang. Er konzentrierte sich so sehr, dass seine Zunge ständig zwischen den Lippen heraus spitzte. Annikas Vater führte meine Braut zum Altar. Und es war tatsächlich Annika, die sich unter dem langen Schleier verbarg. Und nicht ihr Onkel Hardy in den Farben des SV Obsthofen. Sie sah umwerfend aus. Ich strahlte sie an und verlor mich in ihren leuchtenden Augen.

Mein künftiger Schwiegervater machte hingegen eher den Eindruck, als wollte er mir noch am Traualtar die Beine brechen. Er war ein glühender Anhänger des SV Obsthofen. Und er wusste, dass ich ein wichtiger Teil unserer Mannschaft war. Und wenn er dadurch die Hochzeit seiner einzigen Tochter verdorben hätte ... Die Versuchung, mich an Ort und Stelle umzugrätschen, war gewiss groß. Vermutlich war es nur das Beisein seiner zu Tränen gerührten Frau, das ihn davon abhielt.

Der Pfarrer erzählte von der Liebe, las einen Psalm. Es war ein feierlicher Gottesdienst. Aber ich hörte ihm kaum zu. Meine Gedanken schweiften ab. Kehrten zurück zu dem Tag, als mich Annika ans Bett gefesselt hatte. Ein verträumtes Lächeln umspielte meine Lippen. *Ja, sie ist definitiv eine Wildkatze! Mit ihr wird es ganz sicher nie langweilig.*

Annika und ich gaben uns das Ja-Wort. Wir blickten uns lange in die Augen. Dann forderte uns der Pfarrer zum obligatorischen Kuss auf. Gemeinsam traten wir aus der Kirche. Die Sonne strahlte uns entgegen. Ich war erleichtert und glücklich.

Meine gesamte Fußballmannschaft war gekommen. Stolz standen sie in den blau-gelben Trikots Spalier. Am Ende der Reihe stand eine Torwand.

„Jetzt schauen wir doch mal, was der Bräutigam bei mir gelernt hat“, rief Trainer Karl und zwinkerte mir zu. „Drei unten, drei oben! Blamier uns nicht!“

Die Hochzeitsgäste drängten sich gespannt um die Torwand. Georg Weiler maß eine Distanz von sieben Schritt ab und legte mir den Ball zurecht. Alle Blicke ruhten auf mir und meinen in feinsten Lackschuhen steckenden Füßen. Das war ein Vorgeschmack auf den Druck im Relegationsspiel.

Die Öffnungen der Torwand waren wie vernagelt. Alle drei Schüsse unten rechts spitzten bereits in das Loch, aber sprangen wieder hinaus.

„Jawohl Marco“, tönte Onkel Hardy. „So machst du das bitte auch am Mittwoch!“

Die Obsthofener Gäste johlten. Spielleiter Willi wollte sich schon auf sie stürzen. „Los Marco. Reiß dich zusammen!", zischte er.

Ich schloss die Augen. Konzentrierte mich auf den Ball. Die gespannte Stille um mich herum war beinahe gespenstisch. Ich lief an. Schoss. Und traf. Erleichtert atmete ich aus. Am Ende sprang wenigstens ein Treffer für mich heraus.

„Und jetzt Annika!", forderte „Neireider" Georg.

„Mit den Schuhen?", protestierte sie.

„Schlimmer wie Marco kann es nicht werden", bemerkte Niklas trocken.

Also musste Annika ihre sechs Schuss abgeben. Aus einer Distanz von nur einem Meter erzielte sie drei Treffer.

„3-1 für Obsthofen", brüllte Onkel Hardy.

Auch mein frischgebackener Schwiegervater klang zufrieden: „Na wenn das mal kein gutes Omen ist."

Dann begann die Hochzeitsfeier. Man konnte die Rivalität im Raum förmlich greifen. Die Obsthofener und die Weiherfeldener Gäste beschnupperten sich vorsichtig. Es war selten genug, dass beide Dörfer an einem Tisch saßen. Und nun wurde das Ganze auch noch von dem anstehenden großen Spiel überschattet. Was für ein verrücktes Volk.

Annika und ich ließen uns davon nicht aus der Ruhe bringen. Wir waren die Spannungen gewohnt. Dankend nahmen wir die vielen Geschenke entgegen. Dann schnitten wir die Hochzeitstorte an.

„Eines habe ich gelernt, seit ich hier in Franken bin", begann ich meine kurze Rede. „Man muss die Feste feiern, wie sie fallen! Dann lasst uns heute wenigstens mal für einen Tag Weiherfelden und Obsthofen vergessen. Für Rivalität haben wir am Mittwochabend noch Zeit genug. Feiert! Trinkt! Habt Spaß! Tanzt! Wenn es für euch alle ein rauschendes Fest ist, dann haben wir eine unvergessliche Hochzeit!"

Und das taten wir. Zunächst ging es noch ruhig zu. Wir aßen Kuchen, tranken Kaffee. Alles ganz normal. Dann kamen die fränkischen Gene der Gäste durch. Und die waren alles andere als normal.

Ich stand neben Niklas an der Toilette. Und er redete und laberte so lange belangloses Zeug, dass ich ihn am liebsten im Pissoir ertränkt hätte.

„Bist du bald mal fertig?“

„Gleich. Ein Tropfen kommt noch.“

„Das gibt’s doch nicht!“

„Stricher, bleib mal ruhig. Deine Hochzeitsgäste laufen dir schon nicht weg!“

Oh doch! Das taten sie. Ich kehrte in den Saal zurück. Plötzlich sah alles so leer aus. Verdutzt blickte ich mich um. *Wo ist Annika?* Ich runzelte die Stirn. *Was ist denn jetzt schon wieder los? Ihre ganzen Freundinnen sind auch weg!*

„Wo ist meine Braut?“, rief ich in gespielter Entrüstung.

Niklas leckte sich über die Lippen. „Komm, wir suchen sie!“

Nicht einmal ich war so naiv, dass ich nach vier Jahren in Weiherfelden nicht wusste, dass auf fränkischen Hochzeiten die Braut entführt wurde.

Ich scharte meine Fußballkumpels um mich. „Also gut. Macht die Autos bereit! Wer fährt?“

Mir blieb beinahe das Herz stehen, als sich Max meldete. Der Trunkenbold Max Hölzelein. Was hatte ich mit Annika darüber diskutiert, ob man ihn einer Hochzeitsgesellschaft zumuten konnte. Und wie groß war die Überraschung gewesen, als er vor zwei Tagen angerufen hatte, ob er spontan noch jemanden zur Hochzeit mitbringen konnte.

Niklas zog kopfschüttelnd die Augenbrauen nach oben. „Max? Bist du krank? Ich wusste nicht mal, dass du überhaupt einen Führerschein hast!“

„Sonja mag es nicht, wenn ich mich nachmittags schon so wegschieße“, antwortete Max kleinlaut.

„Na dann, Pantoffelheld. Fahren wir!“

So zogen wir also los. Ein Trupp wildgewordener junger Männer auf der Suche nach der entführten Braut. Zuerst verschlug es uns ins Weiherfeldener Sportheim. Dort gab ich ein paar Runden Bier aus. Wir schütteten drei Gläser Schnaps hinterher. Und dann machten wir uns auf den Weg zur zweiten Station. Auf dem Bierkeller gab es Maßkrüge mit schäumendem Bier. Und ein paar Runden Jägermeister. Langsam aber sicher zollte ich der hohen Schlagzahl Tribut. Und das bereits am späten Nachmittag. Noch vor dem Abendessen. Es war keine gute Idee. Aber es machte tierischen Spaß.

Wir fanden Annika schließlich in der Forchheimer Bar, in der wir uns zusammengesetzt hatten, nachdem ich von ihrer ersten Schwangerschaft erfahren hatte. Ein klug gewählter Ort, der etwas mit uns beiden und unserer Beziehung zu tun hatte.

Angeschlagen rissen wir die Tür zu der Kneipe auf. Und erstarrten. Wir hielten uns für die besten Feierbiester weit und breit. Aber die Damen waren um ein Vielfaches schlimmer als wir.

Meine glasigen Augen wanderten über die tumultartige Party. Annika und ihre Freundinnen tanzten ausgelassen auf den Tischen. Überall standen leere Sektflaschen herum. Beim Gedanken an die Rechnung für dieses Gelage wurde mir ganz schlecht.

Sie flochten mir eine Kette aus geleerten Sektflaschen, die sie mir feierlich um den Hals hingen. „Deinen räudigen Schwangerensekt kannst du behalten“, rief ich meiner Angetrauten zu.

Dann durfte ich meiner Frau mit einem gewaltigen Kochlöffel den Hintern versohlen. Ein schöner fränkischer Brauch, bei dem ich zweimal ein bisschen kräftiger zulangte. Das war die Rache für die Aktion mit der Ganzkörperenthaarung.

Zum Abendessen bestellte ich mir erstmal ein Mineralwasser zum Ausnüchtern. Es lag noch ein langer Abend vor uns. Wir ließen uns die leckere Entenbrust und den fränkischen Sauerbraten schmecken und stopften uns am Ende noch mit Schnitzel und

Pommes den Bauch voll, bis ich beinahe platzte. Dann begann die wirkliche Party.

Plötzlich schnappte sich Niklas das Mikrofon. „Wir bitten einen Moment um eure Aufmerksamkeit!“ Er wedelte mit einem Heft in der Luft herum. „Wir haben natürlich auch eine Hochzeitszeitung für das Brautpaar angefertigt.“ Die Tatsache, dass Niklas daran mitgewirkt hatte, machte mich nervös.

Mit pochendem Herzen blätterte ich die Zeitung durch. Kindheitsbilder. Erinnerungen. Eine Auflistung der Namen der Hochzeitstage nach Ehejahren. Und Geschichten. Viele Geschichten.

Schnell kam die Erkenntnis, warum sie bei unserer standesamtlichen Hochzeit schon mal sechs Kästen Bier mitgebracht hatten. Diese Schweine! Sie hatten doch tatsächlich die Geschichte von meiner ersten Beinahe-Nacht mit Annika in die Hochzeitszeitung geschrieben. In allen Einzelheiten. Und mit einem Bild, das einer von diesen Vollpfosten unauffällig geschossen hatte, als sie mich von den Handschellen befreiten. Ich wagte einen Seitenblick zu meiner Mutter. Mit weit aufgerissenen Augen studierte sie die Texte. *Wenigstens weiß sie jetzt, was es mit dem ans Bett geketteten Stricher auf sich hatte.*

Annika und ich kämpften uns durch den Eröffnungstanz. Die Tanzfläche war eröffnet. Dann folgte schon die nächste peinliche Situation. Meine Fußballkumpels und Annikas Freundinnen hatten sich gemeinsam ein witziges Spiel überlegt, das nur so lange lustig war, wenn man es nicht selbst spielen musste.

„So, ihr zwei. Jeder von euch sucht sich zehn Vertraute aus und versammelt sie hinter sich!“

…

„Gut gemacht. Wir werden euch jetzt ein paar witzige Fragen stellen.“

„Intime natürlich auch.“

„Und dann?“

„Dann heben eure Vertrauten ein grünes Schild hoch, wenn sie euch das zutrauen. Und ein Rotes, wenn sie es euch nicht zutrauen."

„Und wir müssen die Frage dann beantworten?"

„Nein, ihr müsst raten, wie viele grüne und rote Schilder hochgehalten werden."

„Und wenn wir falsch liegen?"

„Dann trinkt ihr einen Schnaps!"

„Ich bin aber schwanger!", protestierte Annika.

„Dann muss Marco deinen Schnaps eben auch noch trinken", erwiderte Niklas wie aus der Pistole geschossen.

Na prima!

„Nein, Quatsch. Dann springt eben dein Team ein."

„Bereit für die erste Frage?"

Annika und ich nickten gespannt.

„Wer von euch glaubt, dass Marco Tanner länger als zehn Minuten einen Besen in der Hand halten kann, ohne Blasen davonzutragen?"

„Wer von euch glaubt, dass Marco nicht der erste Mann war, den Annika in Plüschhandschellen ans Bett gefesselt hat?"

„Wer von euch glaubt, dass Marco eine so stählerne Brust hat, dass man sogar Zigaretten darauf ausdrücken kann?"

„Wie viele von euch können sich vorstellen, dass Marco für einen Hochzeitsantrag so weit gehen würde, sich selbst als Stricher zu betiteln und das auch noch groß und breit mit Edding über seine Brust zu schmieren?"

Unsere Freunde waren ganz schön mies. Doch wir liebten sie trotzdem. Wir feierten mit ihnen bis in die tiefen Morgenstunden. Und die alte Rivalität ruhte tatsächlich einen vollen Tag, so dass eingefleischte Weiherfeldener und Obsthofener Arm in Arm miteinander tanzten. Es war genau so, wie wir uns es immer gewünscht hatten. Eine großartige Feier, die wir nie vergessen würden.

Am nächsten Morgen musste ich reumütig feststellen, dass die Hochzeitsnacht wohl eher in das Reich der Legenden fällt. Als Annika ihr Brautkleid auszog, war ich zu ihren Füßen auf dem Fußboden eingeschlafen. Es war halb 6 morgens. Ich war sturzbetrunken. An eine Hochzeitsnacht war nicht zu denken. Doch wir holten es am nächsten Tag gleich doppelt nach.

Am Montag darauf war die Euphorie der Hochzeitsfeier noch allgegenwärtig. Doch sie wich einer angespannten Aufregung. Noch zweieinhalb Tage. Am Mittwochabend war es soweit. Der Verband hatte das Spiel im kleinen Stadion der Eintracht Bamberg angesetzt. Ein würdiger Rahmen, mit einer schönen Tribüne, wo die vielen Zuschauer Platz fanden. Mit jeder Stunde wurde ich aufgeregter. Ein Duell mit dem SV Obsthofen war etwas ganz Besonderes. Und diese Ausgangslage war in etwa so selten wie eine alle hundert Jahre auftretende Himmelskonstellation.

Am Treffpunkt herrschte unbehagliches Schweigen. Ich hatte ein flaues Gefühl in der Magengegend. Die Hände schwitzten. Der Kopf ging alle möglichen Katastrophen durch, die in einem so wichtigen Spiel auftreten konnten.

Wir schnappten uns die Sporttaschen. Und betraten die Umkleidekabine. Meine Beine fühlten sich wie Gummi an. Es gab kein Zurück mehr. Nun mussten wir abliefern.

„Seid ihr nervös, Jungs?“, fragte Karl. Mit all seiner Erfahrung wirkte er als Einziger im Raum ruhig und besonnen. Und er versuchte, diese Ruhe an die Mannschaft zu übertragen. „Keine Sorge, Freunde. Den Obsthofener Spielern geht es genauso. Aber denkt mal darüber nach. Haben sie nicht noch mehr zu verlieren als wir? Sie spielen gegen den Abstieg. Haben es in der Kreisliga so richtig verbockt. Ihr dagegen habt eine berauschende Saison gespielt.“

Er machte eine kurze Pause. Seine Worte hingen im Raum wie sanfte Nebenschwaden, die sich sachte über unsere angespannten Nerven legten, den Herzschlag und das Zittern der Hände beruhigten.

„Wusstet ihr eigentlich, dass der SV Obsthofen in den letzten 50 Jahren nie in einer niedrigeren Klasse gespielt hat als der TSV Weiherfelden?“

Ich schüttelte den Kopf. Das war mir neu.

„Seht ihr? Für sie steht mehr auf dem Spiel. Der Druck liegt bei ihnen. Wir gehen jetzt raus und wärmen uns auf. Und dann zeigen wir ein diszipliniertes, kluges Spiel. Die Zuschauer beachten wir gar nicht. Die Nervosität schütteln wir ab. Und den Druck blenden wir aus. Wir spielen einfach unser Spiel. Schnell und überfallartig über die Flügel. Kontrolliert in der Abwehr. Zielstrebig im Angriff. Und dann gehen wir als Sieger vom Platz und lassen und feiern!“

Bereits beim Aufwärmen prickelte die Gänsehaut über meinen Rücken. Die Kulisse war unglaublich. Die vielen Menschen. Die Fahnen. Die ohrenbetäubenden Anfeuerungsrufe. Ich atmete tief durch und versuchte, ein Gefühl für den Ball zu bekommen.

Bald darauf kehrten wir in die Kabine zurück. Tauschten die verschwitzten Aufwärmshirts gegen die blau-gelben Trikots. Ich musterte die versteinerten Gesichter. Die Augen meiner Mannschaftskollegen funkelten.

„Jetzt gilt es, Jungs!“, schwor Karl das Team ein letztes Mal ein. „Das wird unser Spiel!“

Ein Blick auf die Zuschauerränge raubte mir den Atem. Es waren nahezu 5000 Zuschauer gekommen. Bei einem Relegationsspiel zwischen Kreisklasse und Kreisliga. Ein Novum im gesamten Spielkreis. Das war das größte Spiel unserer Karriere.

„Wahnsinn“, murmelte selbst der routinierte Karl. „So viele Fans sind nicht mal in der Regionalliga gekommen!“

Die Stimmung war bombastisch. Ein wahrer Hexenkessel. Tröten dröhnten über den Platz. Einige hartgesottene Fans heizten das Gebrüll mit einem Megafon an. Die Trommeln donnerten im Gleichklang mit unseren klopfenden Herzen. Zum ersten Mal glaubte ich daran, dass die Zuschauergesänge sogar Willis Gezeter übertönen konnten.

Die selbstgebastelten Fahnen in den jeweiligen Vereinsfarben wehten stolz im Wind. Zitternd betraten wir das Spielfeld. Tausende Hände klatschten. Ihr Rhythmus peitschte meinen Herzschlag weiter an. So musste sich der Einzug in das Champions-League-Finale anfühlen.

Ich sehnte mich nach dem Anpfiff. Denn mit dem ersten Ballkontakt wich die Nervosität der Konzentration. Die Trillerpfeife des Schiedsrichters ging beinahe in den Anfeuerungsrufen der Schlachtenbummler unter. Das ersehnte Duell SV Obsthofen gegen TSV Weiherfelden war eröffnet.

Es wurde eine epische Schlacht. Es war alles dabei, was das Zuschauerherz begehrte. Packende Zweikämpfe. Grobe Foulspiele, die die Gemüter auf den Zuschauerrängen zum Kochen brachten. Und letzten Endes auch fulminante Tore.

Aus einer unmöglichen halblinken Position hämmerte Kevin den Ball mit einer Wucht und Genauigkeit aus 25 Metern in den kurzen Winkel, dass man sich fragen musste, was seine neue Freundin mit ihm anstellte.

Das Weiherfeldener Publikum kannte kein Halten mehr. Sie tobten auf den Rängen, sangen Schmähgesänge in Richtung der Obsthofener Anhänger. Am Spielfeldrand platzte Willi beinahe vor Stolz.

Wie ein Tsunami rollten die wütenden Angriffswellen unserer Gegner auf uns zu. Ich beackerte das Mittelfeld. Warf mich in jeden Zweikampf. Dominik und Martin hatten in der Innenverteidigung alle Hände voll zu tun. Aber die wackere Abwehr hielt stand.

„Wir müssen die Bälle länger halten“, mahnte Karl. „Lange geht das nicht gut!“ Doch Obsthofen präsentierte sich seit dem Rückstand aggressiv und hellwach.

Wenige Minuten vor der Halbzeit erarbeitete sich Obsthofen einen Eckball. Der Spielmacher trat das Leder scharf in Richtung Elfmeterpunkt. Da tankte sich ein hoch aufgeschossener Verteidiger heran. Wuchtig prallte er mit Dominik, Martin und Harald zusammen. Und setzte sich durch. „Nein!“, rief ich und sprintete los. Aber ich kam zu spät. Mit unvorstellbarer Durchsetzungskraft rammte der Hüne die Kugel mit dem Kopf in die Maschen. Andreas, der aufgrund seiner Erfahrung den Vorzug vor Alfred erhalten hatte, war ohne Chance.

In der Halbzeitpause sprach Karl Adler uns allen Mut zu: „Ihr macht das ganz hervorragend, Jungs. Ich bin stolz auf euch, egal wie das hier und heute ausgeht. Wir machen ein gutes Spiel. Belohnt euch für diese Leidenschaft!“

Wir stürmten zurück auf den Platz. Der Kampf ging in die zweite Runde. Beide Mannschaften schenkten sich nichts. Wir spuckten Gift und Galle, bekämpften uns bis aufs Blut. Ein Obsthofener Spieler hatte nach einer Stunde eine üble Platzwunde. Martin Kruse, ansonsten selbst zuständig für das Umholzen der Gegenspieler, musste nach einem harten Foul mit einer Fußverletzung vom Platz geschleppt werden.

„Max, mach dich bereit! Du gehst für ihn in die Abwehrkette.“

Seit er eine Freundin hatte, war das Sorgenkind fit wie ein Turnschuh. Ich hatte keine Bedenken, dass er Martin gut vertrat.

Es waren noch 25 Minuten zu spielen. Meine Beine wurden schwer wie Blei. Trotzdem pflügte ich durch das defensive Mittelfeld und suchte jeden Zweikampf.

Dann endlich brach Karl im Zentrum durch. Er umspielte zwei Gegenspieler. Das musste das 2-1 sein! Im letzten Moment grätschte ihm ein Verteidiger in die Parade. Der Ball kullerte ins Seitenaus. „Jetzt! Pressing!“, brüllte unser Coach. Wir rückten weiter vor. Schnürten Obsthofen in ihrer eigenen Hälfte ein. Sie führten den Einwurf aus. Aber wir eroberten den Ball zurück. Raldo flankte scharf ins Zentrum. Michael Meister stieg hoch. Ein harter Kopfball. An die Latte! Ich konnte es nicht fassen.

Ein Verteidiger klärte den Ball mit einem weiten Schlag aus der Gefahrenzone. Niklas unterschätzte die Flugbahn. Die Kugel segelte über seinen Kopf hinweg. Mein Herz setzte einen Schlag aus. Wir waren zu weit aufgerückt. Der Obsthofener Stürmer hatte freie Bahn. Der Bierdeckel schoss mir in den Kopf. Und ich sprintete los. Er hatte fünf Meter Vorsprung. Dribbelte unaufhaltsam mit dem Ball auf unser Tor zu. Ich hechelte hinterher. Er war so verdammt schnell! Andreas stürmte aus seinem Kasten. Der Angreifer hob den Kopf. Täuschte links an. Und ging rechts vorbei. Unser Torwart war geschlagen. Der Stürmer brauchte nur noch einzuschieben. Da preschte meine verzweifelte Grätsche heran. In letzter Sekunde spitzelte ich ihm den Ball von seinem Fuß.

Die Zuschauer feierten den kräftezehrenden Sprint und die engagierte Rettungsaktion frenetisch. Sie klatschten und johlten. „Marco Tanner" Sprechchöre brandeten über den Rasen. Erschöpft blieb ich im Gras liegen und japste nach Luft. Jeder Atemzug brannte in meinen Lungen. Aber es fühlte sich so gut an!

Drei Minuten später tankte sich Karl mit einer sehenswerten Einzelaktion durch die Abwehr. Ein platzierter Flachschuss. Wir führten mit 2-1! Jubelnd stürzten wir uns auf ihn und begruben den Trainer unter einer schweißgebadeten, blutverschmierten Menschentraube.

Jetzt warf Obsthofen alles nach vorn. Sie standen mit dem Rücken zur Wand. Ballsicher drängten sie unsere Elf in die eigene Hälfte. Ein Schuss aus zweiter Reihe strich Zentimeter über die Latte. Ich stieß die Luft aus meinen Lungen. *Glück gehabt!* Wir mussten noch fünfzehn Minuten durchhalten.

Unsere Abwehr war aufmerksam. Wir staffelten ein Bollwerk um den Strafraum. Es gab kein Durchkommen. Verzweifelt passte sich Obsthofen das Leder zu. Da fasste sich ein Mittelfeldspieler ein Herz. Er zog aus 25 Metern ab. *Was für ein Geschoss!* Andreas hechtete in die Ecke. Berührte den Ball mit den Fingerspitzen. Aber der Schuss war zu scharf. Das Zischen des Tornetzes war wie ein Schlag ins Gesicht. Das Ende unserer Aufstiegsträume?

Andreas fluchte wild. Die Obsthofener Zuschauer tobten. Unser Publikum feuerte uns lauthals an: „Kommt, Leute! Das Spiel ist noch nicht vorbei! Noch zehn Minuten! Ihr schafft das!"

Das Spiel stand auf Messers Schneide. Karl musste den von Krämpfen geplagten Michael Meister auswechseln. Zwei Minuten später ereilte das gleiche Schicksal einen Obsthofener Mittelfeldakteur. Wir alle gingen an unsere Leistungsgrenze. Und weit darüber hinaus.

Das Spiel endete 2-2. Verlängerung. Keuchend saßen wir auf dem Rasen, tranken Wasser, lockerten unsere müden Beine. Jeder Muskel schmerzte. Das Herz hämmerte. Meine Lunge fühlte sich an, als bohrte jemand mit einem spitzen Messer im Brustkorb herum. Und der tropfende Schweiß brannte in den geröteten Augen. Es gab niemanden, der keine Blessuren davongetragen hatte. Brennende Schürfwunden. Schmerzhafte blaue Flecken an den Schienbeinen.

„Kommt erst mal runter, Jungs", krächzte Karl. „Was für ein Spiel!" Gierig trank er einen großen Schluck Wasser. „Die gehen genauso auf dem Zahnfleisch wie wir. Jetzt zählt nicht, wer die bessere Kondition hat. Oder wer besser Fußball spielen kann. Jetzt zählt nur noch, wer den größeren Willen hat. Und das sind wir! Lasst sie uns wegputzen!"

Der Pfiff des Schiedsrichters rief zur ersten Hälfte der Verlängerung. *Noch dreißig Minuten quälen, dann haben wir es geschafft!*

Niemand wollte klein beigeben. Beide Mannschaften gaben ohne Rücksicht auf Verluste Vollgas. Dann zeigte Georg seine ganze Klasse. Mit einer großartigen Körpertäuschung ließ er seinen Gegenspieler ins Leere taumeln. Ein gefühlvoller Schuss. An den Innenpfosten.

Wir gingen mit dem 2-2 in die letzte Pause. Die zweite Halbzeit begann zäh. Beide Teams rieben sich in harten Zweikämpfen im Mittelfeld auf. Es gab kein Durchkommen. Auf beiden Seiten.

Da verlor Dominik in der Vorwärtsbewegung den Ball. Zwei schnelle Pässe. Ein trockener Schuss. Andreas streckte sich. Vergeblich.

Mit weit aufgerissenem Mund starrte ich auf den Ball, der in unserem Tor lag. Und das acht Minuten vor Ende der Verlängerung. Den Obsthofener Siegestaumel nahm ich gar nicht richtig wahr. Alles spielte sich wie in Zeitlupe ab. Ich senkte den Kopf und hielt mir mit der rechten Hand die Augen zu. Es war vorbei! Mit einem mal fühlten sich die Beine noch schwerer an. Ich sah mir meine Mitspieler an. Schwer atmend standen sie da. Ratlos. Geschlagen. Kreidebleich von all den Anstrengungen.

Und das sollte es jetzt gewesen sein? Ich konnte es nicht glauben. Ich wollte es nicht glauben! Wie hatte der Trainer vor wenigen Wochen zu uns gesagt? *Kopf hoch! Brust raus!* Energisch klatschte ich in die Hände. „Hat der Schiedsrichter schon abgepfiffen, oder was?“ Mit leeren Augen starrten mich meine zehn Kollegen an. „Also ich geb mich erst geschlagen, wenn es vorbei ist!“, brüllte ich. „Andi, gib mir endlich den verdammten Ball!“

Ich legte das Leder zum Anstoß bereit. Da rannte der völlig aufgebrachte Willi zwanzig Meter ins Spielfeld: „Marco hat Recht! Jetzt lasst die Köpfe nicht hängen! Seid ihr Männer oder Luschen? Reißt euch zusammen und kämpft! Wir sind nicht zum Verlieren gekommen!“

Der entrüstete Schiedsrichter verwies unseren Spielleiter des Platzes. Er hatte hier nichts zu suchen. Aber sein Ausbruch hatte auch dem letzten Weiherfeldener Spieler wieder Leben eingehaucht. Noch waren sieben Minuten zu spielen. Warum jetzt schon aufgeben?

Wir setzten die schweren Beine in Bewegung. Von Krämpfen geplagt warf unsere Elf alles nach vorn. Kevin Mai raste mit letzter Kraft durch die gegnerische Abwehr. Ein punktgenauer Pass in die Mitte. Stefan Schmidt nahm den Ball direkt. Mit viel Risiko. Latte! Mir stockte der Atem. *Latte? Warum ausgerechnet jetzt?* Doch der Ball war noch heiß. Todesmutig warf sich Stefan ins Getümmel, wuchtete den von der Latte zurückgeprallten Ball in Richtung Tor. Und der noch immer am Boden liegende Torwart war geschlagen. Ich konnte es nicht fassen. Meine Kraft reichte nicht mal mehr aus, um zu jubeln. Es stand 3-3. Die Zuschauer feierten Stefan wie einen Helden.

Karl wechselte zum dritten Mal. Andreas Stieler musste weichen. Elfmeterkiller Alfred kam in die Partie.

Dann kam der Schlusspfiff. Und die nackte Angst kehrte zurück. *Auch das noch! Elfmeterschießen.*

TSV Weiherfelden – SV Obsthofen (Relegationsspiel - Elfmeterschießen)

Fingernägel kauend stand ich am Spielfeldrand. Ich blickte meine Mannschaftskollegen an. Elf total fertige Fußballspieler, die sich vor Angst beinahe in die Hose schissen. Ich erinnerte mich an das berühmte Zitat von Paul Breitner: „Beim Elfmeterschießen hatten wir alle die Hosen gestrichen voll. Aber bei mir lief es ganz flüssig." Nun wusste ich, was er damit gemeint hatte. Mein nächster Gedanke ging in Richtung Oliver Kahn: „Dieser immense Druck."

„Also ich kann gern den ersten Schuss übernehmen", bot Spielertrainer Karl an. Er war eine echte Führungspersönlichkeit, versteckte sich nicht hinter seiner Mannschaft.

Sein heldenhafter Ausgleichstreffer hatte Stefan Mut gegeben: „Dann schieß ich den Zweiten."

Es herrschte Stille. Niemand wollte freiwillig einen so wichtigen Elfmeter schießen.

„Wenn ihr wollt, übernehme ich den Fünften." Alle waren Georg Weiler dankbar. Auf dem fünften Schützen konnte der größte Druck lasten. Meistens war das der entscheidende Schuss, der über Sieg oder Niederlage entschied.

„Dann brauchen wir noch zwei", stellte Karl fest.

„Also gut. Von mir aus", stöhnte Kapitän Harald.

„Bist du dir sicher?"

„Nein, ich hab letzte Saison zwei Elfmeter verschossen. Hundertprozentig sicher fühl ich mich nicht."

„Dann lass uns nach Alternativen schauen. Wer zum Punkt geht, sollte es selbstbewusst tun."

Karl ließ seinen routinierten Blick durch die Runde schweifen.

„Dominik, wie sieht's bei dir aus?"

„Du weißt, dass ich nicht gerade ein Edeltechniker bin, Trainer?"

Karl grinste verwegen. „Das weiß ich. Aber dir ist doch sonst immer alles scheißegal. Und wichtiger als die Technik ist beim Elfmeterschießen, dass man so cool ist, dass man Eiswürfel pinkelt."

„Dann kann ich schon einen schießen", antwortete Dominik mit einem emotionslosen Schulterzucken. Er war wohl der einzige Spieler, der sich nicht vor Angst in die Hosen machte.

„Einen brauchen wir also noch. Selbstbewusstsein ... Niklas, du hast doch sonst so eine große Klappe."

Niklas druckste ein wenig herum. Er überlegte. Trat aber unruhig von einem Fuß auf den anderen.

„Oder Marco? Du schreckst doch sonst vor keiner Herausforderung zurück."

Ich hatte so gehofft, dass mein Name nicht fiel. Natürlich nahm ich jede Herausforderung auf dem Fußballfeld an, biss mich in den stärksten Mittelfeldspielern der gesamten Liga fest. Aber hatte ich bei einem Elfmeterschießen wirklich die notwendige Ruhe? Und das bei diesem Hexenkessel? Wo ich nach der Hochzeit mit Annika das Feindbild Nummer eins beim Publikum war? Meine Gedanken kehrten zu dem Bierdeckel zurück. Auf mir lastete noch größerer Druck als auf den anderen Spielern. Aber durfte ich in einer solchen Situation kneifen? Ich wollte meine Mannschaft nicht im Stich lassen.

Zum Glück kam mir Niklas zuvor: „Wenn Helden gemacht werden, darf ein Niklas Dinger doch nicht fehlen, oder?"

Ich machte eine einladende Geste, dass ich Niklas gern den Vortritt ließ. „Dann übernehme ich eben den sechsten Schuss, falls auch das Elfmeterschießen in die Verlängerung geht." Glücklicherweise kam es nur selten dazu.

„Dann wäre ja alles geklärt", fasste Karl zusammen. „Versucht, alles auszublenden. Konzentriert euch nur auf den Ball und das Tor. Es ist ein Schuss aus elf Metern Entfernung. Das Einzige, was euch in die Quere kommen kann, sind eure Nerven. Und die lasst ihr einfach nicht zum Zug kommen."

Willi klatschte aufgeregt in die Hände. Er war kreidebleich. Für hochspannende Spiele wie diese war Willi nicht geschaffen. Der Angstschweiß perlte ihm von der Stirn. Man musste sich Sorgen machen, dass er während dem Elfmeterschießen zusammenklappte.

Mit wackligen Beinen standen wir am Mittelkreis zusammen. Karl schritt mit zusammengepressten Lippen zum Strafraum. Legte ruhig den Ball auf den Punkt. Nahm vier Schritt Anlauf. Und schoss. Der Torwart wählte die falsche Ecke. Karl verwandelte zielsicher im rechten Toreck. Wir führten 4-3.

Der erste Obsthofener Spieler trat an. Es war ein satter Schuss. Aber Alf war mit den Fingerspitzen dran. Doch er konnte ihn nicht abwehren. Ausgleich.

Stefan aber konterte entschlossen. Mit der vollen Wucht seines grenzenlosen Selbstbewusstseins hämmerte er den Ball unter die Querlatte. Es war riskant, aber effektiv. Die erneute Führung.

Der nächste Gegner machte es besonders clever. Er drosch den Ball mit voller Wucht hoch in die Mitte. Alfred hatte sich in bester Torwartmanier für eine Ecke entschieden. Er hatte keine Chance. 5-5.

Auf den Zuschauerrängen herrschte gespannte Stille. Man hörte jeden Schritt der Elfmeterschützen. Wie der Torwart verbissen mit seinen Handschuhen in die Hände klatschte. Das Herzinfarktrisiko im Publikum war gewiss um 300 Prozent gestiegen.

Müde schleppte Dominik seine Schafspelzfrisur zum Elfmeterpunkt. Er würdigte den Torwart keines Blickes. Ein kurzer Anlauf. Ein trockener Schuss. Treffer.

Auch der nächste Obsthofener Spieler verwandelte treffsicher in die linke Ecke. Alf war einmal mehr chancenlos. 6-6.

Dann kam Niklas. Er wollte ein Held werden. Sein Anlauf war gewaltig. Bestimmt fünfzehn Schritt. Doch sein Schuss war weder wuchtig noch platziert. Der Ball kullerte wie in Zeitlupe zwei Meter am Tor vorbei.

Niklas sank zu Boden. Starrte blass dem verschossenen Ball nach. Der vermeintliche Held hielt sich die Hände vors Gesicht. Mit hängendem Kopf schlich er zurück in den Mittelkreis. Natürlich munterten wir Niklas auf. „Alfred hält noch einen! Du wirst schon sehen!“ Aber so niedergeschlagen hatte ich den stets gut gelaunten Niklas noch nie gesehen. Seine leise Stimme wirkte leer. „Ich hab’s verbockt“, stammelte er immer wieder. Er ging in die Hocke und krallte sich mit den Fingern ins Gras. „Ich hab’s verbockt.“

Der wuchtige Angreifer des SV Obsthofen brachte seine Mannschaft mit einem satten Gewaltschuss in Führung. 7-6. Nun standen wir mit dem Rücken zur Wand.

Der Druck lastete nun ganz allein auf Georg Weilers Schultern. Er war ein erfahrener Mann. Aber er wusste, dass ein Fehlschuss die unmittelbare Niederlage bedeutete. Er legte den Ball auf dem Elfmeterpunkt ab. Seine Hände zitterten leicht. Das war kein gutes Zeichen. Der „Neireider“ nahm Anlauf. Das Publikum des SV Obsthofen trötete wie die Wilden. Sie wollten ihn noch weiter irritieren. Und sie feierten bereits den Klassenerhalt. Georg lief an.

Ich kniff meine Augen zusammen, konnte nicht hinsehen. Dann hörte ich einen Knall. Das Geräusch von Leder auf Aluminium. *Oh nein, der Ball ist an den Pfosten geprallt!* Enttäuscht öffnete ich die Augen. Aber der Ball lag im Tor. Er musste vom Pfosten ins Tornetz gesprungen sein. Georg Weiler hatte ausgeglichen.

Das letzte Duell des Abends ereignete sich zwischen dem jungen Alfred und dem Obsthofener Kapitän. Der gegnerische Spieler konnte hier und heute zum unsterblichen Helden werden.

Der Druck war nicht mehr so groß. Selbst bei einem Fehlschuss war das Spiel noch nicht verloren. Jetzt konnte er alles klarmachen. Den Klassenerhalt für den SV Obsthofen unter Dach und Fach bringen. Er lief an. Ich drehte mich um. Ich konnte mir das nicht ansehen. Dann brachen die Jubelstürme aus. Langsam drehte ich mich um. Ich hatte noch nicht erfasst, welches der beiden Fanlager jubelte. Da sah ich sie: die wehenden Fahnen des TSV Weiherfelden. Alfred, dieser alte Teufelskerl!

Wir stürmten auf Alf zu, ließen unseren Helden wieder und wieder hochleben. Und ich wusste nicht, ob ich in küssen oder erschlagen sollte. Natürlich war ich überglücklich, dass das Spiel noch nicht verloren war. Aber das Elfmeterschießen ging in die unerwartete Verlängerung. Und ich musste als Nächster ran.

Ich nahm mir den Ball. Er wog schwer in meinen Händen. Der Weg vom Mittelkreis zum Strafraum war nur etwa vierzig Meter lang. Ich starrte nur auf den Ball, versuchte, mich wie durch einen Tunnel zu bewegen. Ich wollte nichts um mich herum wahrnehmen. Nichts denken. Keine Angst spüren. Aber es war in etwa so unmöglich, wie zu versuchen, nicht an einen rosa Elefanten zu denken. Die Schmährufe der Gegner drangen trotzdem an mein Ohr.

„Ihr Stricher versucht es! Der kann das bestimmt nicht!"

„Dieser Bastard! Der treibt's mit unserer Annika!"

„Verschieß ihn!"

„Dein Schwiegervater erschlägt dich, wenn du den reinmachst!"

Noch zwanzig Schritte. Noch nie in meinem Leben hatten sich zwanzig Sekunden so langsam abgespielt. Wie in Zeitlupe. Es war die Hölle. Meine Hände begannen zu zittern. Ich grübelte. *Wohin soll ich schießen? Nach rechts? Nach links? Scharf in die Mitte?* Ich dachte an Annika. An den Bierdeckel. An das viele harte Training, das unsere Mannschaft auf sich genommen hatte. *Du darfst nicht versagen!*

Ich atmete tief ein uns aus. Legte den Ball auf den mit Kreide gekennzeichneten Punkt. Der Duft des feuchten Bodens drang in meine Nase. Er wirkte vertraut. Tröstend. Beruhigend. Ich nahm noch einen kräftigen Zug. Versperrte die Ohren gegen die durchdringenden Tröten des Obsthofener Publikums.

Dann lief ich fünf Schritte zurück. Mein Blut pumpte pures Adrenalin durch meinen Körper. Die Mischung aus Anspannung und Angst war wie ein Rausch, auf den ich gern verzichten konnte. Der Schiedsrichter pfiff in seine Pfeife. Das Herz donnerte gegen meinen Brustkorb. Ich schloss die Augen. Plusterte meine Backen auf. Stieß die Luft wieder heraus. Und stürmte los. *Diesen Halunken werd ich es zeigen!*

Ich traf den Ball nicht voll. Er rollte auf das Tor zu. Der Torwart ahnte die richtige Ecke. Mit ausgestreckten Armen hechtete er los. Mein Schuss war nicht hart. Aber platziert. *Komm schon, roll schneller!* Der Torwart kam zu spät. Er würde ihn nicht erreichen. Ich hatte es geschafft! Bis all meine Träume am Torpfosten zerplatzten.

Regungslos stand ich da. Wie versteinert. Der Ball kullerte zurück in den Fünfmeterraum. Das Obsthofener Publikum lag sich feiernd in den Armen. Und ich war nicht fähig, mich zu bewegen. Meine Gedanken rasten. Das Atmen wurde schwer. Mein Hals fühlte sich wie zugeschnürt an. Dann ließ ich mich nach hinten umfallen, schlug entsetzt die Hände vor die Augen und blieb im Gras liegen.

Der Schiedsrichter forderte mich auf, in den Mittelkreis zurückzukehren. Auf dem Weg blickte ich in das siegessichere Gesicht des sechsten Obsthofener Schützen.

Selbstbewusst legte er sich den Ball zurecht. Nahm einen langen Anlauf. Und feuerte einen Gewaltschuss ab. Hart in die Mitte. Das funktionierte fast immer. Außer bei Alfred. Diesem Fuchs. Er blieb stehen und faustete das Leder in Richtung Himmel.

Ich hätte unseren Torwart küssen können. Ein euphorisches Kribbeln breitete sich in meinem Körper aus. Wie blieben im Spiel. Ich hatte nicht den alles entscheidenden Schuss versemmelt. Was für ein Krimi!

Harald trat an. Unser siebter Schütze. Wir wussten, dass er unsicher war. Aber uns gingen die Alternativen aus. Er nahm Anlauf. Ein flacher Schuss. Der Ball streifte den Pfosten. Aber landete unhaltbar im Tor. Wir waren in Führung!

Nun lastete der ganze Druck auf dem Obsthofener Schützen. Er versuchte, lässig in den Strafraum zu laufen. Aber man sah ihm an, wie verkrampft er sich bewegte. Mit zitternden Fingern legte er sich den Ball zurecht. Der Pfiff ertönte. Er lief an. Feuerte den Ball ab. Hatte etwas zu viel Rücklage. Und jagte die Kugel einen vollen Meter über das Tor.

Alfred reckte jubelnd die Fäuste nach oben. Wenige Sekunden später war er unter der ganzen Mannschaft begraben. Die Elf des TSV Weiherfelden war ein einziger Knäuel feiernder Spieler, die singend und tanzend im Strafraum herumsprangen, als hätten sie keine 120 Minuten Relegationsspiel in den Knochen.

Enttäuscht und geschlagen schlichen die Obsthofener Spieler in die Kabine. Sie würden auf ewig die Generation sein, die eine Klasse unter den TSV Weiherfelden abgerutscht war. Wir hingegen waren die Aufstiegshelden. Das würde uns niemand mehr nehmen können.

Ich sprang Stefan in die Arme, meinem Freund und nackt-durch-die-Obsthofener-Dusche-Lauf-Kollegen. „Wir haben unsere Rache bekommen", rief ich ihm mit feuchten Augen zu.

Zwei Stunden später traf unser Autokorso hupend, singend und tanzend im Weiherfeldener Sportheim ein. Der Wirtschaftsraum war zum Bersten gefüllt. Sie hatten sogar einen uralten verstaubten roten Teppich aus dem Kellerarchiv ausgelegt. Wir machten die Nacht zum Tag. Feierten wie die Könige. Ganz im Stile des TSV Weiherfelden.

Sommerpause

Der Flieger schwang sich in die Lüfte. Verträumt starrte ich aus dem Fenster, wo die Stadt Nürnberg immer kleiner wurde. Ich seufzte. Was war das wieder für ein Jahr gewesen!

Ich konnte es immer noch nicht glauben. Timo gähnte neben mir und kuschelte sich an seine Mutter. Annika ließ sich anstecken. Sie setzte sich bequem in ihren Sitz und schloss die Augen.

Ich freute mich auf die gemeinsamen Flitterwochen mit den beiden. Wir hatten sie uns verdient. Endlich konnten wir den Baustellenstress hinter uns lassen. Und der Kampf um den Aufstieg hatte mich körperlich an meine Grenzen gebracht. Von den Feierlichkeiten nach dem großartigen Sieg gegen Obsthofen ganz zu schweigen.

Ich musste lächeln, als ich an die beiden vergangenen Wochen zurückdachte. Drei Tage lang war unser Leben nur noch aus Weißwurst-Frühschoppen am Morgen, Biertrinken mit Norbert Heiland und dem Regisseur zum Mittag und Diskussionen mit der Polizei wegen Ruhestörung am Abend bestanden. *Die spinnen, die Franken!*

Anderthalb Wochen nach dem Triumph war dann noch die obligatorische Abschlussfahrt auf dem Programm gestanden. Karl hatte die vielen Geschichten gehört, wie wir in den Vorjahren hochkant aus diversen Fünfsternehotels geflogen waren. „Willi, diesmal machen wir das anders. Eine Nummer kleiner. Lokaler. Und kein Nobelhotel, wo eine feierwütige Fußballmannschaft auffällt wie ein Nudist im Kloster!“ Die Floßfahrt mit dem anschließenden Ritteressen in der Fränkischen Schweiz hatte sich der Trainer sicher ganz anders vorgestellt.

Ich musste grinsen, als ich an Karls Gesicht zurückdachte. Die gut einstündige Busfahrt hatte bereits gereicht, um den Coach eines Besseren zu belehren. Nach einer halben Stunde musste der Busfahrer anhalten und seinen Bierbestand auffüllen. Und die Gesichter der anderen Floßfahrer würde ich nie vergessen. Wie hatten sie auch damit rechnen können, dass am helllichten Tag eine Horde splitterfasernackter Weiherfeldener Flitzer unterwegs war.

Ich kicherte in mich hinein, als die Bilder von Max Hölzelein in meinem Kopfkino vorüberzogen. Wie er in einem hohen Springbrunnen vom Floß pinkelte. Und dabei versehentlich den Flößer traf. Als er anschließend auch noch torkelnd ins Wasser plumpste, musste er eine Sondereinheit schieben und den Rest der Floßfahrt im angrenzenden Wald neben uns her joggen.

Das Ritteressen war natürlich auch ein totales Desaster gewesen. Unser Verständnis von einem Ritteressen war dann doch etwas anders als die Interpretation des Gasthauses. Wir warfen Knochen durch die Gegend, schmierten uns gegenseitig das Fett ins Gesicht, fraßen uns mit Händen und Füßen durch das fetttriefende Menü. Die Frauen schämten sich so sehr in Grund und Boden, dass sie sich auf der Heimfahrt einen Spaß daraus machten, die Schnürsenkel der wie Babys schlafenden Fußballer zusammenzubinden. Zum Glück hatte sich niemand ernsthaft verletzt, als wir alle bei der Ankunft in Weiherfelden auf die Schnauze fielen. Gedankenverloren rieb ich mir die Schürfwunde am Knie, die ich mir bei meinem Sturz zugezogen hatte. Frauen konnten so gemein sein.

Ich gähnte. Aber irgendwie war mir noch nicht nach Schlafen. Ich wühlte im Handgepäck und kramte die Hochzeitszeitung hervor. Unsere Freunde hatten eine ganz schöne Kreativität an den Tag gelegt.

Wie angelt man sich eine Obsthofenerin in 5 Schritten?

1) Sichere dir mit einem blöden Spruch am Spielfeldrand ihre volle Aufmerksamkeit

2) Lass dich von ihr ans Bett fesseln

3) Stelle durch einen Filmriss sicher, dass du dich nicht mehr an die gemeinsame Liebesnacht erinnern kannst

4) Trinke so viel, bis Verhütung ein Fremdwort wird

5) Versichere ihr, dass du auf ewig ihr treuer Stricher sein wirst

Anmerkung: Wirkt nur bei Preußen! Zu Risiken und Nebenwirkungen fragen Sie Ihren Fränkisch-Lehrer oder Fußballtrainer.

Schmunzelnd schüttelte ich den Kopf. *Diese Mistkerle!*
Mein Steckbrief war definitiv nicht besser.

Name: Marco
Spitzname: Stricher
Fränkisch-Level: Anfänger
Größe: „Gla is er hald“
Haarfarbe: Wenn die Schüler so weitermachen, bald ergraut
Augenfarbe: blau
Lieblingsessen: Weißwürste mit Lehm
Lieblingsbuch: Fifty Shades of Grey
Lieblingsfilm: Der König von St. Pauli
Lieblingsmusik: Ein Prosit der Gemütlichkeit
Lieblingsspiel: Das fränkische Bierquartett
Beschreibe Marco in 3 Worten: zweikampfstarker naiver Preuße

Auf der letzten Seite blieb ich bei den Wünschen hängen, die Annika und ich gegenseitig der Redaktion genannt hatten.

Marco, was wünschst du Annika?
Dass sie mit mir glücklich wird.

Wow, wie geistreich ich doch war. Eine unglaublich kreative Antwort. Annika hatte sich da definitiv etwas Besseres einfallen lassen.

Annika, was wünschst du Marco?

Dass seine Kinder niemals einen Bierdeckel von ihren Groß-onkeln unterschreiben!

Dem war nichts mehr hinzuzufügen. Ich hoffte inständig, dass meine Kinder einmal cleverer waren als ich. Aber ich hatte das Unheil ja im letzten Moment abgewendet.

„Griechenland, wir kommen“, murmelte ich müde, und der werdende Vater, der soeben seine Traumfrau geheiratet hatte und in die Kreisliga aufgestiegen war, nickte glücklich und zufrieden ein.

Schlusswort & Danksagung

Zunächst einmal möchte ich mich bei allen Lesern herzlich bedanken. Nachdem ich zu meinem Debütroman „Sonntagsschüsse – Fußballfieber in der Kreisklasse" tolles Feedback erhalten habe, hat es wieder sehr viel Spaß gemacht, die Geschichte von Marco Tanner und dem TSV Weiherfelden weiterzuschreiben. Ich hoffe, ihr hattet beim Lesen der Anekdoten ebenso viel Spaß.

Wenn euch das Buch gefallen hat, wäre ich euch sehr dankbar, wenn ihr das Buch an eure Freunde, Bekannten, Fußballkollegen usw. weiterempfehlt. Auch eine positive Bewertung bei Internet-Shops kann helfen, den Bekanntheitsgrad von „Sonntagsschüsse" zu steigern. Als unabhängiger Autor habe ich nicht die Marketingmacht eines großen Verlages und bin auf eure Bewertungen, Rezensionen und Weiterempfehlungen angewiesen.

Ihr möchtet sofort informiert werden, sobald ich neue Romane veröffentliche? Kein Problem! Besucht mich einfach auf meiner Homepage (www.jonas-philipps.de) und registriert euch dort für den Newsletter.

Oder liked mich auch gerne auf Facebook.

Unter www.facebook.com/jonasphilipps81 bekommt ihr neben Ankündigungen zu neuen Veröffentlichungen auch die Möglichkeit, erste Testkapitel zu lesen, Rückmeldungen zu „Sonntagsschüsse" oder eure eigenen Anekdoten aus eurer Kreisklasse Nord mit mir zu teilen. Ich freue mich auf jede Nachricht von meinen Lesern!

Abschließend möchte ich noch Danke sagen …

… an meine Familie für ihr Verständnis während der vielen langen Abende am Notebook, an denen ich dem Schreibhandwerk nachgehe.

… an Tanja für das wieder einmal tolle Cover.

… an meine Testleser Sabine Gengler, Margit Heumann, Sylvia Mitter-Pilotek alias Sylvi Amthor, Norbert Autenrieth,

Michael Herwehe und Jürgen Gebhard für eure Rückmeldungen. Eure konstruktive Kritik hat es mir ermöglicht, den ersten Entwurf von „Sonntagsschüsse 2“ noch einmal deutlich zu verbessern.

… an die Kerwasburschen-Legenden vom BGV Ehrabocha Kerwasburschen, u.a. Schnitz, Rafa, Beni, Schwitzer, Andi, Timo, P. K. Rausch, Schnaps-Michl und Ul+ für eure vielen tollen Kerwageschichten, die mich zum obligatorischen Kerwa-Kapitel inspiriert haben.

… an all die vielen Leser, Freunde und Bekannten, die mich beim ersten Teil so tatkräftig unterstützt haben - sei es durch die Organisation von Lesungen, durch das Verschenken meiner Bücher, das Teilen meiner Facebook-Beiträge und durch euer positives Feedback.

Ohne euch alle wäre es nicht möglich gewesen, dass nun jemand diese Zeilen liest!

Last but not least gilt auch beim zweiten Teil wieder mein besonderer Dank meinem Heimatverein mit allen ehemaligen Mitspielern, Trainern, Betreuern aber auch Gegenspielern, die mich in mehr als zwanzig Jahren aktiver Fußballzeit begleitet haben. Es war mir eine Ehre, diese Farben zu tragen.

Lesetipp: Wer probt hat's nötig

Wer probt hat's nötig – Die Geschichte der schlechtesten Band der Welt

November 2018, Autor: Jonas Philipps, Verlag: Books on Demand
ISBN: 9 783752 854299

Es ist ein Meilenstein der Musikgeschichte, als Paul und Mario ihre Band Biersaufesel gründen.

Die selbsternannte schlechteste Band der Welt begeistert nicht mit musikalischer Qualität. Doch mit wenig Talent, viel Herz und durchgeknallten Songtexten genießen sie in ihrem Heimatort Kultstatus.

Aber reicht das auch für den Sprung auf die große Bühne?

Begleiten Sie die vier jungen Männer auf ihrer mitreißenden Reise durch die Welt der Musik, den Anekdoten einer wilden Jugend und der Jagd nach den eigenen Träumen.

Der zweite Roman von Jonas Philipps handelt zwar nicht von Fußball, besticht jedoch mit dem gleichen selbstironischen Humor, der bereits die Leser von „Sonntagsschüsse“ zum Lachen gebracht hat.

Sie haben Lust auf ein Wiedersehen mit Weiherfelden?

Dann sollten Sie dieses Buch auf keinen Fall verpassen!

Kauftipp: Kurzgeschichten gegen Krebs

Kurzgeschichten gegen Krebs – Autoren schreiben für einen guten Zweck
Juli 2021, Herausgeber: Jonas Philipps & Tom Davids
Verlag: Books on Demand
ISBN: 9 783753 479750

Krebs ist eine der häufigsten Todesursachen in Deutschland. Früher oder später kommt jeder mit ihm in Berührung. Im schlimmsten Fall sind die Menschen betroffen, die uns nahestehen: die Eltern, der Partner, das eigene Kind - oder wir selbst. Sobald er sich festsetzt, bleibt nichts wie es war. Von einem Tag auf den anderen ist alles anders. Menschen, die an Krebs leiden, brauchen daher vor allem eines: Unterstützung!

Kaufen Sie dieses Buch und unterstützen Sie Menschen, die mit aller Kraft gegen den Krebs kämpfen!

22 Autoren haben sich zusammengetan, um gemeinsam gegen Krebs zu schreiben. 32 Kurzgeschichten laden Sie zum Schmunzeln, Staunen, Hoffen und Nachdenken ein. Jede dieser Geschichten ist eine lesenswerte Bereicherung. Das macht das Buch zu einem wunderbaren Begleiter im Alltag.

Und das Beste daran? **Die Gewinne aus dem Verkauf des Buches werden zu 100 % an die Deutsche Krebshilfe gespendet.**

Eine Lesung in Ihrem Sportheim?

Gerne kann Jonas Philipps auch bei Ihnen eine Lesung veranstalten.

Egal ob bei der jährlichen Weihnachtsfeier, dem Team-Kameradschaftsabend, nach einem wichtigen Punktspiel, auf der Sportlerkerwa, während eines Bockbieranstichs oder im Rahmen von Public Viewing bei einem Fußballturnier …

Peppen Sie Ihre Sportveranstaltung mit einer unterhaltsamen Autoren–Lesung der „Sonntagsschüsse"-Romane auf!

Weitere Infos: www.jonas-philipps.de > Aktuelles > Lesungen

Stimmen zu bisherigen Lesungen:

„Trifft den Nagel auf den Kopf und jeder Funktionär, Mitarbeiter, ehemaliger Spieler und aktiver Spieler findet sich irgendwo wieder in dieser Geschichte."
(Torsten Spalek, 1. Vorstand Fortuna Neuses, 2019)

„Jeder Fußballer hier im Kreis findet sich in dem Buch irgendwo wieder. Besonders die Geschichten von den Alten, die alles besser gekonnt haben, haben uns sehr gut gefallen."
(Bernd Neudecker, 3. Vizepräsident FSV Erlangen–Bruck, 2018)

„Ein gelungener Auftritt. Viele Parallelen zum Alltagssport Fußball. Es wurde noch einige Stunden gestern geschmunzelt und gelacht."
(Reinhard Haas, 1. Vorstand SV Wernsdorf, 2018)

„Der extrem hohe Wiedererkennungswert zum realen Amateurfußball macht dieses Buch wirklich einzigartig."
(Marco Wagner, Vorstandsbeisitzer TSV Kirchehrenbach, 2017)

Tom Davids

Jonas Philipps hat auch einen „literarischen Zwilling".

Dem hinter den beiden Pseudonymen steckenden Autor ist bei all seinen Werken eines wichtig: Er möchte bei seinen Lesern Emotionen wecken und damit ein unvergessliches Leseerlebnis erzielen.

Während Jonas Philipps dabei eher für Spaß, Charme, Witz und gute Laune zuständig ist, schreibt der Autor unter dem Pseudonym Tom Davids ernsthafte Literatur über Angst, Hass oder Liebe.

In der Literaturzeitschrift „HALLER 12 - DAS STAUNEN DER WELT - Visionen" hat Tom Davids beispielsweise im Januar 2016 seine Kurzgeschichte „Der Preis der Freiheit" veröffentlicht, die auch auf der Homepage als vollständige Leseprobe zu finden ist.

Aktuell arbeitet Tom Davids an einem Thriller mit dem Arbeitstitel „Die Foltermorde von Bamberg".

Hat mein literarischer Zwilling Ihr Interesse geweckt? Dann besuchen Sie mein Pseudonym Tom Davids gerne unter www.tom-davids.de.